AF557199

Inge Bauer und Regina Mattmüller-Maier

Kleidung filzen

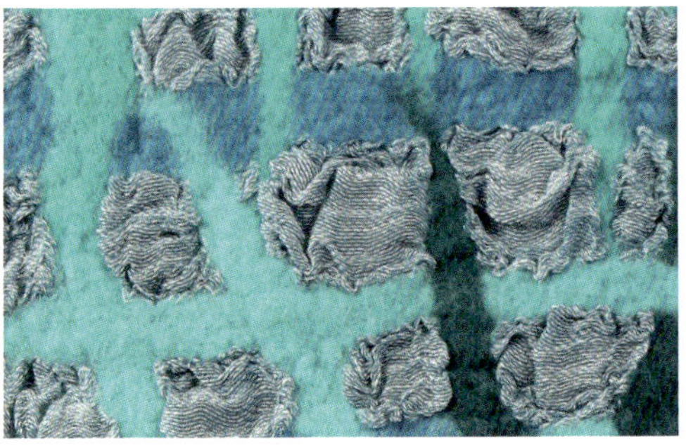

Das Grundkonzept und die Fotos für das Buch entstanden in Zusammenarbeit mit Ricarda Aßmann und Hans König. Das posthum erscheinende Werk wird auf Wunsch von Inge Bauer von Regina Mattmüller-Maier als Co-Autorin herausgegeben.

Inge Bauer und Regina Mattmüller-Maier

Kleidung filzen

Ein Arbeitsbuch zur Herstellung nahtloser Filzkleidung

MaroVerlag

Inhalt

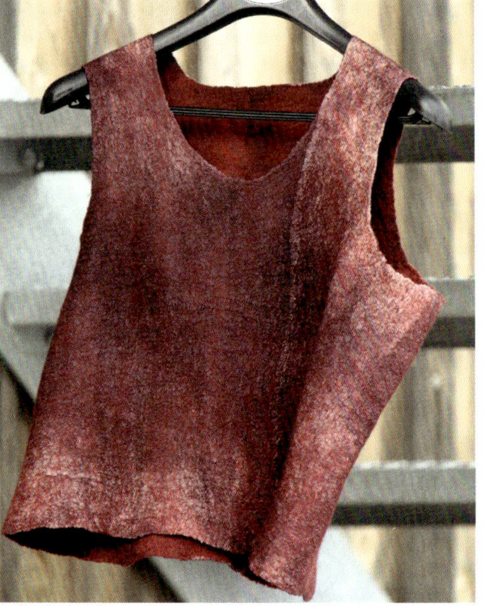

1 Ärmelloses Top

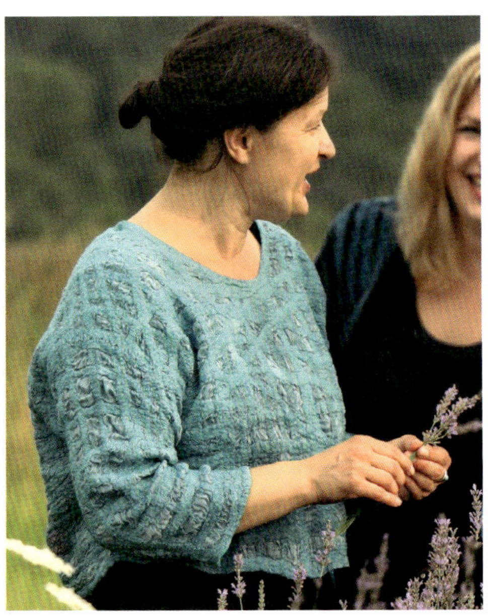

2 Oberteil mit halblangen Ärmeln

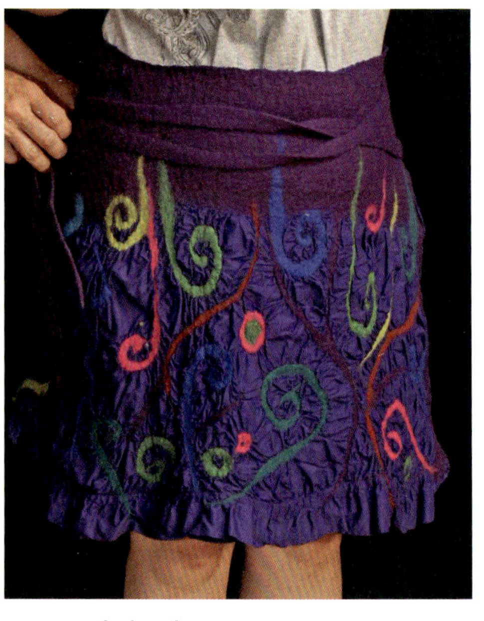

3 Wickelrock

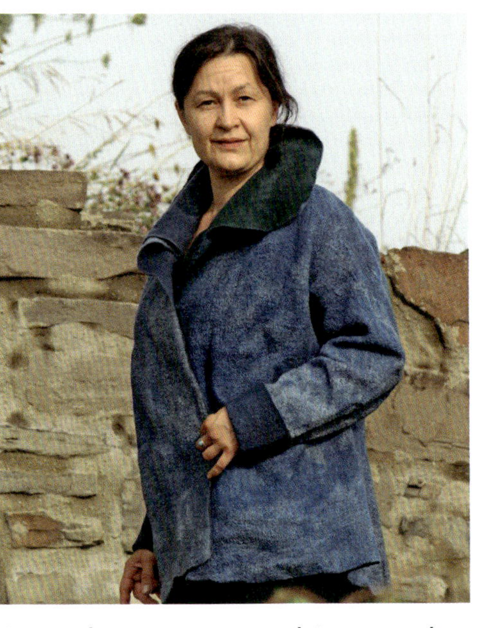

4 Jacke mit Kragen und Seitentaschen

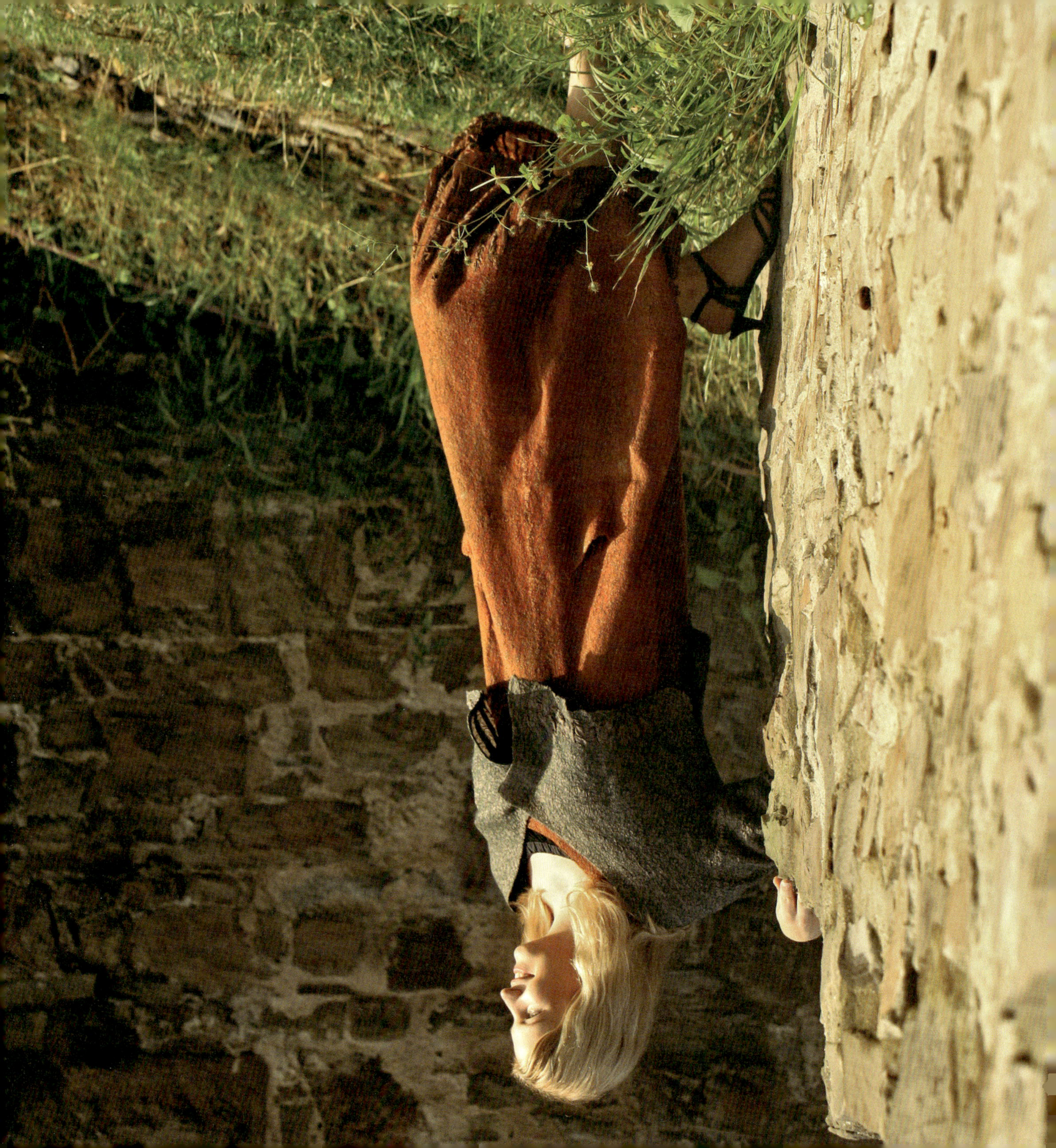

Wenn ich an Textiles denke …

dann immer zuerst an das, was mir am nächsten ist und mich direkt umgibt: Kleidung.

Um dem allgegenwärtigen Modediktat zu entgehen, hat es mich schon immer gereizt, meine Kleidung selbst zu entwerfen und herzustellen. Dabei fand ich heraus, welches Material ich in welcher Technik am liebsten verarbeite und trage. Mit Filz habe ich einen Werkstoff gefunden, der mich anhaltend begeistert: Ich kann das Ausgangsmaterial für meine Kleidung selbst herstellen, ohne mich, wie beim Stricken oder Weben, Reihe für Reihe nach oben zu arbeiten. Es freut mich sehr, dass es eine natürliche Faser gibt, aus der ein so faszinierendes Textil hergestellt werden kann. Nicht nur das Tragen, auch der Entstehungsprozess ist ein haptisches Erlebnis: Die Fasern und gegebenenfalls das Gewebe werden direkt mit den Händen bearbeitet.

Über die Jahre bin ich von der Filzfläche, die ich zunächst dünner und dünner gelegt habe – auch unter Verwendung von feinen Stoffen und immer feinerer Wolle – zur dreidimensionalen Form für Filzkleidung gekommen. Um eine gute Passform zu erreichen, habe ich kontinuierlich an meinen Schnitten und Legetechniken gefeilt. Und mit jedem weiteren Kleidungsstück, das ich angefertigt habe, entdeckte ich, wie wichtig mir die gefilzten – also nachträglich nicht geschnittenen – Kanten sind, die stabile Abschlüsse ergeben und aus meiner Sicht einfach schön aussehen.

Mir gefällt, dass es jedes auf diese Weise hergestellte Kleidungsstück nur einmal gibt. Und es begeistert mich, dass der Prozess des nahtlosen Filzens im Grunde nie ganz abgeschlossen ist, denn das Material bleibt veränder- und formbar. So kann ich ein Kleidungsstück mit der Zeit an mich »anpassen«, mich förmlich hineinleben.

Aber alle gemachten Filzerfahrungen und alle gewonnenen Fingerfertigkeiten lassen den Arbeitsaufwand nicht schwinden. Ich betrachte es so: Solides (Vor-)Wissen ist die Basis einer guten Planung, damit nichts »in die Hose geht«. So kann ich mich auf das anstehende Filzerlebnis einlassen und den Prozess genießen. Oft sogar meditativ.

In diesem Buch zeige ich Ihnen meinen Weg – er ist bei Weitem nicht der einzige, der zu einmaliger Filzkleidung führt. Ich hoffe, Sie können das eine oder andere davon aufgreifen. Werfen Sie den Rest über Bord und gehen Sie Ihren eigenen Weg – sowohl in der Technik als auch in der Form.

Viel Spaß und gutes Gelingen wünscht Ihnen

Inge Bauer

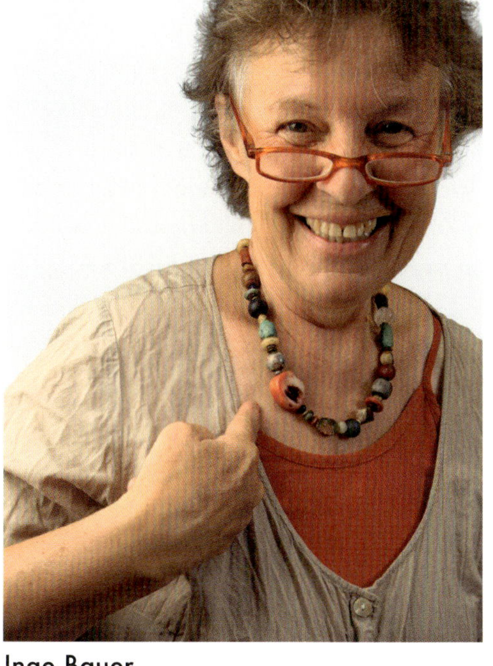

Inge Bauer

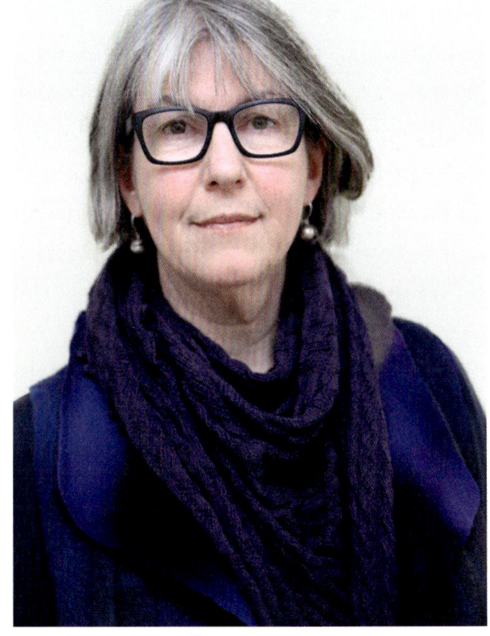

Regina Mattmüller-Maier

Vorwort

Inge Bauer war eine Meisterin im Filzen von Bekleidung. Das Filzen war ihre Passion, jahrelang hat sie geforscht, ausprobiert und ihre Arbeitstechniken perfektioniert. Sie tüftelte mit großer Begeisterung an Schnitten für komplexe Kleidungsstücke mit raffinierten Details und hat dabei ihre eigene Technik für deren Umsetzung entwickelt. Sie experimentierte mit unzähligen Materialkompositionen und färbte die Wolle und Stoffe für ihre Projekte selbst – ebenfalls nach ihrer eigenen Methode.

Als Dozentin war sie im In- und Ausland sehr gefragt. Sie hat mit großer Freude und Leidenschaft unterrichtet. Dabei hat sie ihr Können und Wissen großzügig in unzähligen Kursen weltweit, in den letzten Jahren vor allem an der von ihr mitbegründeten Filzschule Oberrot, an viele begeisterte Teilnehmende weitergegeben.

An der Filzschule Oberrot war auch ich ihre Schülerin. Aus dieser Begegnung ist eine Freundschaft entstanden, die nun in die Veröffentlichung dieses Buches mündet. Wir haben miteinander gearbeitet, sind zusammen gereist, und ich habe sie, als ihre Kräfte schwanden, als Kursleiterin vertreten.

Einige Jahre schon hatte sich Inge mit dem Gedanken getragen, die von ihr entwickelten Techniken des Bekleidungsfilzens nicht nur in Kursen, sondern auch in einem Arbeitsbuch an Interessierte weiterzugeben. In Zusammenarbeit mit Ricarda Aßmann (Grundkonzept) und Hans König (Fotos) nahm das Vorhaben Gestalt an. Nach einer intensiven Anfangsphase, in der wertvolle Arbeit geleistet wurde, ruhte das Projekt.

Wenige Tage bevor sie die Erde verlassen hat, hat Inge mich gebeten, das begonnene Buchprojekt für sie fertigzustellen. Ihr diesen letzten Freundschaftsdienst zu erweisen ist mir Ehre und Verpflichtung zugleich.

Regina Mattmüller-Maier

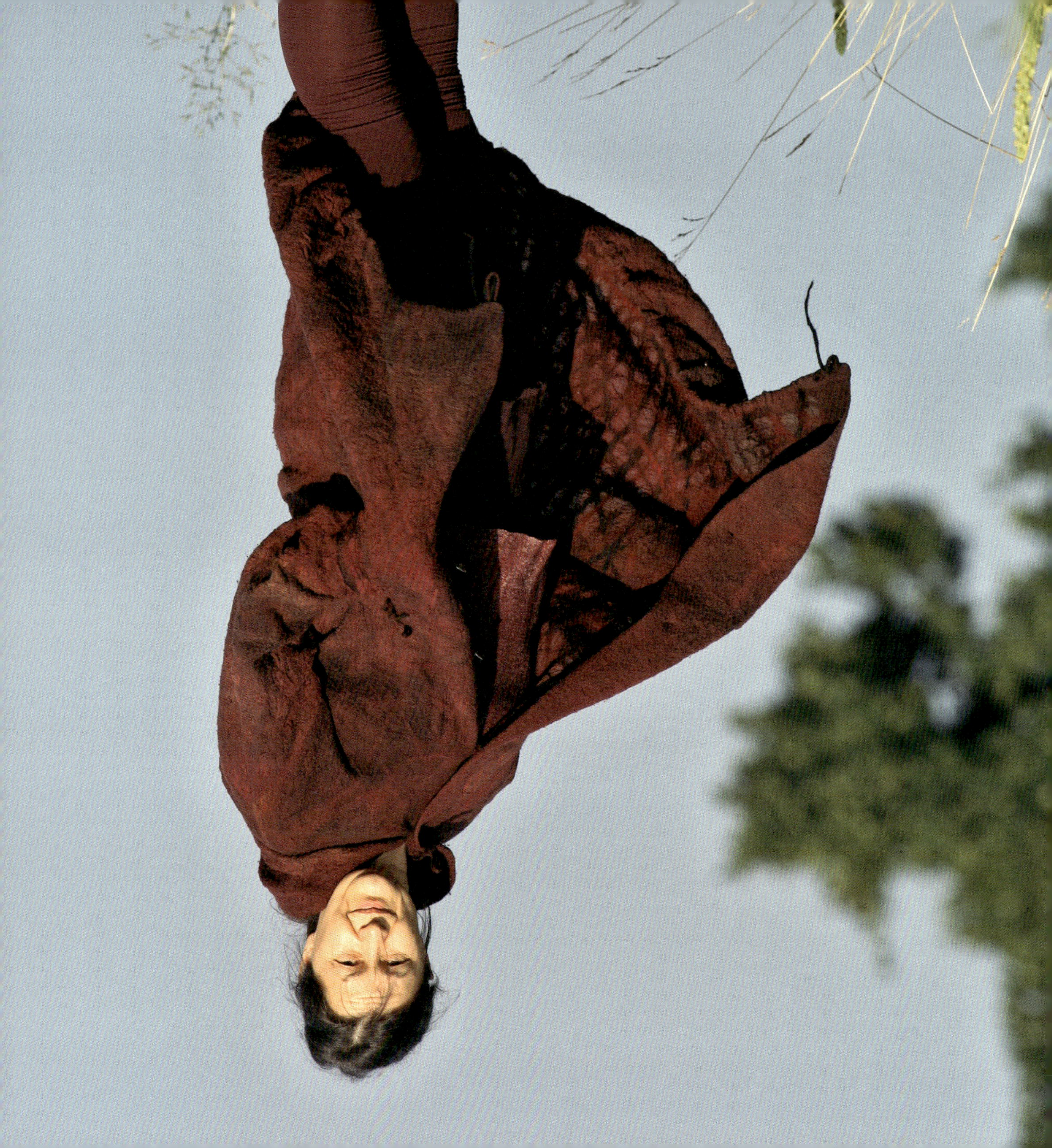

Nahtlose Kleidung aus Filz – wie geht das?

Damit ein Kleidungsstück aus Filz angenehm zu tragen ist, also weich und fließend fällt, muss der Filz möglichst dünn sein. Dafür eignen sich besonders Materialkombinationen aus extrafeiner Merinowolle und feinen Seiden- oder Wollstoffen. Beim Filzprozess »kriechen« die dünn ausgelegten Wollfasern durch das Gewebe und verbinden sich mit ihm. Im Zuge dessen schrumpfen Stoff und Wolle und ergeben so einen feinen und dennoch strapazierfähigen Filz.

Diese Art des Filzes – die Kombination von Wollfasern mit einem Gewebe – wird auch als Nunofilz bezeichnet, abgeleitet von dem japanischen Wort »nuno« für Gewebe.

Die in diesem Arbeitsbuch vorgestellten Kleidungsstücke sind in der Nunotechnik über eine Schablone gearbeitet. Eine Besonderheit ist, dass sie keine Nähte aufweisen und somit beidseitig getragen werden können. Dazu kommt das Spiel mit Farben und Strukturen und die daraus resultierenden Gestaltungsmöglichkeiten. Und nicht zu vergessen: die individuelle Handarbeit! All dies macht den Reiz gefilzter Kleidung aus und lässt Unikate entstehen, die so angenehm zu tragen sind, dass darin im besten Sinne »gewohnt« werden kann.

Zum Einstieg

Dieses Arbeitsbuch wendet sich an Personen, die die Grundlagen des Filzens beherrschen und bereits Erfahrungen in der Herstellung dünner Filze gesammelt haben.

Es enthält vier aufeinander aufbauende Anleitungen zu Kleidungsstücken aus Nunofilz:

- Projekt 1: Ärmelloses Top
- Projekt 2: Oberteil mit halblangen Ärmeln
- Projekt 3: Wickelrock
- Projekt 4: Jacke mit Kragen und Seitentaschen

Die Herangehensweise ist bei allen vier Modellen gleich, aber die Komplexität und die handwerklich-technischen Anforderungen steigern sich von Projekt zu Projekt. Dabei liegt der Fokus in erster Linie auf der technischen Umsetzung, denn die Möglichkeiten, die hier vorgestellten Basismodelle in Farbe, Schnitt und Design zu variieren und nach den eigenen Vorstellungen auszugestalten, sind endlos.

Alle vorgestellten Kleidungsstücke werden über eine Schablone gearbeitet und erhalten so ihre Form. Der Begriff »nahtlos« ist auf das fertige Kleidungsstück bezogen und wörtlich zu verstehen: Im Gegensatz zu geschneiderter Kleidung bieten Wollfasern die Möglichkeit, ein Kleidungsstück direkt »auf Form« zu gestalten. Was beim Schneidern also Abnäher, Zwickel etc. erfordert, kann im Filzprozess bei der Schablonenerstellung berücksichtigt und mit den Händen direkt auf den Körper geformt werden. Wird der Begriff »Naht« verwendet, bezieht er sich auf Stoffteile, die – sich überlappend – vor dem Filzen zusammenzuheften sind. Die bebilderten Anleitungen beschreiben die einzelnen Arbeitsschritte detailliert und anschaulich.

Die Berechnungen für die Herstellung von Schnittschablonen sind einfach nachzuvollziehen. Sie können mühelos auch auf andere Größen und Längen übertragen und dem persönlichen Geschmack und Stil angepasst werden.

Das Basiswissen, das für die Umsetzung eigener Ideen notwendig ist, wird vermittelt und ermöglicht die Herstellung einer persönlichen Garderobe. Dazu kommen praxisorientierte → Profitipps, die auf langjähriger Erfahrung basieren. Sie nehmen etliche Fragen vorweg, die sich im Arbeitsprozess ergeben können, und beantworten diese detailliert.

Die grundsätzlichen Arbeitsschritte werden bei **Projekt 1: Ärmelloses Top** beschrieben. Es ist wichtig, sich diese zu verinnerlichen, da sie sich bei der Herstellung von weiteren Kleidungsstücken wiederholen.

Die modellspezifischen Anleitungen sind bei den jeweiligen Projekten aufgeführt und zeigen Schritt für Schritt, wie ein nahtloses Kleidungsstück entstehen kann.

Die Bilder am Ende des Buches stellen ausgewählte Unikate aus Inges Textilwerkstatt vor. Sie sollen inspirieren und Lust machen, sich an die Herstellung einer eigenen Kollektion aus nahtlos gefilzter Kleidung zu wagen.

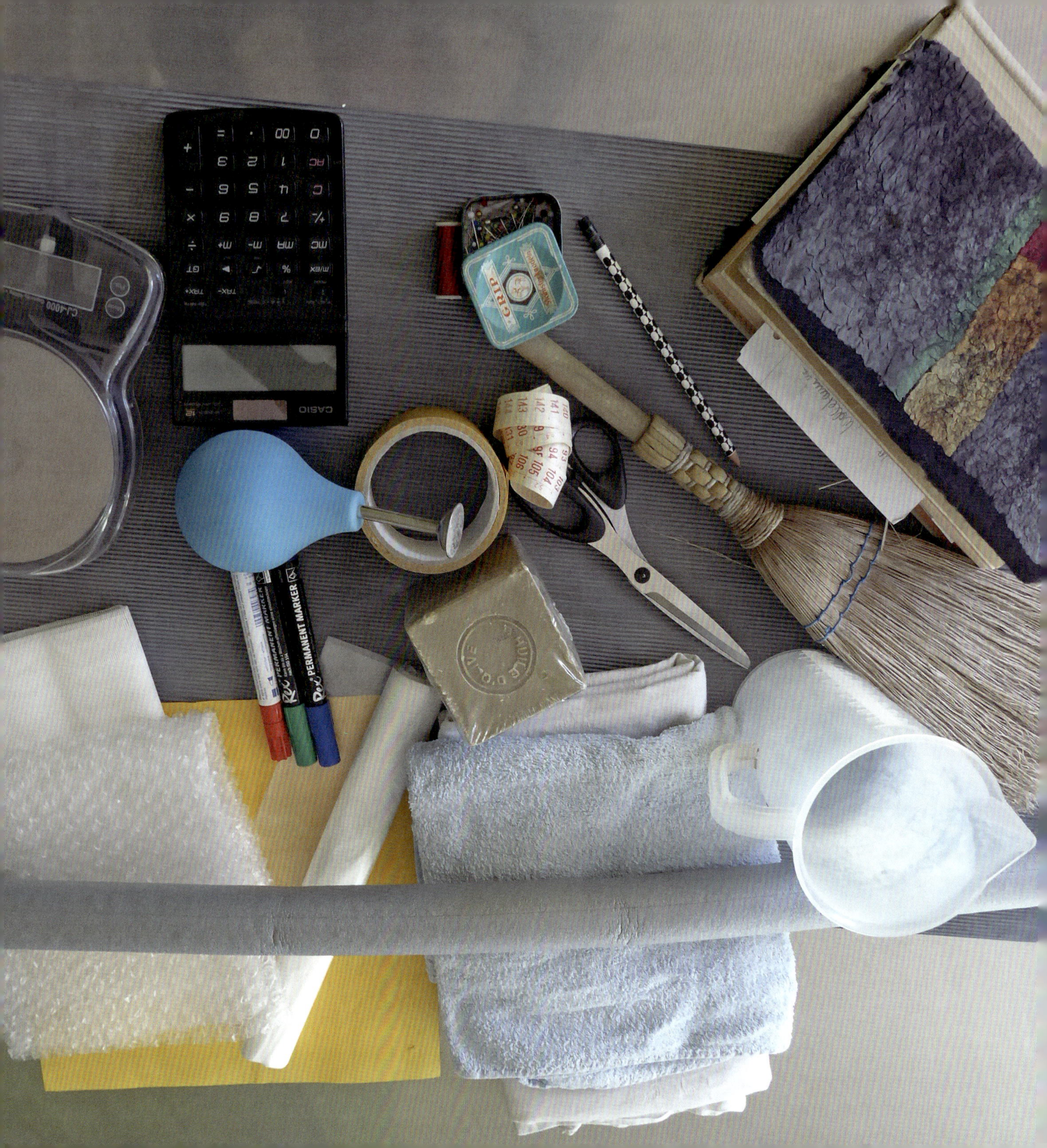
CASIO
GRIP
PERMANENT MARKER

Die Ausstattung für den Arbeitsplatz

- Präzisionswaage (mit mindestens einer Nachkommastelle)
- Maßband
- Skizzenbuch und Stift zur Dokumentation der einzelnen Arbeitsschritte
- Stecknadeln
- Nähnadel und Polyesternähgarn
- Stoffschere
- dicke Filzstifte in verschiedenen Farben
- Taschenrechner
- Noppenfolie für Schnittschablonen und als Arbeits- bzw. Wendefolien
- breites Klebeband
- Malerfolie als Zwischenlage/ Reservierungen
- Nylongaze
- Seife
- Messbecher
- Handbesen (aus Reisstroh) oder Ballbrause
- Hand- und Baumwolltücher, Lappen
- Isolationsmaterial für Heizungsrohre als Kern für die Filzrolle
- Filzmatte
- ggf. Plastiksack oder Lackfolie für eine Schnittschablone in der Originalgröße des geplanten Kleidungsstücks

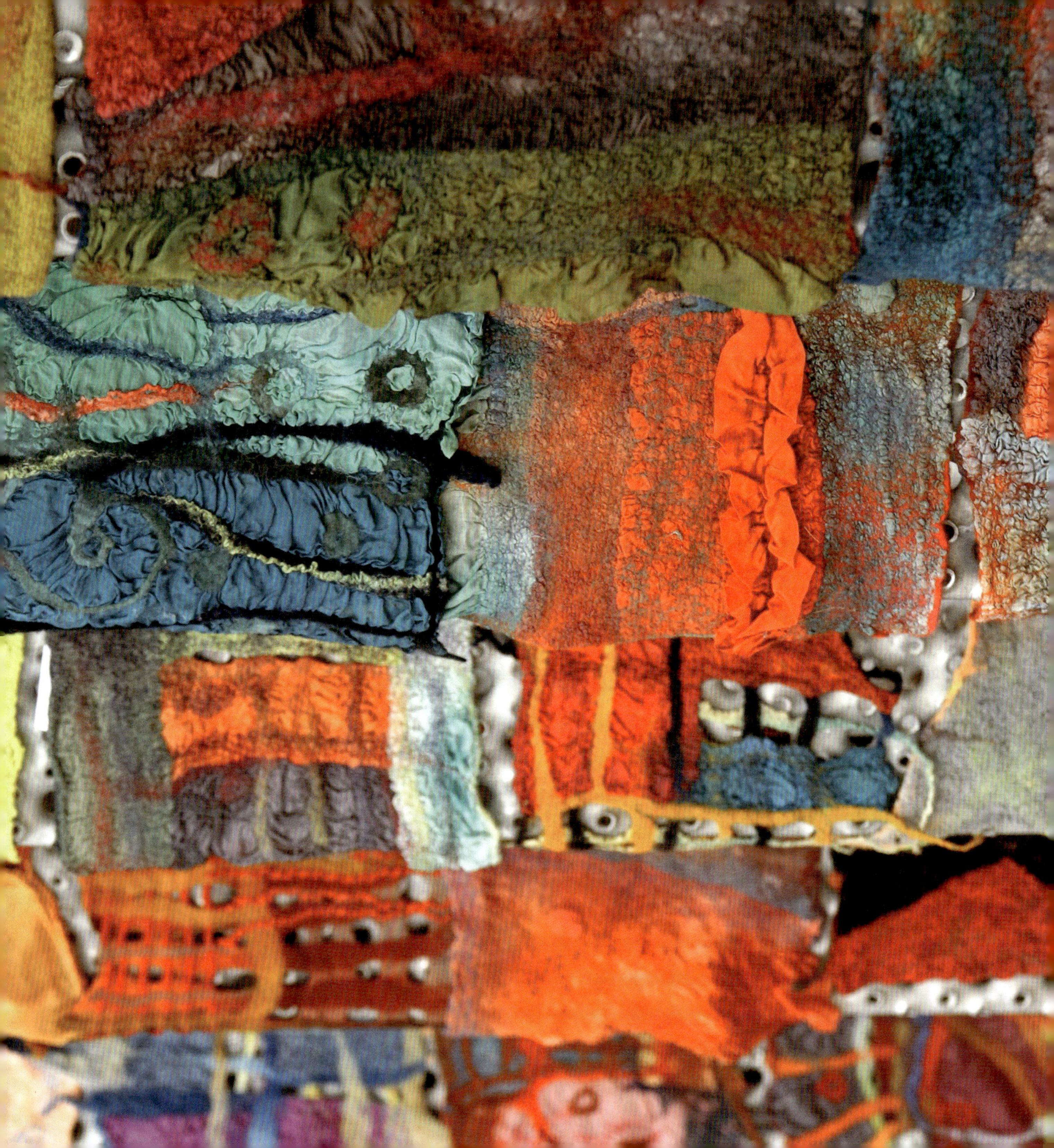

Die Filzproben

Da sich die Wollfasern im Filzprozess zusammenziehen, wird das Werkstück kleiner: Es schrumpft!

> Der proportionale Unterschied zwischen dem Auslegemaß (AM) und dem Fertigmaß (FM) wird als Schrumpffaktor (SF) bezeichnet.

Um die benötigte Materialmenge und den Schrumpffaktor exakt berechnen und das Aussehen des neugewonnen Textils abschätzen zu können, ist das Anfertigen von Probestücken unerlässlich.

Mit Probestücken kann auch die Nunofilztechnik – beispielsweise mit verschiedenen Materialien – geübt werden. Da die Kombination von Stoff und Wolle unzählige Gestaltungsmöglichkeiten bietet, ist es sinnvoll, die Probestücke mit den entsprechenden Eckdaten sorgfältig zu archivieren. Hierfür eignen sich Bögen aus dickem Papier, auf denen sämtliche Details zu Stoffwahl, Wollsorte(n) und -menge(n), Auslegemaß, Fertigmaß und Schrumpffaktor sowie Bemerkungen zum Filzverhalten der gewählten Materialien notiert werden. Die fertige Filzprobe kann auf dem Papierbogen mit selbstklebendem Klettband befestigt oder mit der Nähmaschine aufgenäht werden.

Wenn die Archivierung der angefertigten Proben konsequent erfolgt, ergibt sich daraus zum einen eine Musterkollektion, die als Inspirationsquelle für neue Projekte dienen kann, und zum anderen die Möglichkeit, auf Basis der Notizen ein Kleidungsstück in gleicher Qualität erneut anzufertigen.

PROFITIPP **1**

> Am Anfang eines neuen Filzprojekts sollte immer eine Probe stehen.

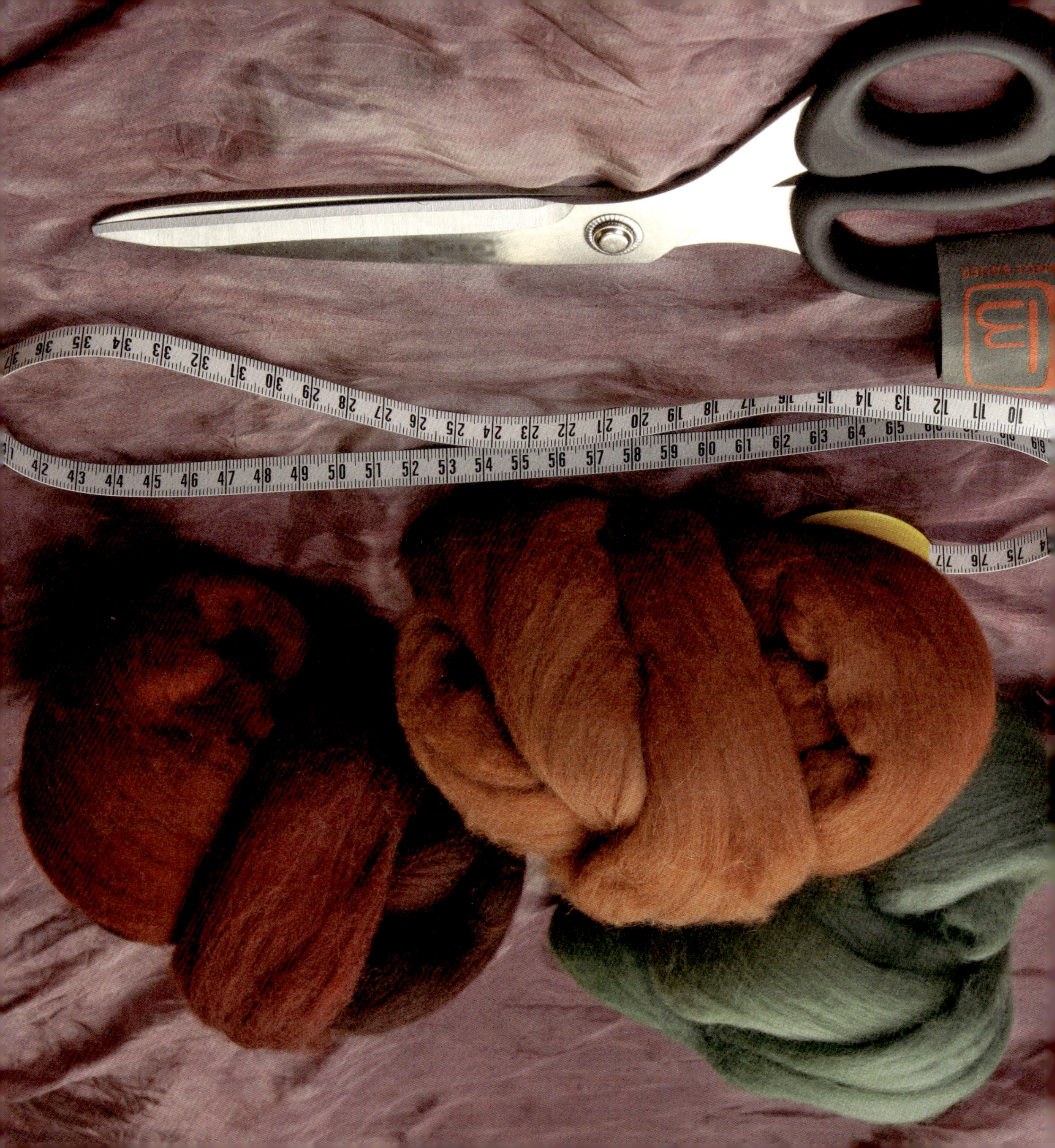

Die Materialwahl

- Welche Woll-Stoff-Kombination ist für das geplante Kleidungsstück geeignet?
- Wie passen die gewählten Farben zusammen?
- Welcher Schrumpffaktor ermöglicht eine Festigkeit, die das fertige Kleidungsstück strapazierfähig macht?

Beim Anfertigen des Probestücks zeigt sich das Filzverhalten der Wolle in Verbindung mit dem Stoff und das Zusammenspiel der ausgewählten Materialien und Farben. So lässt sich abschätzen, ob Farbigkeit und Oberflächenstruktur gefallen und vor allem auch, ob die Materialien sich für das neue Textil eignen.

Je nach Beschaffenheit des Gewebes verbindet sich der Stoff unterschiedlich mit den Wollfasern. Wenn ein leichter und feiner Stoff verwendet wird, wie z. B. Pongéseide 05, entsteht in Verbindung mit den Wollfasern eine leicht schimmernde Oberfläche mit kleinen Blasen. Bei der Verwendung von feinem Baumwollbatist ist die Oberfläche eher stumpf und die Blasen sind ausgeprägter. Hauchdünner Stoff wie Seidenchiffon filzt vollständig ein. Schwerere Gewebe wie Wolletamine oder Leinengaze eignen sich ebenfalls gut für Nunofilz. Sie ziehen sich weniger zusammen, schrumpfen also weniger, und ergeben Oberflächen mit prägnanten, teils borkigen Strukturen. Auch mit Stoffen aus Mischgewebe können interessante Effekte erzielt werden. Allerdings ist bei diesen Qualitäten Geduld gefragt, da sie sich, je nach Zusammensetzung, nur bedingt für Nunofilz eignen. Da Oberbekleidung stark strapaziert wird, ist es – unabhängig von den gewählten Materialien – sehr wichtig, das Werkstück intensiv zu bearbeiten, um »Pilling« (Knötchenbildung durch lose Fasern) so weit wie möglich vorzubeugen.

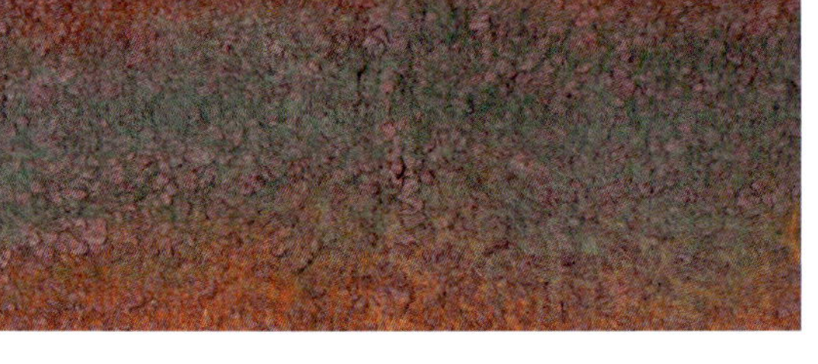

PROFITIPP **2**

Handgefärbte Materialien sorgen für eine lebhafte Farbigkeit des fertigen Kleidungsstücks.

Die Probe für Projekt 1: Ärmelloses Top

Für diese Filzprobe wird benötigt:

- Seidenstoff, 2 Rechtecke von jeweils 40 × 21 cm
- Merinowolle im Kammzug in drei Farben (→ Profitipp 4), 5 g zzgl. Toleranzmenge von 1,3 g = 6,3 g
- Maßband
- Noppenfolie
- Seife
- Wasser und Schüssel

PROFITIPP **3**

Die Wolle sollte grundsätzlich großzügig bemessen sein, da es beim Arbeiten – vor allem an einem großen Werkstück – sehr ärgerlich ist, wenn das Material beim Auslegen für die letzten Zentimeter nicht reicht. Diese Toleranzmenge heißt in den Tabellen »Zugabe«.

PROFITIPP **4**

Idealerweise werden für die Probe mehrere Farben ausgewählt, sodass unterschiedliche Farbwirkungen nebeneinander auf einen Blick sichtbar werden. Bei meliert gefärbter Wolle empfiehlt es sich, eine Partie mit Farbverlauf zu verwenden.

1 Für die Probe wird vom Wollkammzug jeder Farbe ein Stück abgetrennt. Zu den für die Probe erforderlichen 5 g werden 1,3 g Toleranzmenge dazu gegeben – es sind also 6,3 g statt der geplanten 5 g abzuwiegen – pro Farbe 2,1 g (→ Profitipp 3). Nach dem Auslegen sollten 1,3 g der Wolle, also die Toleranzmenge, die dazugerechnet wurde, übrig sein.

PROFITIPP **5**

Je dünner die Wolle ausgelegt wird, desto höher ist der Schrumpffaktor und desto größer müssen die Auslegemaße des Werkstücks sein.

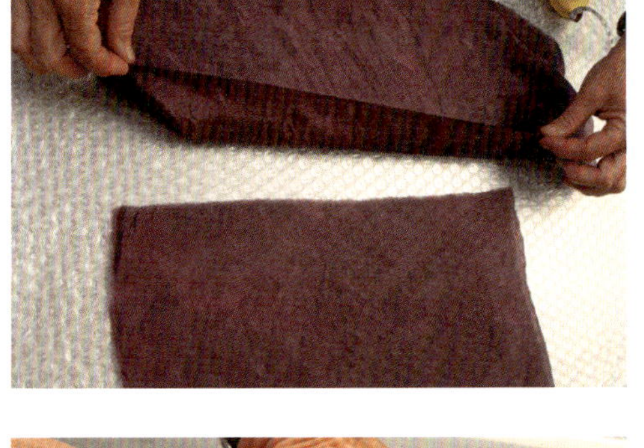

2 2 Rechtecke aus Seidenstoff (ohne Webkante) à 40 × 21 cm werden 1 cm überlappend (= 40 × 40 cm) auf der glatten Seite eines Stücks Noppenfolie, das etwas größer als das Probestück sein muss, aufeinandergelegt. Die Überlappung entspricht einer »Naht« und zeigt das Filzverhalten bei doppelt liegendem Stoff. Eventuell an der Stoffkante überstehende Fäden (Fransen) abschneiden.

3 Für das Auslegen der Wolle den Kammzug in schmale Stränge entlang der Faserrichtung teilen und die Wollfasern dünn über Kreuz auslegen. An den Rändern jeweils eine zusätzliche Lage Wolle.

4 Die Faserenden sollen an allen 4 Seiten jeweils 1 cm überstehen, also über das Stoffquadrat hinausragen. So filzen Wolle und Stoff an den Kanten gut zusammen, was (form)stabile Ränder ergibt.

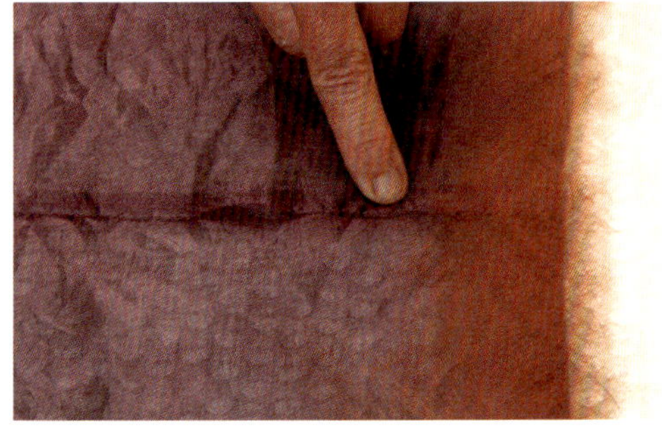

5 Auf der »Naht« (1 cm-Überlappung der Stoffrechtecke) darf die Auflage für die Stabilität etwas dicker sein, daher hier zusätzlich Wolle – ebenfalls in Kreuzlage – auflegen.

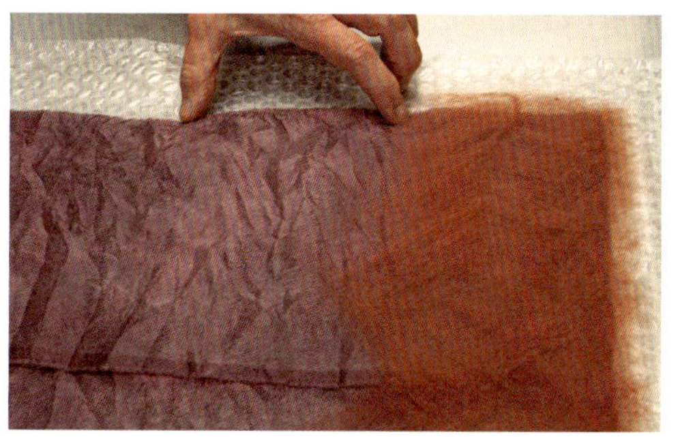

6 Wenn etwa ein Drittel des Stoffes belegt ist, zur zweiten Farbe wechseln. Von der abgewogenen Menge der ersten Farbe sollte noch etwas übrig sein (Toleranzmenge → Profitipp 3, Seite 20).

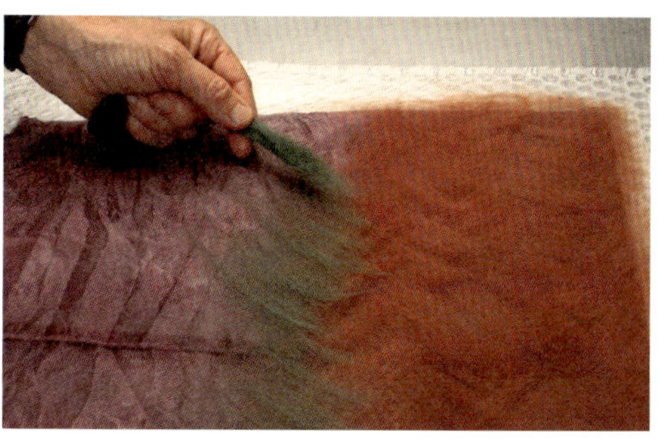

7 Die beiden Farben überlappen sich und gehen ineinander über, was später – vor allem auf der Stoffseite – einen schönen Farbverlauf ergibt.

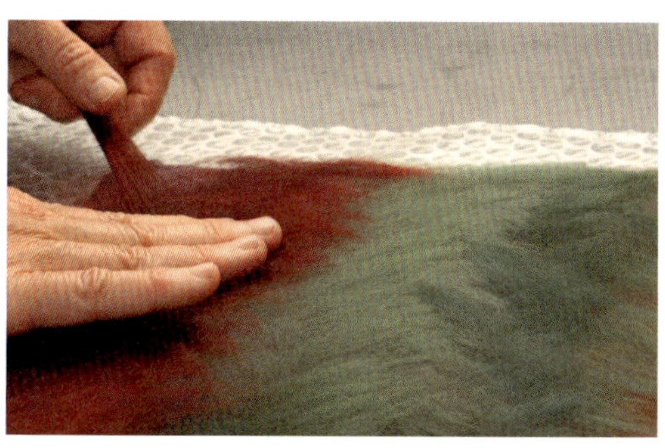

8 Anschließend die dritte Farbe auslegen, erneut mit etwas Überlappung zur vorherigen.

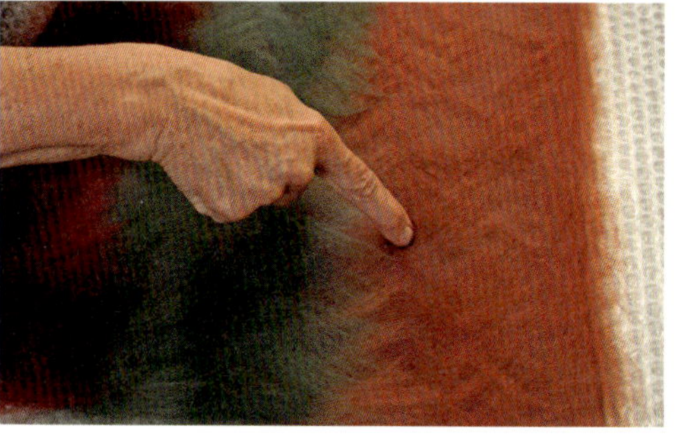

9 Wenn der Stoff vollständig belegt ist, sollte kontrolliert werden, ob die Wolle gleichmäßig ausgelegt wurde. Falls es dünne Stellen gibt, noch weitere Wollfasern auflegen.

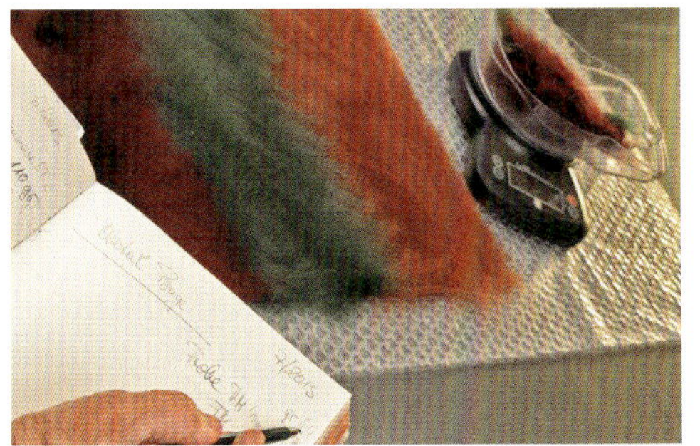

10 Die übrig gebliebene Wolle wird nun gewogen. Bei der Ausgangsmenge von 6,3 g und der vorhergesehenen Auflage von 5 g sollten 1,3 g übrig sein. Den tatsächlichen Verbrauch notieren.

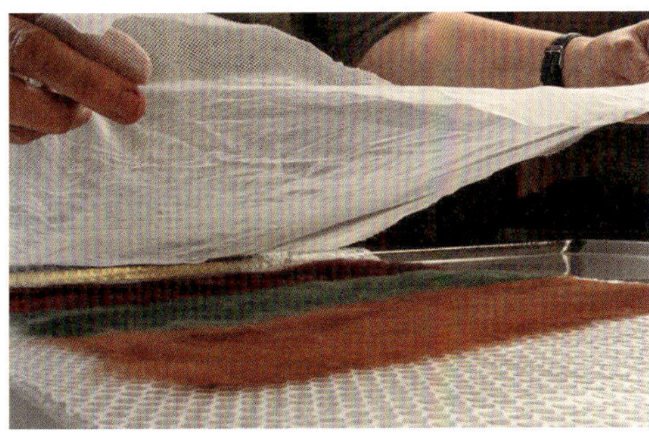

11 Das Werkstück mit Nylongaze abdecken …

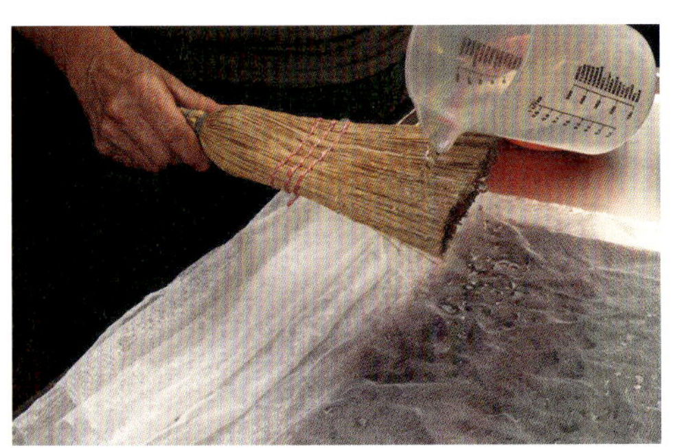

12 … und mit Hilfe eines kleinen Reisbesens oder einer Ballbrause gleichmäßig mit Wasser besprühen (das Wasser sollte auch durch den Stoff dringen).

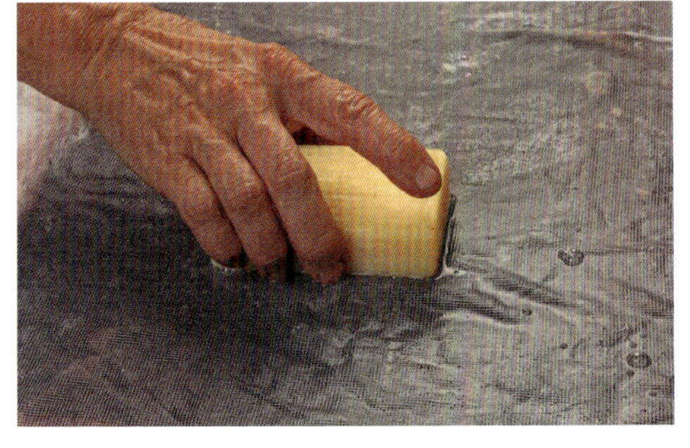

13 Anschließend mit einem Stück Seife vorsichtig einreiben.

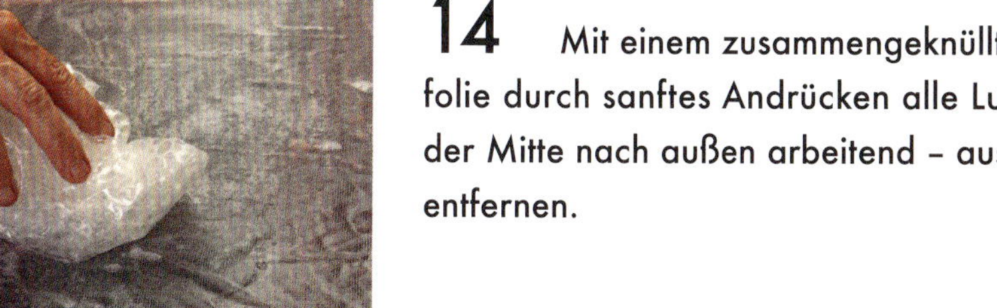

14 Mit einem zusammengeknüllten Stück Noppenfolie durch sanftes Andrücken alle Lufteinschlüsse – von der Mitte nach außen arbeitend – aus dem Werkstück entfernen.

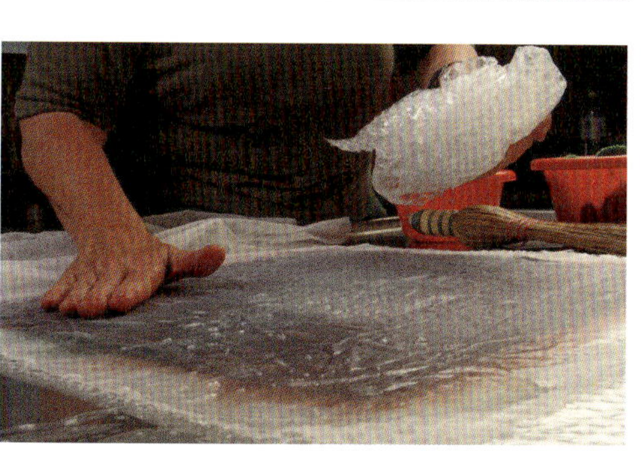

15 Mit der flachen Hand behutsam über die gesamte Fläche des Werkstücks streichen und sanft in kreisenden Bewegungen reiben.

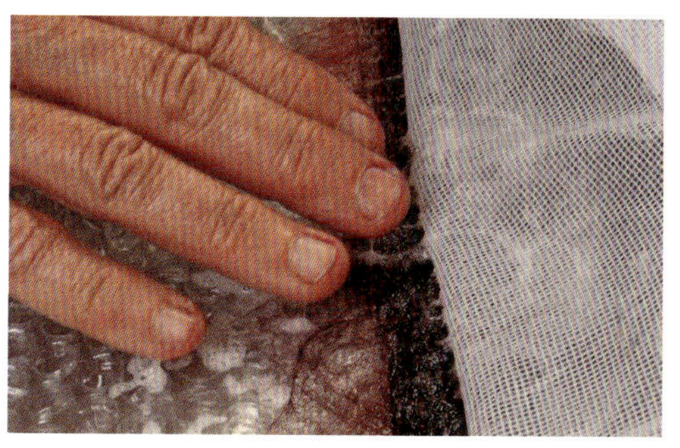

16 Die Gaze behutsam vom Werkstück nehmen.

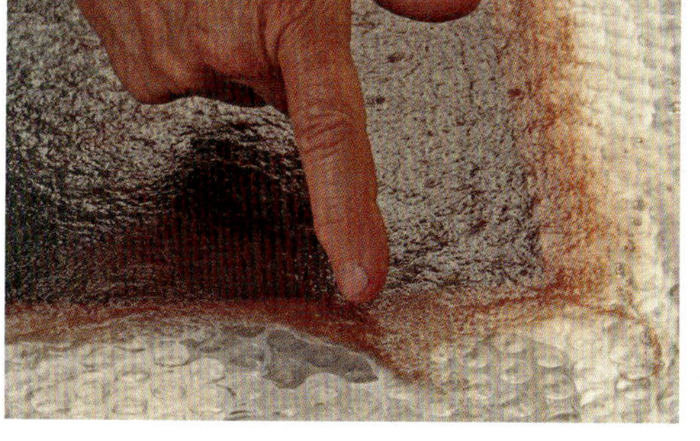

17 Für ebenmäßige Kanten ist es wichtig, alle Fasern zum Werkstück heranzuholen. Dies muss sorgfältig geschehen, da die Fasern in diesem frühen Stadium des Filzprozesses noch sehr lose sind.

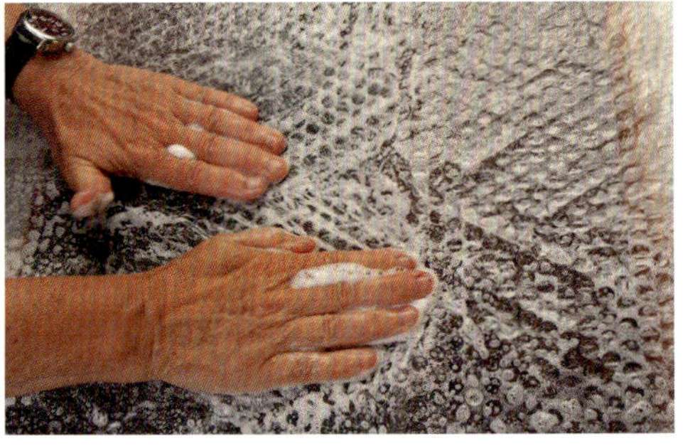

18 Dann ein Stück Noppenfolie auf das Werkstück legen (Noppen nach unten), auf die glatte Seite der Noppenfolie etwas Wasser und Seife geben und mit den flachen Händen mehrmals sanft über die Fläche reiben.

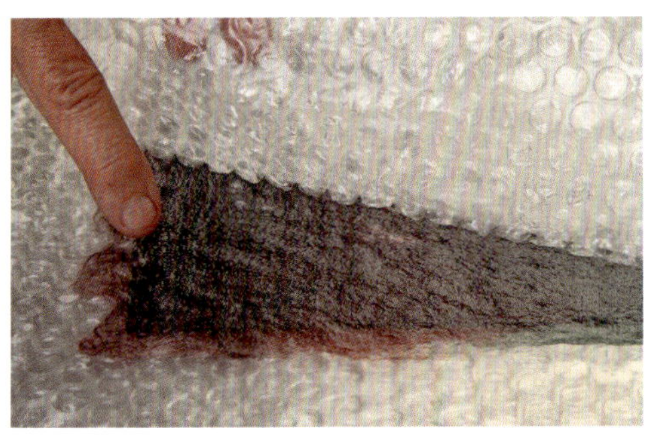

19 Die Noppenfolie anheben und mit den Fingern prüfen, ob die Fasern sich bereits ein wenig verbunden haben oder ob sie noch wegrutschen. Falls nötig, mit der flachen Hand leicht darüberstreichen (anfilzen).

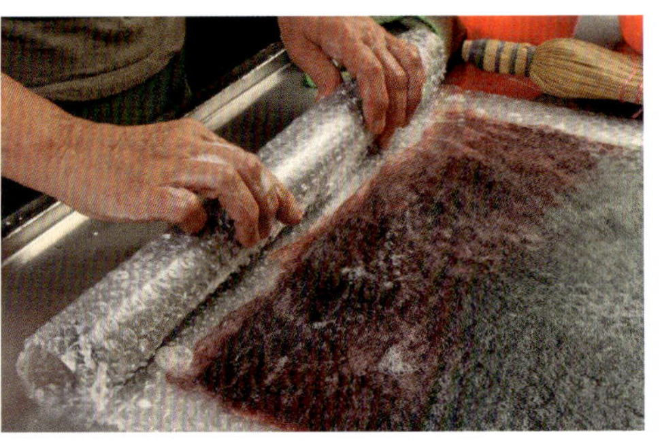

20 Als nächsten Schritt die Noppenfolie mit dem aufliegenden angefilzten Werkstück über ein Stück Isolationsrohr (als Kern) einrollen. Das Bündel – ohne Druck! – ca. 5 Minuten vor und zurück rollen …

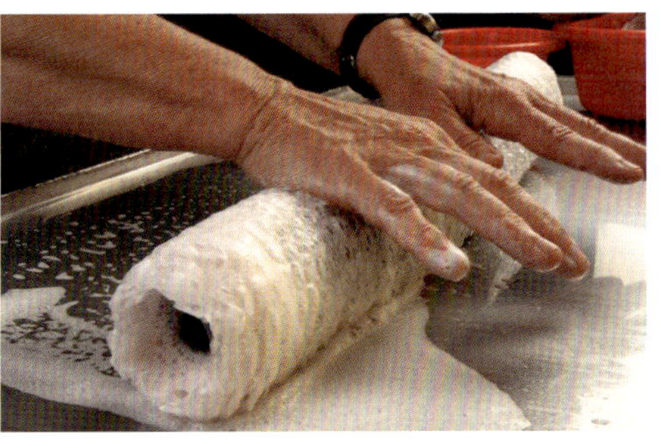

21 … und dabei austretendes Wasser aufwischen.

PROFITIPP 6

Dunkle Farben benötigen beim Filzen mehr Seife als helle, daher muss bei dunklen Farben meist nachgeseift werden.

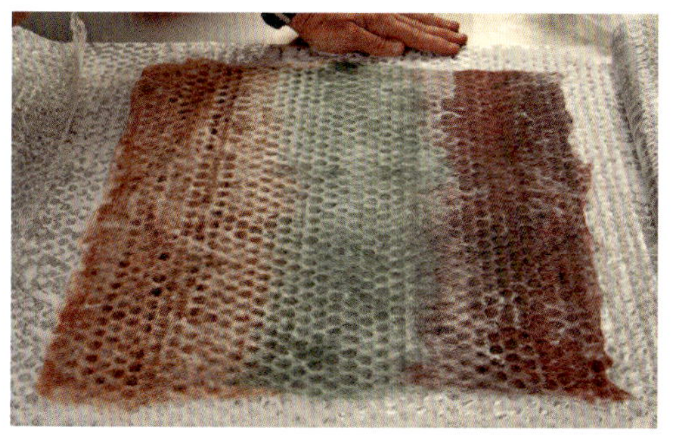

22 Die Rolle wieder öffnen, eventuell überstehende Fasern ans Werkstück heranholen und prüfen, ob Korrekturen an den Kanten oder der Form notwendig sind.

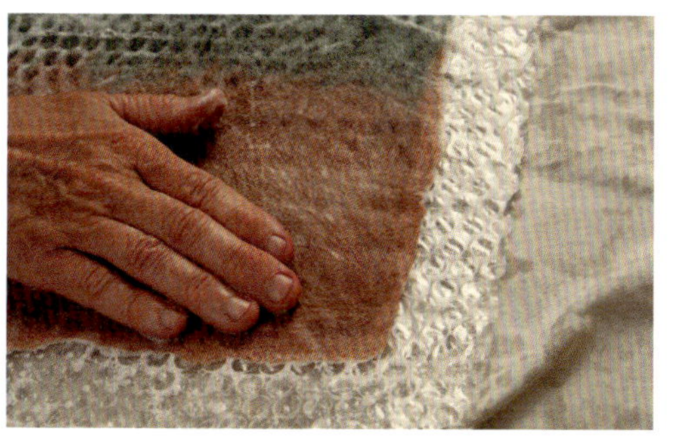

23 Es ist wichtig, stets auf gerade Kanten und die Form zu achten. Gegebenenfalls das Werkstück in Form ziehen.

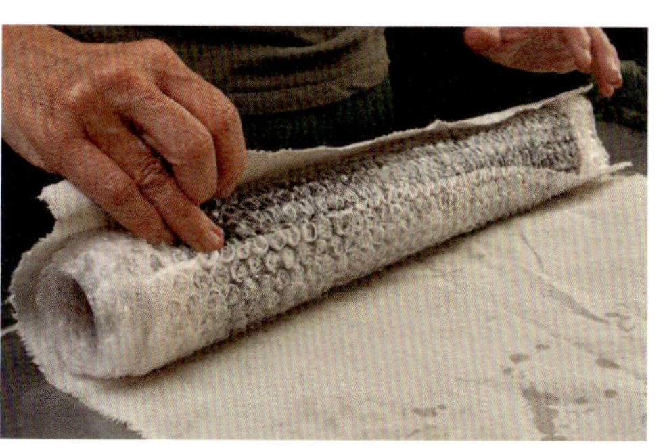

24 Nun das Werkstück mit dem Kern von der gegenüberliegenden Seite her aufrollen, die Rolle in ein Baumwolltuch wickeln und mit beiden Händen erneut ca. 5 Minuten vor und zurück rollen.

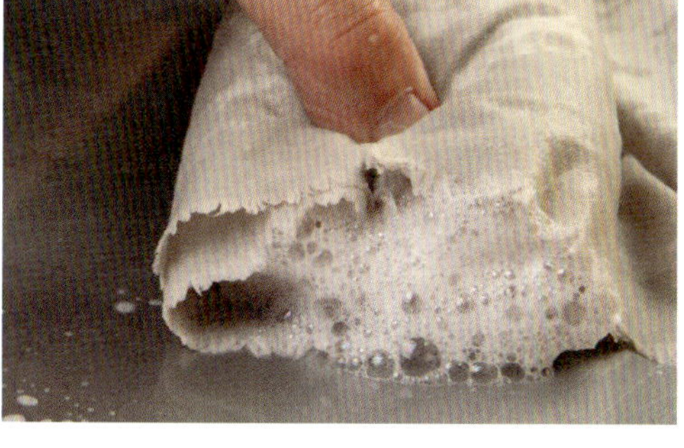

25 Das Ganze wieder öffnen, erneut die Kanten prüfen, das Werkstück um 90 Grad drehen, wieder einrollen (ab jetzt ohne Kern) und erneut ca. 5 Minuten vor und zurück rollen. Austretender Schaum zeigt an, dass das Werkstück genug eingeseift ist.

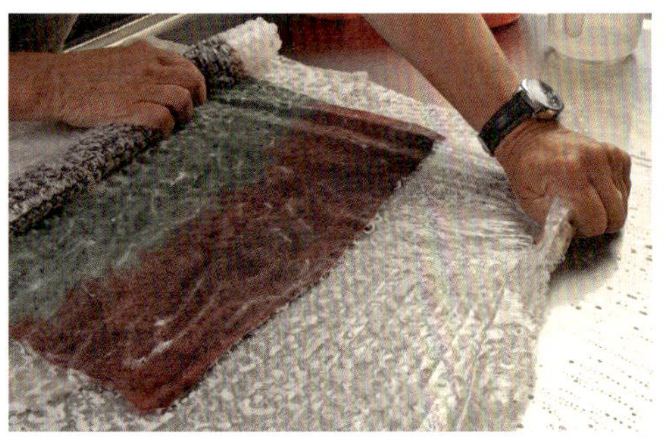

26 Danach erneut ausrollen und Falten glattziehen, das Werkstück um 180 Grad drehen, wieder aufrollen und ein weiteres Mal ca. 5 Minuten hin und her rollen.

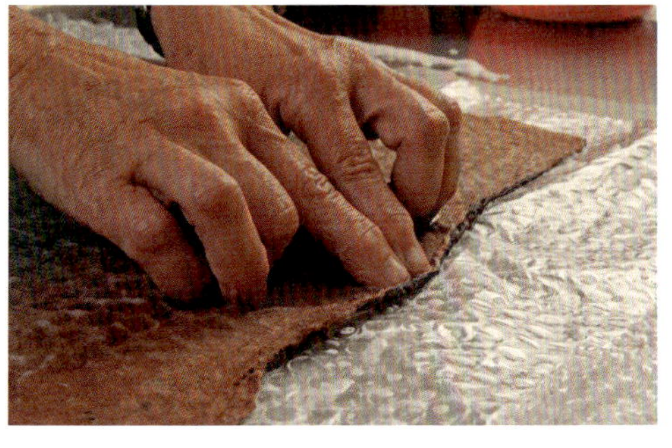

27 Manchmal entstehen beim Filzprozess an den Kanten des Werkstücks kleine Wülste. Diese ggf. mit den Fingerspitzen nach außen schieben und so die Kanten glätten.

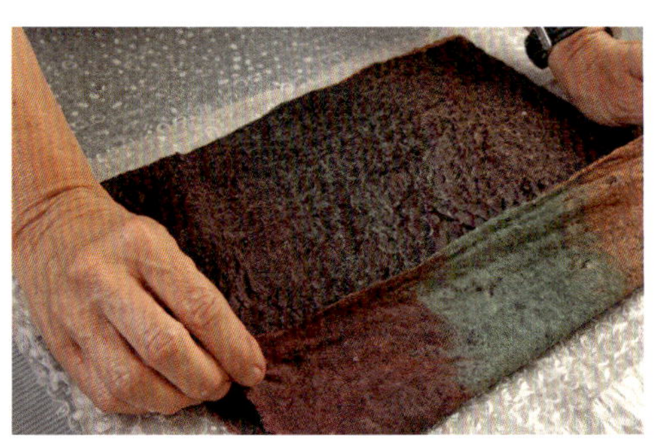

28 Das Probestück wenden, nun liegt die Stoffseite oben. Wieder einrollen und ca. 5 Minuten rollen. Danach ausrollen, um 180 Grad drehen und erneut ca. 5 Minuten rollen. Die Fasern dringen nun gut sichtbar durch die Seide. Die Ränder abermals korrigieren und die Ecken herausarbeiten.

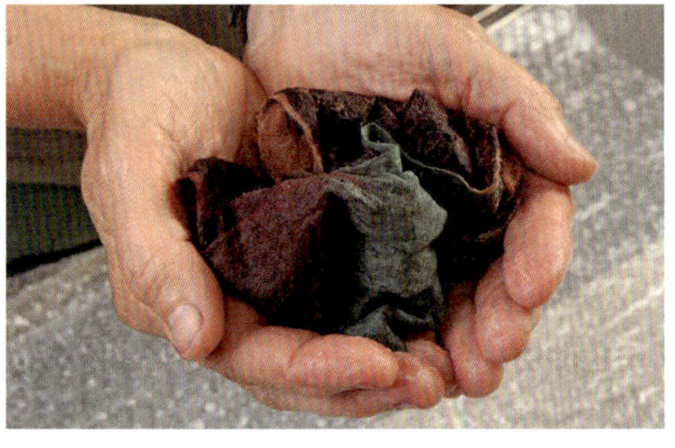

29 Nun haben sich Stoff und Wollfasern schon zu einem Filzstück verbunden. Dieses in den Händen, mit ausreichend Wasser und Seife, wie einen Kloß ca. 1 Minute leicht rollen.

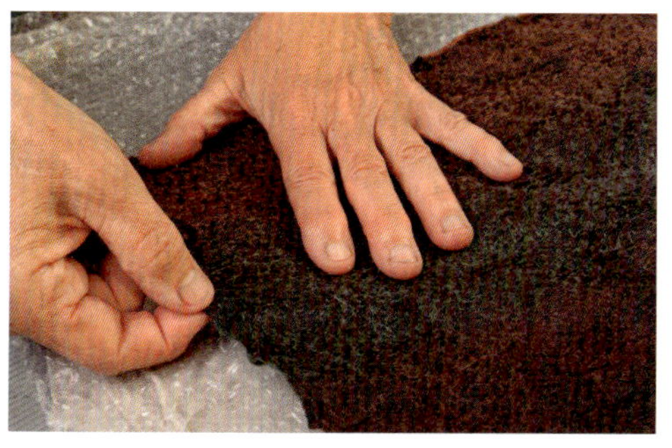

30 Den »Kloß« öffnen und wenn nötig, die Ränder und Ecken korrigieren.

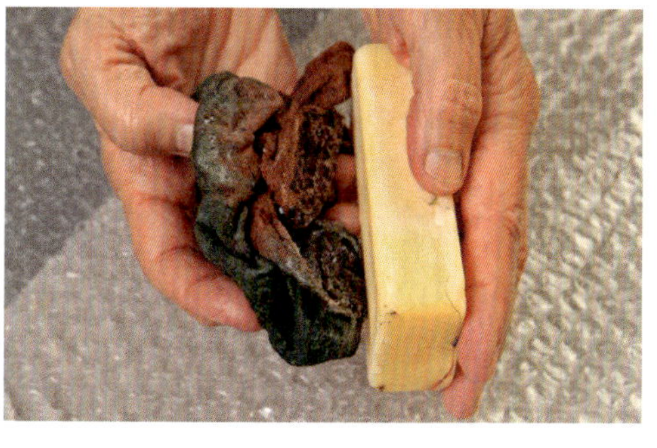

31 Das Filzstück wieder zusammenknüllen, mit Seife einreiben und erneut wie einen Kloß rollen.

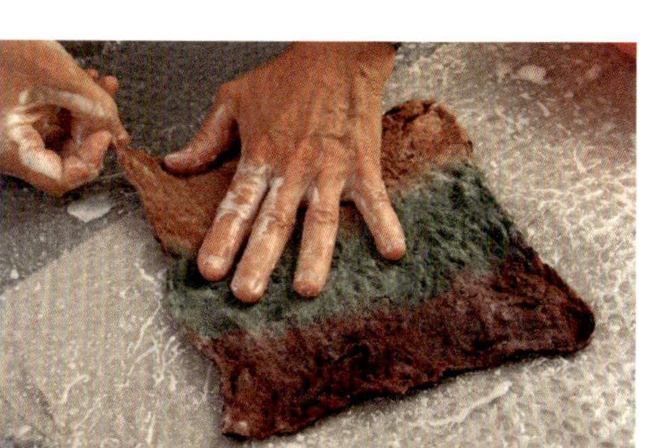

32 Wieder öffnen und nochmals die Ränder korrigieren.

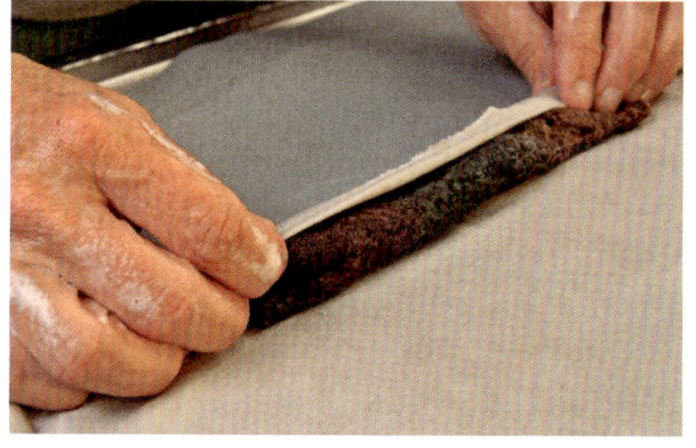

33 Nun das Filzstück erst in sich selbst, dann in ein Baumwolltuch einrollen und jetzt mit Druck auf dem Tisch walken – also vor und zurück rollen.

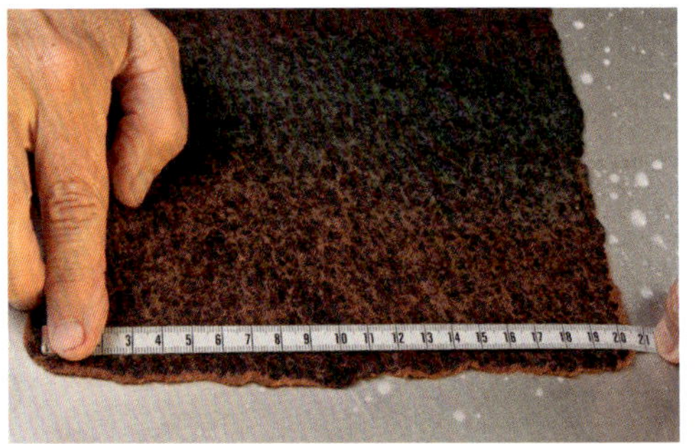

34 Dies von allen Seiten wiederholen und das Filzstück so auf das geplante Maß herunterschrumpfen. Das geplante Maß beträgt in diesem Fall 20 × 20 cm (→ Profitipp 7, Seite 31).

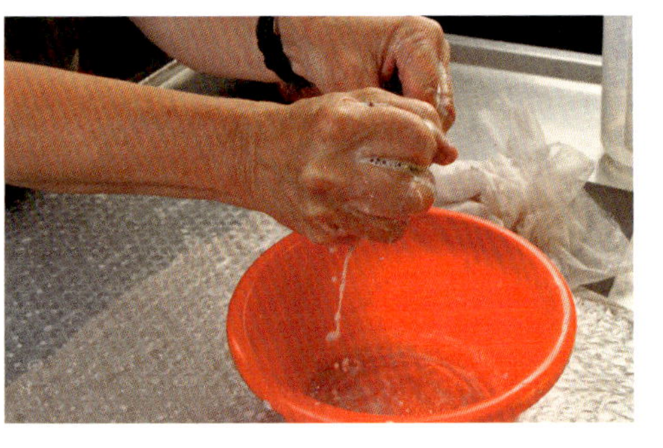

35 Die Filzprobe auswaschen und das Wasser ausdrücken.

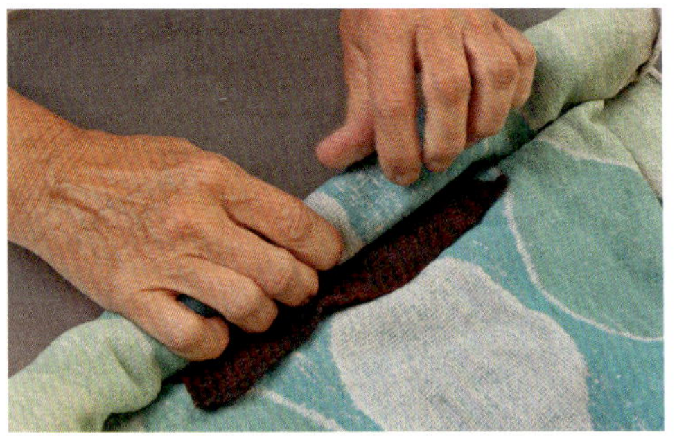

36 Zu guter Letzt das Probestück auf ein trockenes Handtuch legen, beides zusammen einrollen und noch einmal mit hohem Druck kurz hin und her rollen. Die Ränder erneut korrigieren, das Stück in Form ziehen, trocknen lassen und anschließend mit dem Bügeleisen dämpfen.

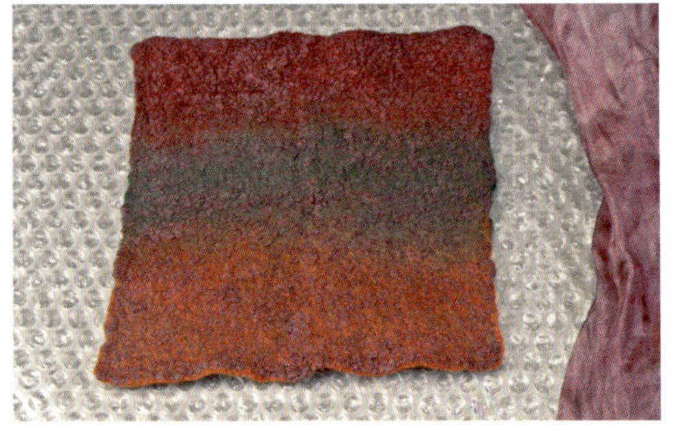

→ Nun ist die Filzprobe fertig.

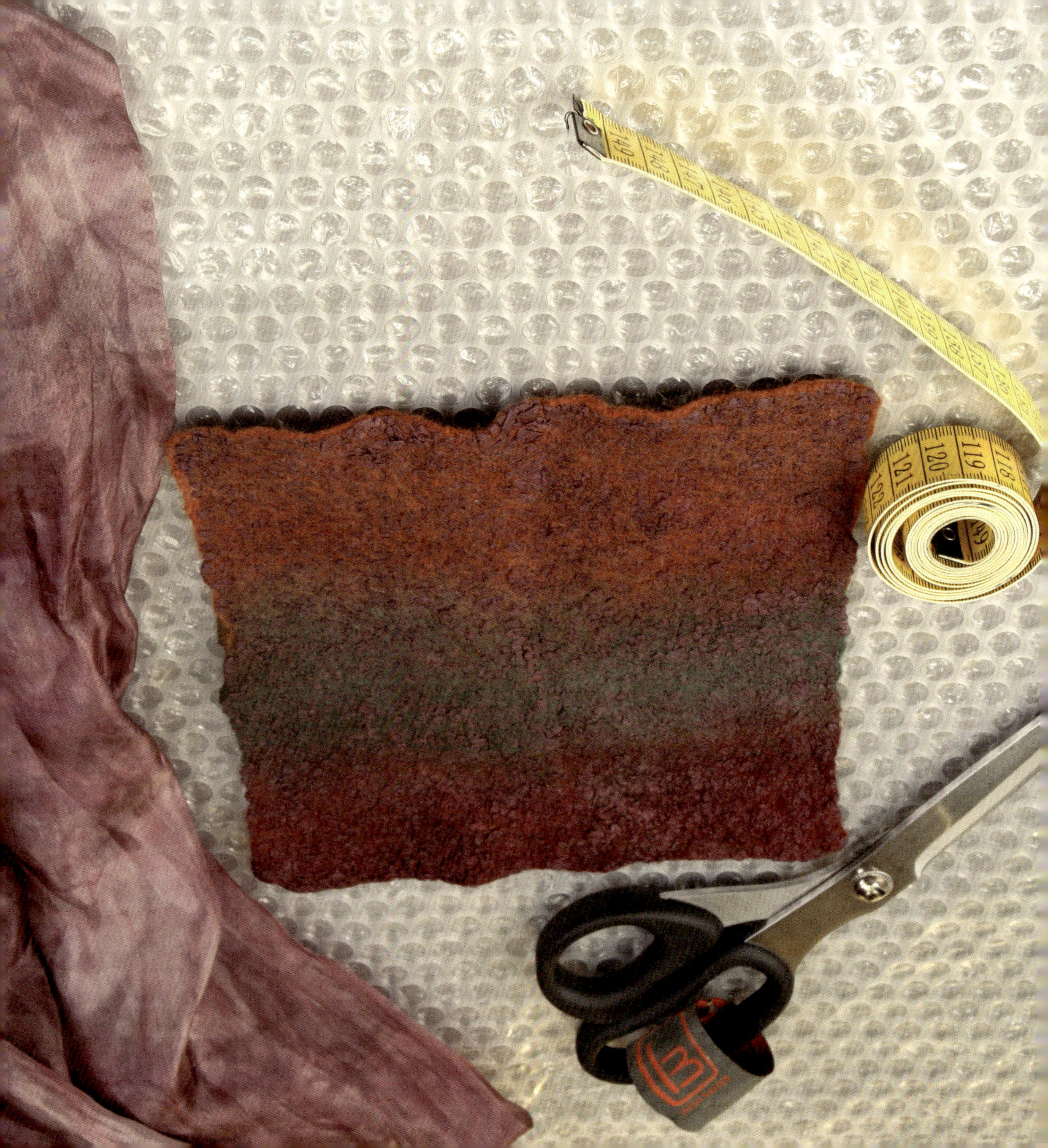

Die Berechnung des Schrumpffaktors

Beim Filzprozess verhaken sich die Wollfasern und ziehen sich zusammen, das Werkstück schrumpft. Der Wert, der sich aus dem Verhältnis Auslegemaß (AM) zu Fertigmaß (FM) ergibt, wird als Schrumpffaktor (SF) bezeichnet. Anhand der Probe lässt sich der Schrumpffaktor leicht errechnen.

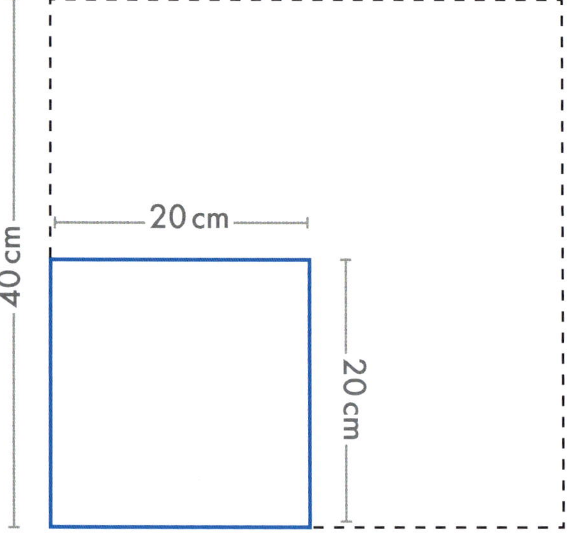

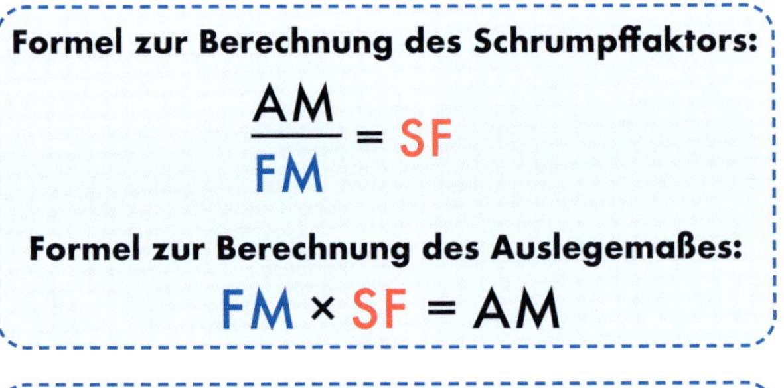

Formel zur Berechnung des Schrumpffaktors:

$$\frac{AM}{FM} = SF$$

Formel zur Berechnung des Auslegemaßes:

$$FM \times SF = AM$$

Rechnungen anhand der Probe:

Auslegemaß (AM): 40 × 40 cm

Fertigmaß (FM): 20 × 20 cm

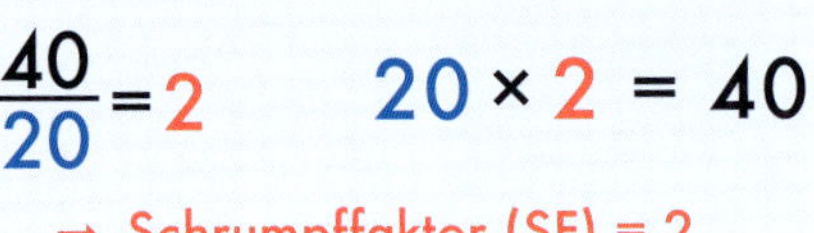

$$\frac{40}{20} = 2 \qquad 20 \times 2 = 40$$

→ Schrumpffaktor (SF) = 2

PROFITIPP 7

Für Filzkleidung, die aus der Kombination von Pongéseide mit extrafeiner Merinowolle hergestellt wird, hat sich ein Schrumpffaktor von 2 bewährt, um einen feinen, festen und strapazierfähigen Filz zu erhalten.

Um die Maße für eine anzufertigende Schablone (Auslegemaße) bestimmen zu können, werden die gewünschten Fertigmaße mit dem Schrumpffaktor multipliziert.

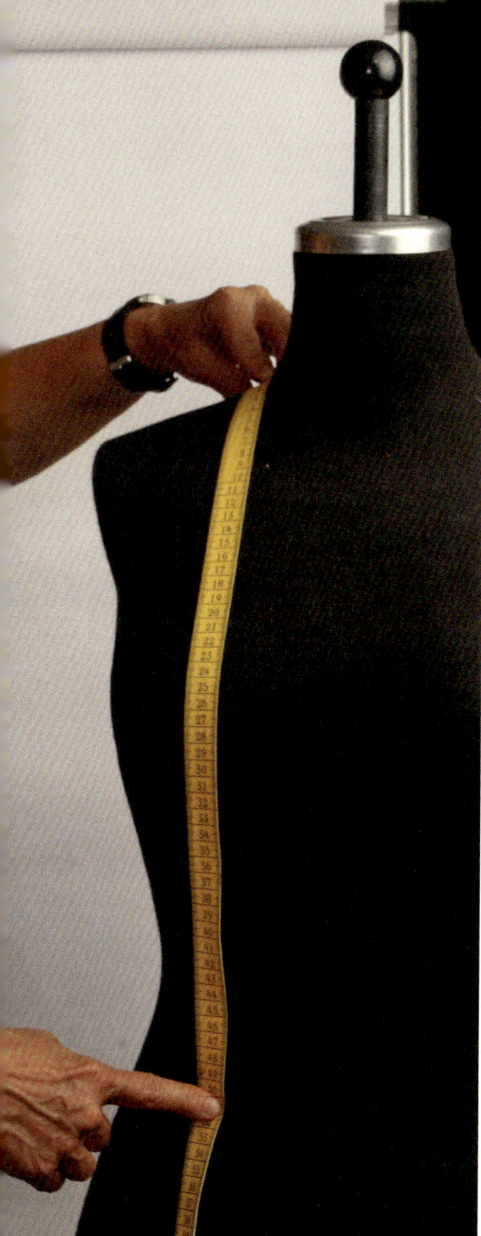

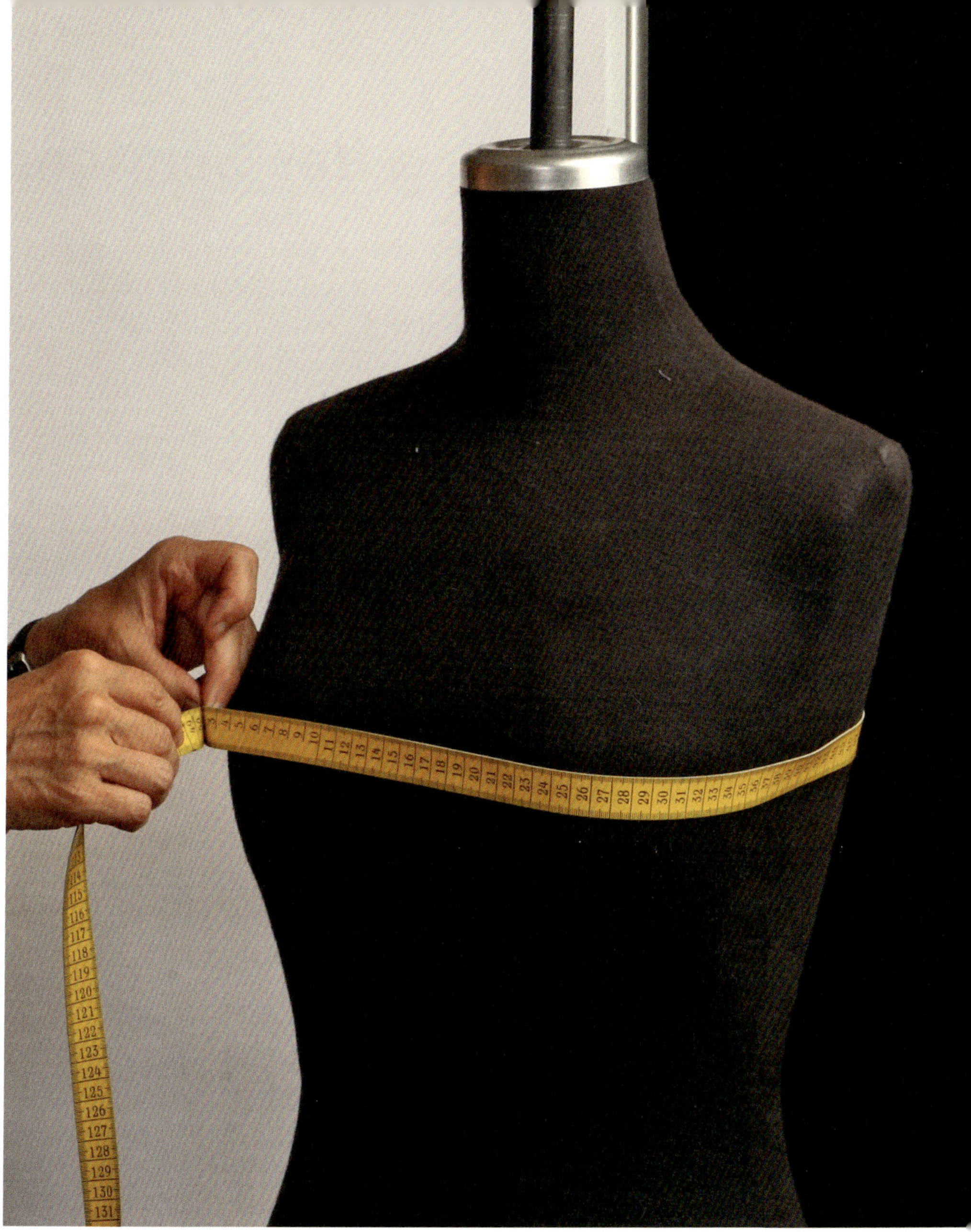

Zur Berechnung der Wollmenge für das **Ärmellose Top** werden zwei Maßangaben benötigt:

- Länge des Kleidungsstücks (vom höchsten Punkt des Halsansatzes, dem Halspunkt, gemessen bis zur gewünschten unteren Kante des Kleidungsstücks) → im Beispiel: 52 cm FM
- Breite = ½ Brustumfang (locker gemessen) → im Beispiel: 100 cm FM geteilt durch 2 = 50 cm FM

Die Berechnung der Wollmenge

Die exakte Ermittlung der benötigten Wollmenge erfolgt ebenfalls anhand der Probe. Basierend auf Erfahrungswerten wird für ein Probestück mit dem Auslegemaß 40 × 40 cm von 5 g Wolle (ohne Toleranzmenge) ausgegangen (→ Seite 20).

Berechnung des Wollgewichts pro cm²:

$$\frac{\text{Gewicht}}{\text{Fläche}} = \text{benötigte Wollmenge in g/cm}^2$$

Rechnung anhand der Probe:

$$\frac{5}{40 \times 40} = 0{,}003125\ \text{g/cm}^2 \approx 0{,}0032\ \text{g/cm}^2$$

Die Berechnungsschritte werden anhand von **Projekt 1: Ärmelloses Top** gezeigt. Hierfür werden zwei Maßangaben benötigt: **Länge** und **Breite** des Kleidungsstücks (→ Fotos und Text linke Seite).

Um die Maße für die Erstellung der **Schablone** zu erhalten, werden das Fertigmaß (FM) von Länge und Breite mit dem errechneten Schrumpffaktor (SF = 2) multipliziert, so ergibt sich das Auslegemaß (AM). Für die Ermittlung der benötigten **Wollmenge** werden diese Ergebnisse mit dem Wollgewicht pro cm² (→ oben stehende Formel) multipliziert. Die Tabelle zeigt die Berechnungsschritte:

Maß- und Materialtabelle »Ärmelloses Top«

	Länge FM × SF	Länge AM	×	Breite FM × SF	Breite AM	×	Wollmenge je cm²	Gewicht
Rückenteil	52 cm × 2	104 cm	×	50 cm × 2	100 cm	×	0,0032 g	≈ 34 g
Vorderteil	52 cm × 2	104 cm	×	50 cm × 2	100 cm	×	0,0032 g	≈ 34 g
gesamt								68 g

Die errechnete Wollmenge nicht abrunden: Obwohl die Ausschnitte für Hals und Arme nicht belegt werden, wird vom errechneten Wollgewicht nichts abgezogen. Die daraus entstehende Differenz dient als sogenannte Toleranzmenge (→ Profitipp 3, Seite 20).

PROFITIPP 8

Es ist empfehlenswert, für jedes Projekt eine Skizze und eine Maß- und Materialtabelle mit allen relevanten Angaben anzufertigen.

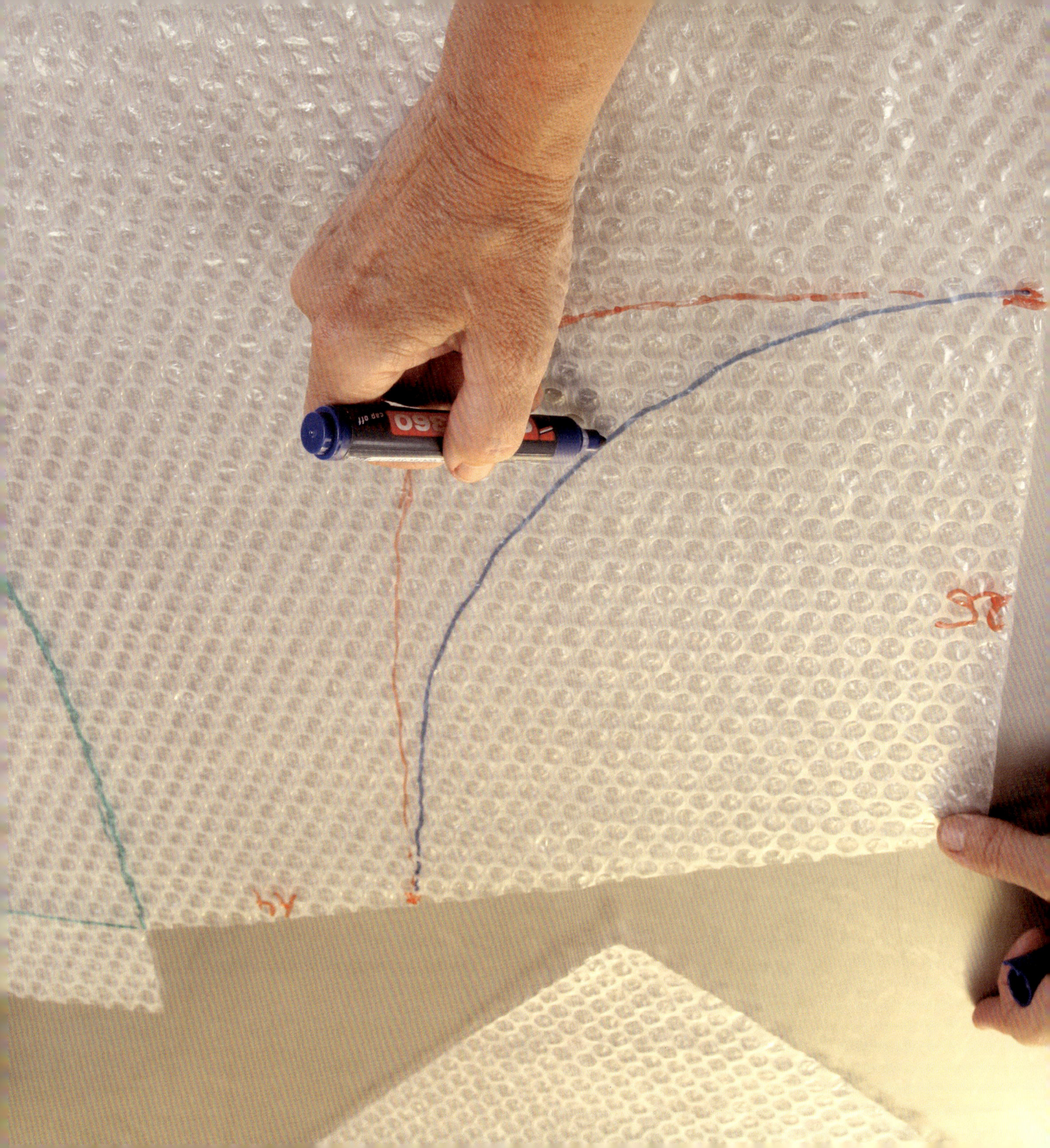

Grundsätzliches zur Schablone

Die Schablone liegt als Trennschicht zwischen dem Vorder- und Rückenteil des anzufertigenden Kleidungsstücks und ermöglicht, ein gefilztes Kleidungsstück nahtlos herzustellen. Als Schablonenmaterial dient stets Noppenfolie. Sie wird anhand der errechneten Maße vorbereitet und zunächst mit Stoff eingepackt. Dabei werden die Stoffteile zusammengeheftet, damit sie während des Filzprozesses nicht verrutschen. Anschließend wird der Stoff mit Wolle belegt und dann gefilzt.

1 Zunächst werden die ermittelten Auslegemaße für den Torso in Form eines Rechtecks auf die Noppenfolie übertragen. Die errechnete Länge und Breite ergeben sich aus der Rechnung Fertigmaß (FM) × Schrumpffaktor (SF) nach der Formel auf Seite 31.

Zu diesen Auslegemaßen kommen noch Folienüberstände für die Reservierungen an den offenen Kanten dazu. Diese sind wichtig, um zu verhindern, dass das Vorder- und Rückenteil an den Öffnungen – am Hals und an der unteren Kante – während des Arbeitsprozesses zusammenfilzt.

Die Standardmaße für die Folienüberstände sind:

- 5 cm an der Halsöffnung
- 10 cm an der unteren Kante
- 15 cm an der unteren Kante bei offenen Teilen (Jacken, Westen, Mänteln)

Dies bedeutet, dass die Folie insgesamt 15 cm, bzw. bei offenen Teilen 20 cm länger als das ermittelte Auslegemaß ist.

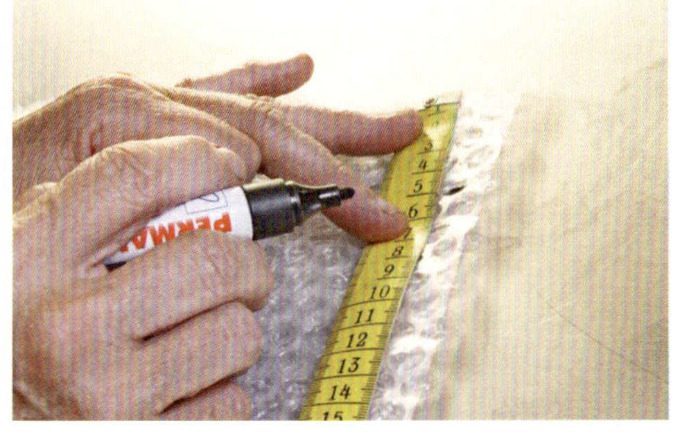

2 Zuerst werden, von der oberen Folienkante ausgehend, an beiden seitlichen Rändern 5 cm nach unten gemessen, die Punkte markiert und eine gestrichelte Verbindungslinie von Markierung zu Markierung gezogen.

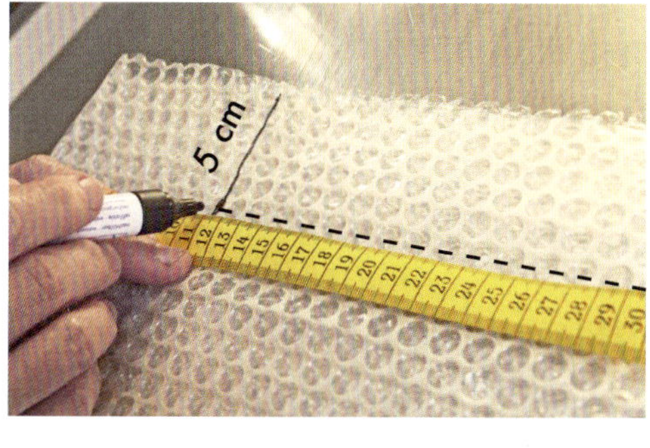

3 Dann das Folienrechteck der Länge nach in der Mitte falten. Der Zuschnitt erfolgt später durch diese Doppellage, sodass die Schablone symmetrisch ist. Vom Folienbruch aus auf der gestrichelten Markierungslinie 11 cm abmessen und markieren (Halspunkt). Eine senkrechte Linie von diesem Punkt zur oberen Folienkante ziehen.

4 An der Seitenkante ab der gestrichelten Markierungslinie 10 cm nach unten messen, anzeichnen und diesen Punkt mit dem zuvor markierten Halspunkt verbinden. Das ist die Linie für die Schulterschräge.

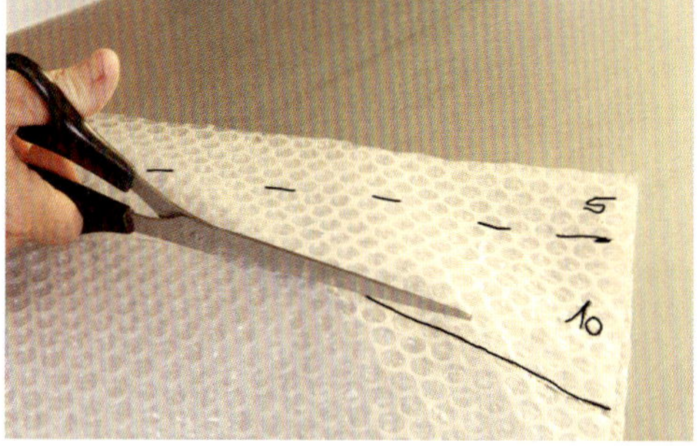

5 Die Folie (sie liegt immer noch doppelt) wird nun entlang der gezogenen Linien zugeschnitten und dann aufgeklappt. Jetzt ist zum einen der Halsüberstand in der Mitte vorbereitet – er ist 22 cm breit und 5 cm hoch – und zum anderen sind die Schulterschrägen auf beiden Seiten zugeschnitten (→ Skizze, Seite 39).

→ Die Schablone für ein ärmelloses Top ist jetzt fertig zugeschnitten. Bei Modellen mit Ärmeln sind weitere Arbeitsschritte nötig, da die Ärmelschablonen auf 2 zusätzlichen Folienstücken konstruiert, zugeschnitten und ohne Überlappung an den Torso geklebt werden. Die Details zur Berechnung und Konstruktion der Ärmelschablonen finden sich bei **Projekt 2** (→ Seiten 66 bis 69).

6 Nun fehlen – je nach Modell – noch die Linien für den vorderen Halsausschnitt und die Armausschnitte. Sie werden jeweils freihändig direkt auf die vorbereitete Schablone gezeichnet. Diese Linien sollten, wenn immer möglich, im rechten Winkel auf die Schablonenränder treffen, um unliebsame Zipfel am fertigen Modell zu vermeiden.

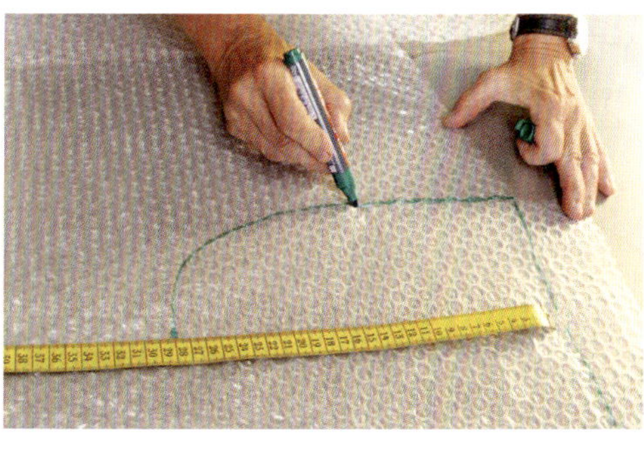

7 Der vordere Halsausschnitt wird in der gewünschten Tiefe und Rundung eingezeichnet, der rückwärtige Halsausschnitt bleibt gerade. Die Armausschnitte werden – unter Berücksichtigung des Auslegemaßes für die Schulter-/Trägerbreite – eingezeichnet. Für eine gute Passform sollte der rückwärtige Armausschnitt flacher als der vordere Armausschnitt verlaufen (→ auch Seite 40).

PROFITIPP **9**

Die Schablonenfolie in der Mitte falten und den vorderen und hinteren Armausschnitt sowie den halben Halsausschnitt aufmalen. Dann können die Linien einfach auf die zweite Hälfte übertragen werden.

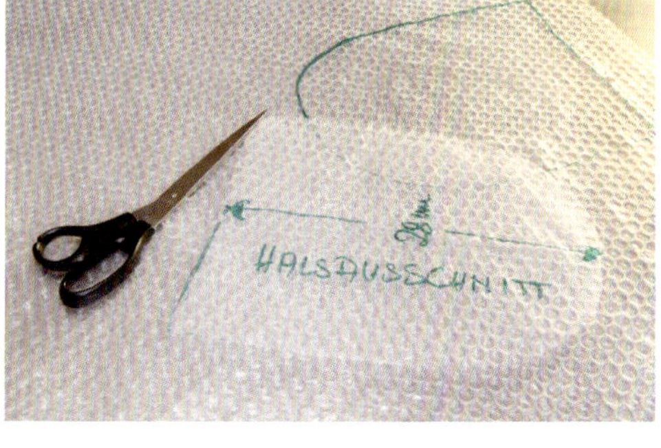

8 Für den Halsausschnitt und die ggf. benötigten Armausschnitte müssen zusätzliche kleine Schnittschablonen angefertigt werden. Sie dienen als Vorlage für die Ausschnitte im Stoff (→ auch Seite 40).

→ Die Schablonen können als Basis für weitere Kleidungsstücke dienen, wenn diese in derselben Größe und mit Materialkombinationen, die denselben Schrumpffaktor haben, angefertigt werden. Deshalb sollten sie inklusive der Schnittteile für die Hals- und Armausschnitte sorgfältig aufbewahrt werden.

Die Anfertigung der Schablone für Projekt 1: Ärmelloses Top

Diese Ausführungen folgen den Schritten zum Erstellen einer Schablone (→ Seiten 35–37). Sie beziehen sich hier explizit auf das **Projekt 1: Ärmelloses Top** mit den Maßen und Berechnungen, die anhand der Beispielprobe in den vorherigen Kapiteln erläutert wurden.

Folienmaße für die Schablone

Breite: 100 cm

Länge: 119 cm (= 104 + 5 + 10 cm)

1 Die ermittelten Maße für Breite und Länge (→ Seite 33) zzgl. der Überstände werden mit einem wasserfesten Filzstift in Form eines Rechtecks auf die Noppenfolie übertragen und diese entsprechend zugeschnitten.

HINWEIS 1:
Die angegebenen Maße für die Schulterschräge, die Breite des Halsausschnitts und die Armausschnitte beruhen auf Erfahrungswerten, sie haben sich als Standard bewährt. Die Tiefe des Halsausschnitts kann variieren (zwischen 22 cm und 28 cm Schablonenmaß).

2 Zunächst das Folienrechteck der Länge nach mittig falten, 11 cm auf der Markierungslinie für den Halsüberstand ab der Bruchkante abmessen und markieren (Halspunkt). Von diesem Punkt eine senkrechte Linie (= 5 cm) zur oberen Folienkante ziehen. Für den vorderen Halsausschnitt, ab der Markierungslinie für den Halsüberstand, 28 cm nach unten messen und an der Bruchkante eine Markierung setzen. Die beiden Markierungen mit einer Rundung verbinden und so den halben Halsausschnitt einzeichnen. Die Linienmarkierungen auf die untenliegende Folienhälfte übertragen. (→ Profitipp 9, Seite 37; Skizze auf der rechten Seite)

Maße der Probe

AM: 40 × 40 cm
FM: 20 × 20 cm

$\frac{40}{20} = 2$

Schrumpffaktor = 2

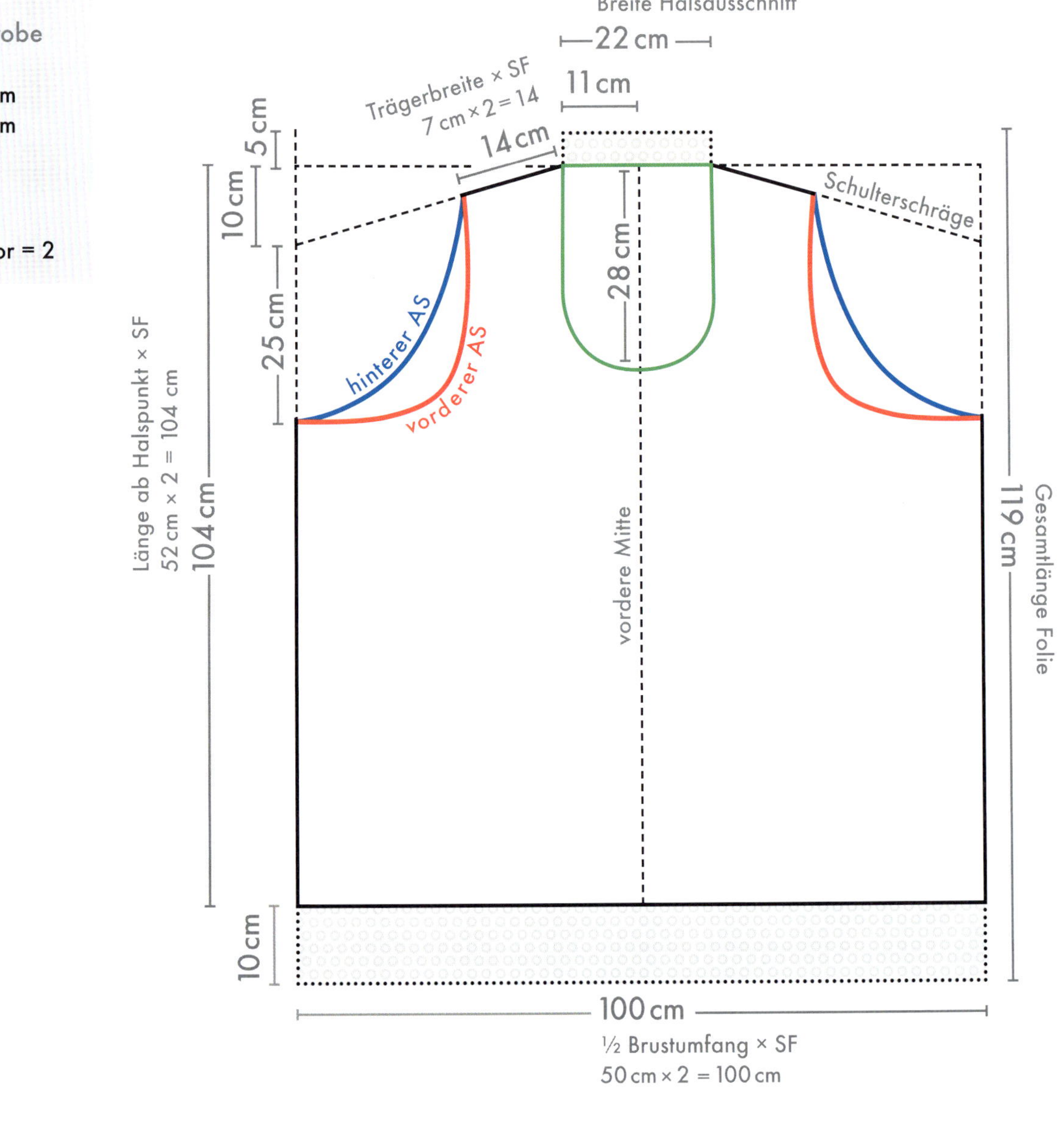

Vorderer Halsauschnitt
Vorderer Armausschnitt (AS)
Hinterer Armausschnitt (AS)

Noppenfolienüberstand für Reservierungen an den offenen Kanten (→ Seite 35)

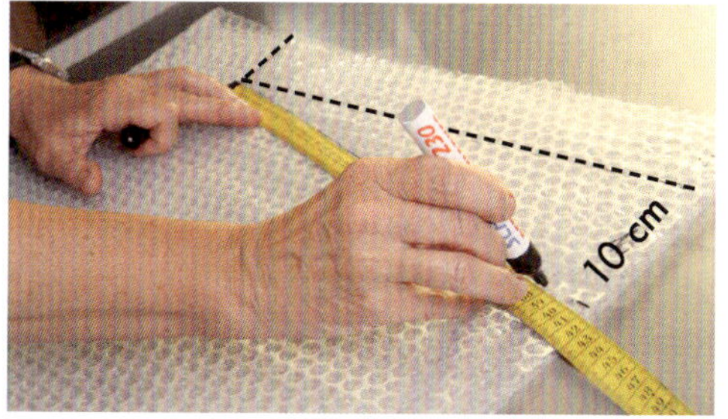

3 Für die Schulterschräge ab der Markierungslinie für den Halsüberstand an der Außenkante 10 cm nach unten messen, eine Markierung setzen und ab dieser eine Linie zum Halspunkt ziehen. Entlang dieser Verbindungslinie die Schulterschräge zuschneiden.

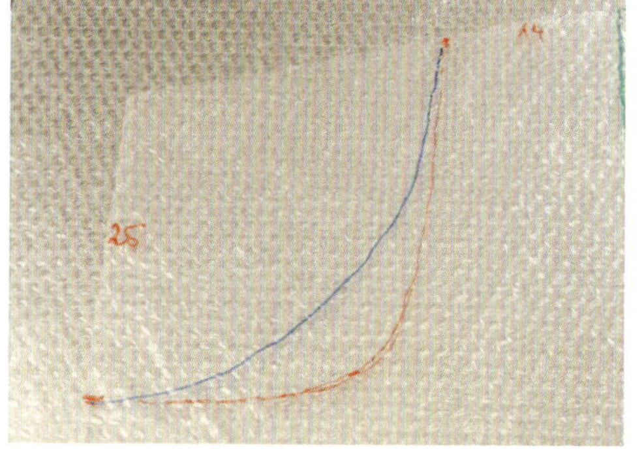

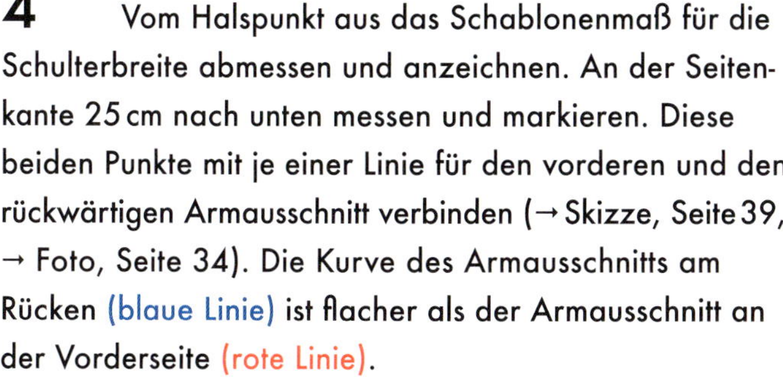

4 Vom Halspunkt aus das Schablonenmaß für die Schulterbreite abmessen und anzeichnen. An der Seitenkante 25 cm nach unten messen und markieren. Diese beiden Punkte mit je einer Linie für den vorderen und den rückwärtigen Armausschnitt verbinden (→ Skizze, Seite 39, → Foto, Seite 34). Die Kurve des Armausschnitts am Rücken (blaue Linie) ist flacher als der Armausschnitt an der Vorderseite (rote Linie).

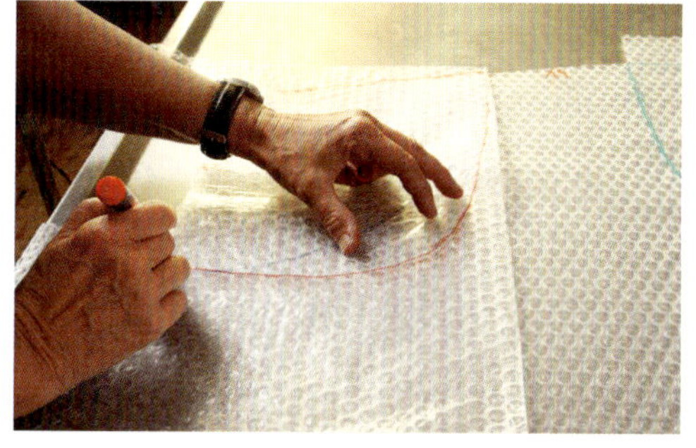

5 Vom Halsausschnitt sowie dem vorderen und dem hinteren Armausschnitt wird zusätzlich jeweils eine Schablone angefertigt. Dafür werden die Maße der Ausschnitte auf ein kleines Stück Noppenfolie übertragen. Nachdem die Schablone mit dem Stoff eingepackt ist, werden sie auf den Stoff gelegt und dienen so als Vorlage für die Ausschnitte.

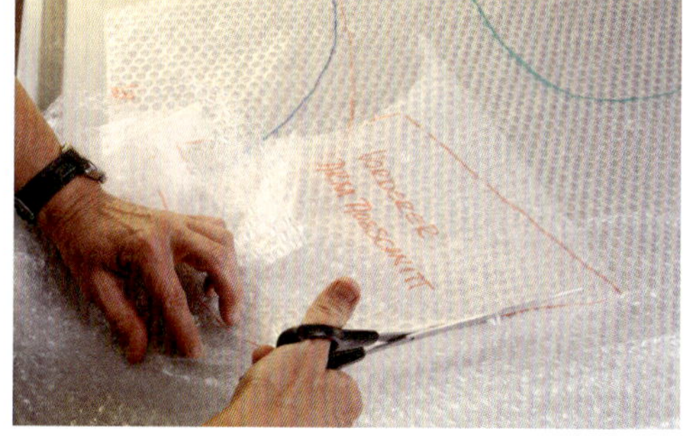

6 Die Schablonen für den vorderen und hinteren Armausschnitt sowie für den Halsausschnitt ausschneiden.

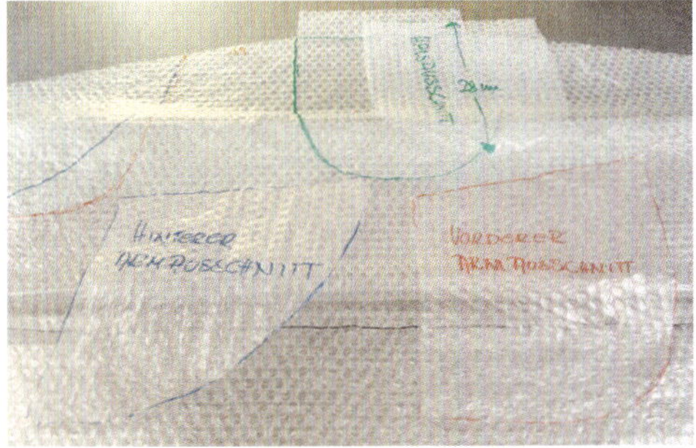

→ Hier sind die ausgeschnittenen Schablonen für Halsausschnitt sowie den vorderen und hinteren Armausschnitt zu sehen.

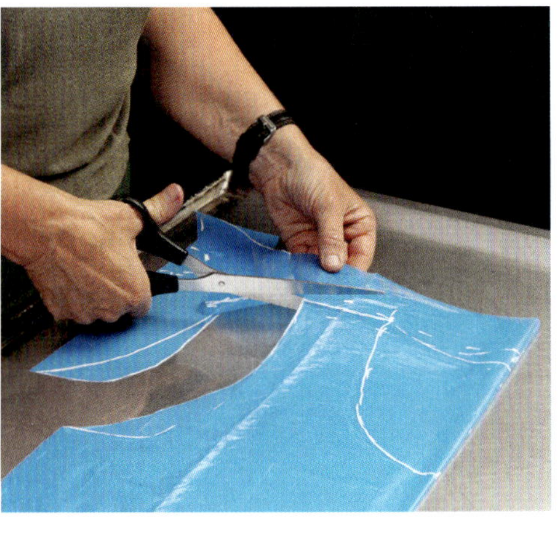

PROFITIPP **10**

Es kann hilfreich sein, eine zusätzliche Schablone mit den Fertigmaßen aus einem stabilen Plastiksack oder einer Lackfolie herzustellen. Diese kann gegen Ende des Filzprozesses auf das Werkstück aufgelegt werden, um zu prüfen, ob das errechnete Fertigmaß bereits erreicht ist.

HINWEIS 2:

Zusätzlich zur Schablone werden zwei gleichgroße ARBEITSFOLIEN aus Noppenfolie benötigt und vorbereitet. Sie sollten oben und unten jeweils 20 cm länger und an den Seiten je 10 cm breiter als die Schablone für das geplante Kleidungsstück sein.

ARBEITSFOLIE 1 wird mit den Noppen nach unten auf dem Arbeitstisch ausgelegt. Darauf wird gearbeitet, also die Schablone ausgebreitet und der Stoff platziert.

ARBEITSFOLIE 2 dient zum Wenden des Werkstücks. Sie wird mit den Noppen nach oben auf die Arbeitsfolie 1 mit dem darauf liegenden Werkstück gelegt. Somit liegt das Werkstück jetzt zwischen den beiden Folien. Zum Wenden werden alle Schichten zusammen von einer der beiden Schmalseiten aus wie eine Ziehharmonika (→ 9, Seite 46) gefaltet. Danach wird das ganze Paket umgedreht und wieder auseinandergezogen, sodass dann die Rückseite oben liegt.

Projekt 1

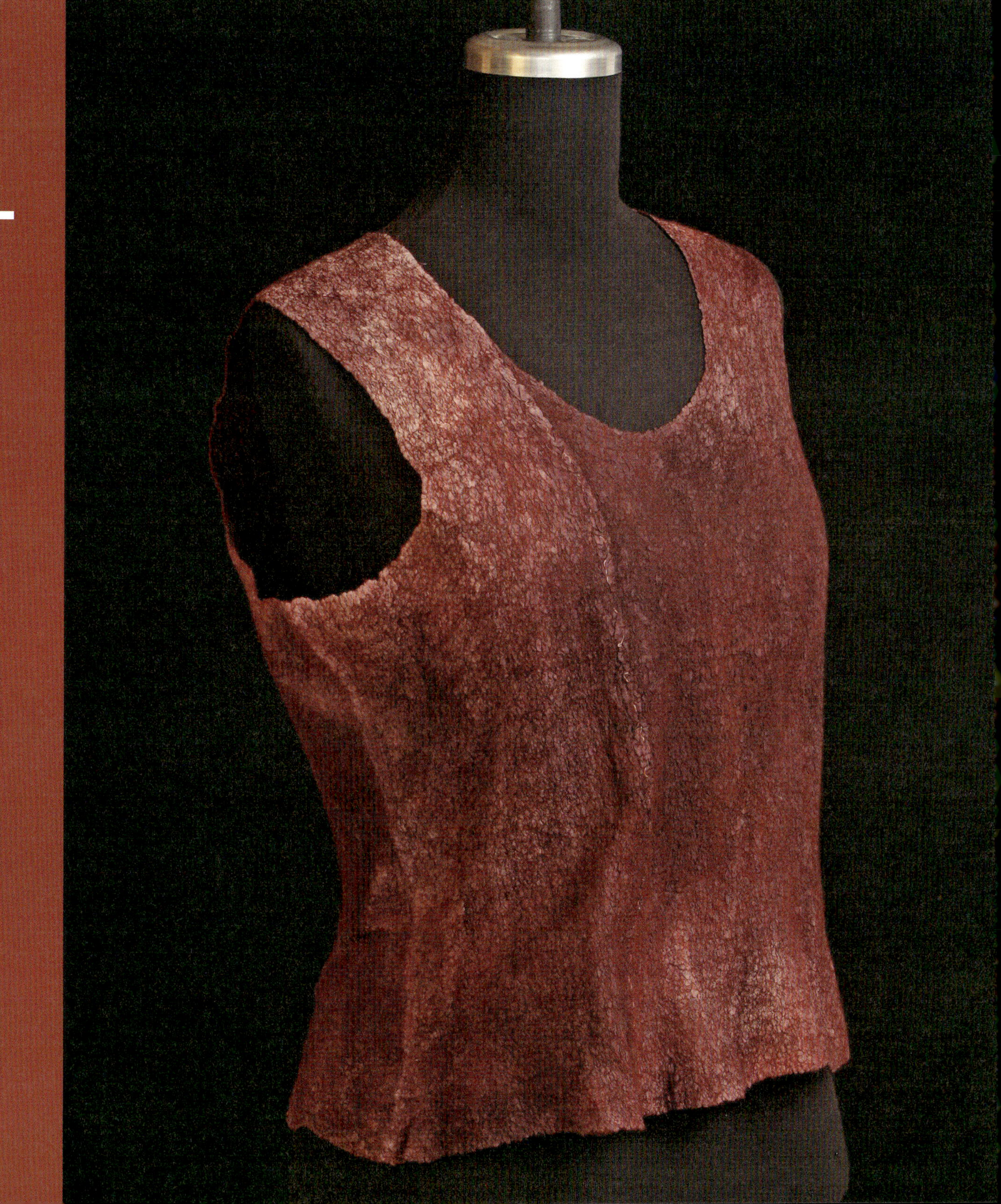

Ärmelloses Top

Dieses Projekt eignet sich als Einstieg, da es sich auch ohne Erfahrung im Filzen von Bekleidung leicht bewältigen lässt; der Schnitt ist sehr einfach.

Die Herstellung der Schablone für das ärmellose Top wurde im vorherigen Kapitel ausführlich beschrieben. Ebenso wurde das Projekt für die Berechnung der Wollmenge als Beispiel im Kapitel **Die Berechnung der Wollmenge** (→ Seite 33) herangezogen und kann dort nachgelesen werden, auch die Maß- und Materialtabelle ist dort abgebildet.

Zunächst geht es nur um den Stoff, der in Verbindung mit der Wolle den Nunofilz des Oberteils ergeben soll. Als Trägerstoff wird, wie bei der Probe, Pongéseide 05 verwendet. Der Stoff liegt 90 cm breit. Dies bedeutet, dass bei der Schablonenbreite von 100 cm (FM × SF) längs noch ein Streifen eingesetzt werden muss, sodass es insgesamt 3 Nahtüberlappungen sein werden.

PROFITIPP **11**

Neue Stoffe sollten zunächst gewaschen und danach gebügelt werden. So wird vermieden, dass der Stoff beim Filzen einläuft und gleichzeitig wird die fertigungsbedingte Appretur aus dem Stoff entfernt.

PROFITIPP **12**

Zum Stoffzuschnitt: Für gerade Kanten können feine Seidenstoffe gut gerissen statt geschnitten werden. Bei dickeren Stoffen oder Gaze empfiehlt es sich, einen Faden aus dem Stoffstück herauszuziehen. Entlang der dadurch entstandenen Markierung kann leicht eine gerade Kante geschnitten werden.

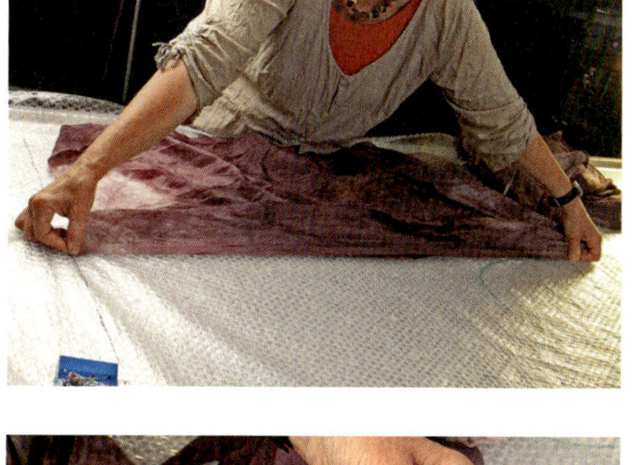

1 Die Arbeitsfolie 1 (→ Hinweis 2, Seite 41) auf dem Arbeitstisch ausbreiten. Von der Meterware zunächst 2 Stoffstücke mit je 106 cm Länge abtrennen (→ Profitipp 12, Seite 43). Die Länge der beiden Stoffstücke ergibt sich aus folgender Rechnung: FM × SF + 2 cm für die Schulternaht, im Beispiel hier: 52 cm × 2 + 2 cm.

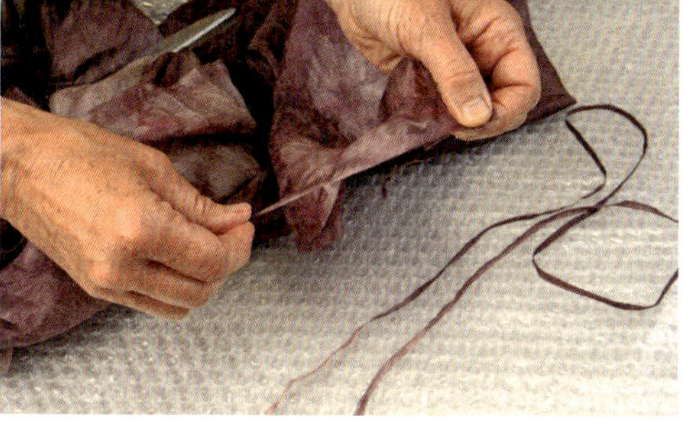

2 Die glatte Seite der Schablone liegt oben; dies entspricht später der Vorderseite des Kleidungsstücks. Die Webkanten entfernen und den Stoff auf die Schablone legen.

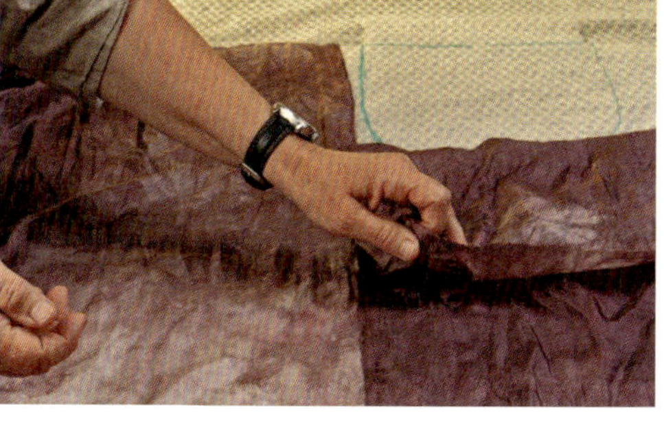

3 Da die Stoffstücke zusammengesetzt werden müssen, ist nun zu überlegen, wo der Stoff sich überlappen soll, d.h. wo die Nähte sitzen sollen (→ Profitipp 13).

PROFITIPP **13**

Die Stoffteile sollten, wenn möglich, nicht direkt an den Kanten der Schablonen zusammengesetzt werden, da sonst die Nähte leicht wulstig werden. Mindestens 5 cm Abstand zu den Seitenkanten sind empfehlenswert.

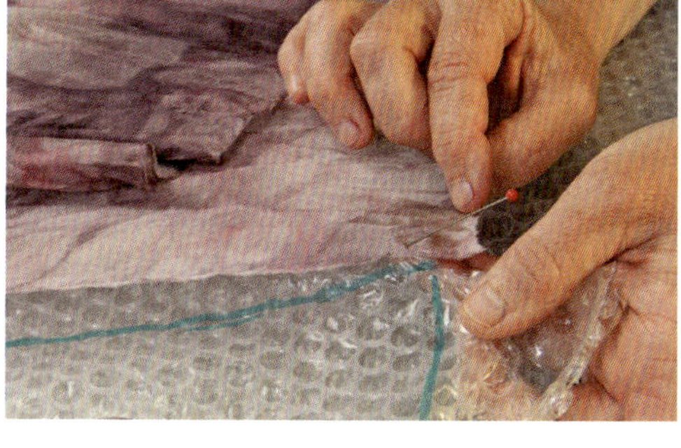

4 Die erste Stoffbahn wird platziert (2 cm für den Überstand an der Schulternaht berücksichtigen) und an den Kanten der Schablone festgesteckt. Die Nadelköpfe stehen nach außen, sodass sie später gut entfernt werden können. Etwa alle 20 cm eine Nadel setzen.

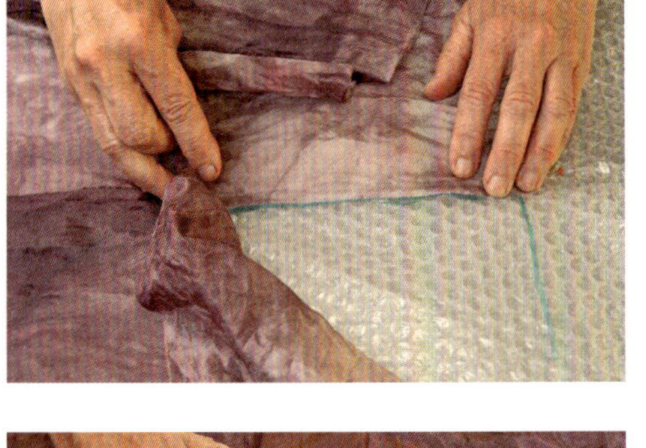

5 Die zweite Stoffbahn an der Kante des ersten Stoffstücks leicht überlappend auflegen. Die zuvor gesetzten Stecknadeln herausziehen und nun die beiden sich überlappenden Stoffstücke zusammenstecken.

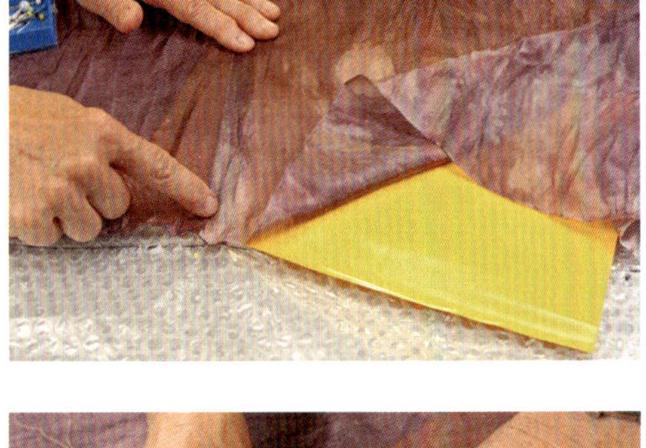

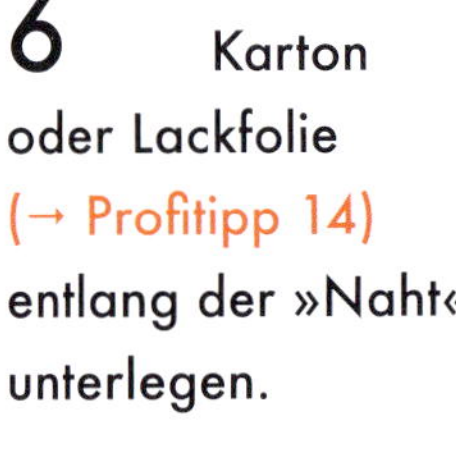

6 Karton oder Lackfolie (→ Profitipp 14) entlang der »Naht« unterlegen.

PROFITIPP **14**

Da die Schablone vollständig mit Stoff eingepackt werden soll, müssen einzelne Stoffstücke mit Heftstichen miteinander verbunden werden. Wo sich die Stoffstücke überlappen (also unter den zu heftenden Nähten), kann zwischen Stoff und Schablone ein Stück bunte Lackfolie gelegt werden. Diese schimmert durch den Stoff und verhindert, dass Stoff und Schablone versehentlich zusammengeheftet werden.

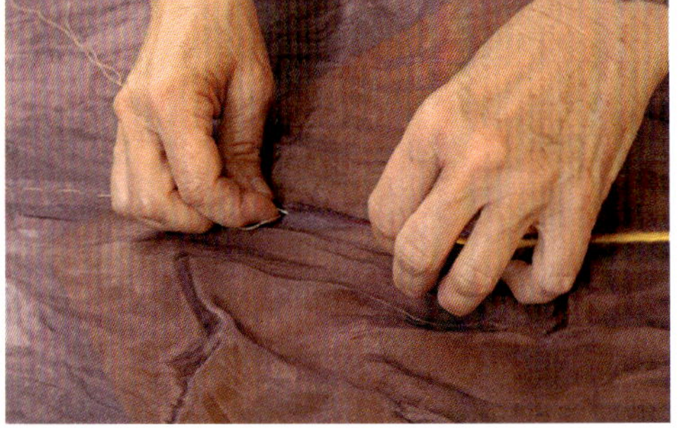

7 Die Stoffstücke mit Polyesternähgarn zusammenheften. Dieser Faden wird später wieder entfernt.

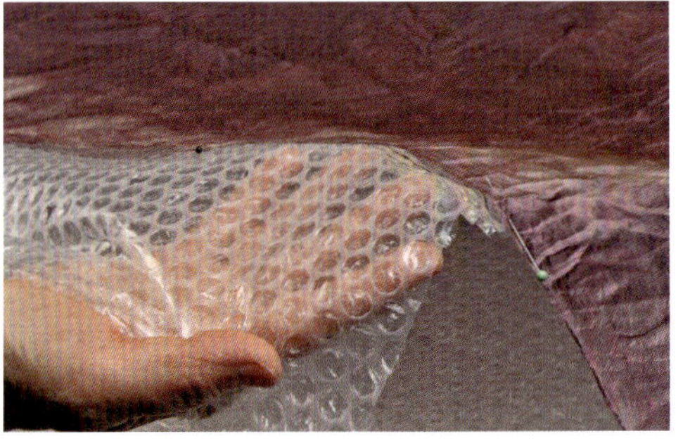

8 Die Stecknadeln halten den Stoff und fixieren ihn an den Kanten. Durch das Heften sind die sich überlappenden Stoffteile gut miteinander verbunden, was das Arbeiten erleichtert.

9 Nun müssen Schablone und Stoff gewendet werden. Dafür die Arbeitsfolie 2 auflegen (→ Hinweis 2, Seite 41) und alle Schichten zusammen in Falten legen. Das Paket umdrehen und wieder ausbreiten. Nun liegt die Rückseite der Schablone oben.

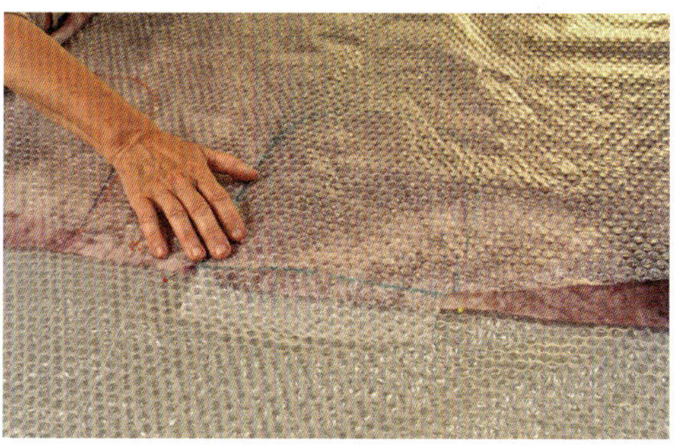

→ Nach dem Wenden ist zu sehen, dass der Stoff an den Schulterschrägen und am Hals übersteht. Auch die Stecknadeln sind sichtbar.

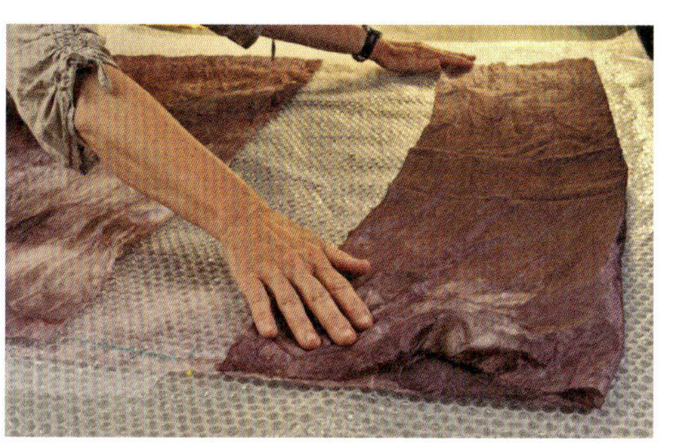

10 Nun wird der Stoff an den Seiten über die Schablone geklappt: von der Vorderseite auf die nun oben liegende Rückseite. Er sollte sorgfältig um die Folie gelegt werden, um Stofffalten im Filz möglichst zu vermeiden. Der fehlende Stoffstreifen wird ausgemessen, zugeschnitten und entlang beider Kanten mit den Stoffbahnen zusammengeheftet.

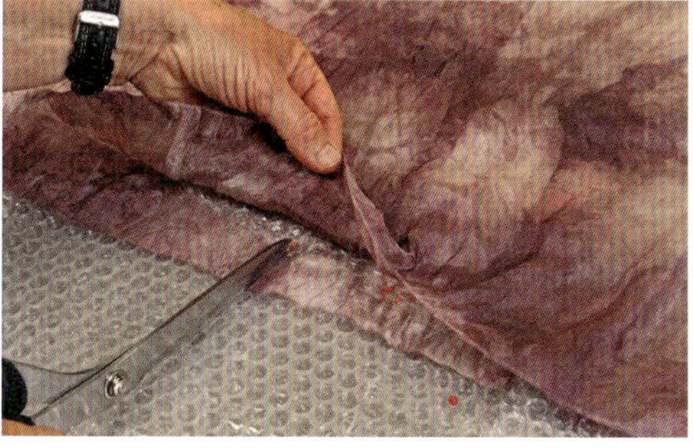

11 An den Halspunkten den Stoff bis zur Schablone einschneiden. Von den Halspunkten aus die Trägerbreite abmessen, den Stoff dort ebenfalls bis zur Schablone einschneiden ...

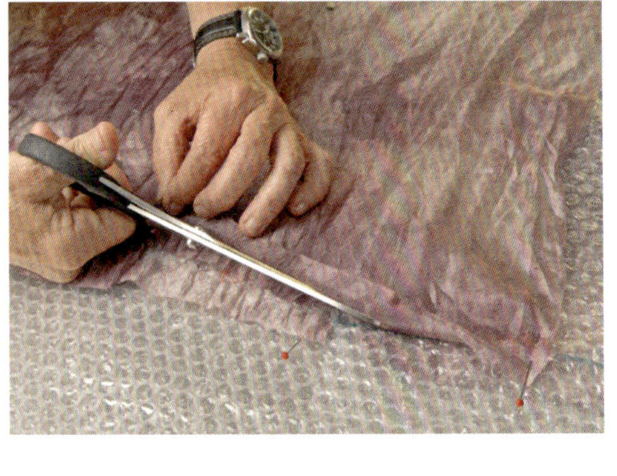

12 … und beim Rückenteil entlang der Folienkante abschneiden.

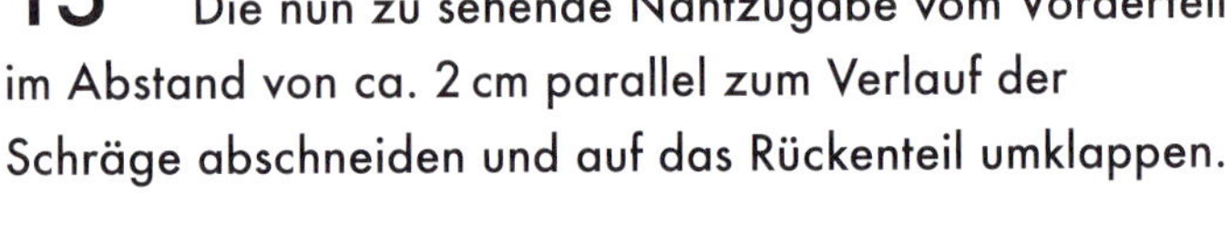

HINWEIS 3: Für die Schulternähte wird der Stoff des Rückenteils entlang der Folie abgeschnitten, beim Vorderteil bleiben 2 cm stehen, sie werden umgeklappt. So liegen beim Heften auf der rückwärtigen Seite zwei Stofflagen übereinander.

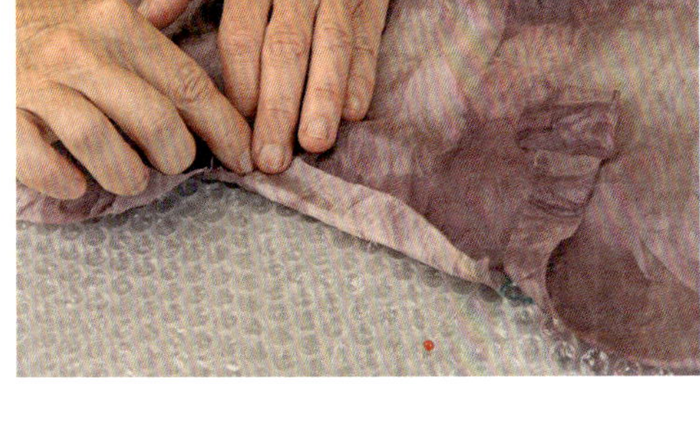

13 Die nun zu sehende Nahtzugabe vom Vorderteil im Abstand von ca. 2 cm parallel zum Verlauf der Schräge abschneiden und auf das Rückenteil umklappen.

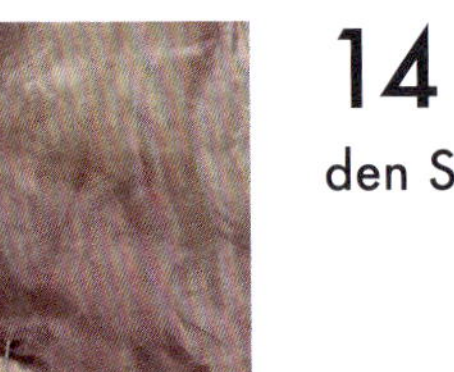

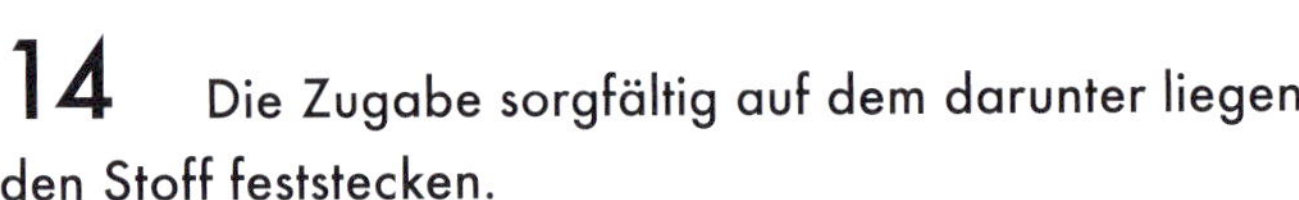

14 Die Zugabe sorgfältig auf dem darunter liegenden Stoff feststecken.

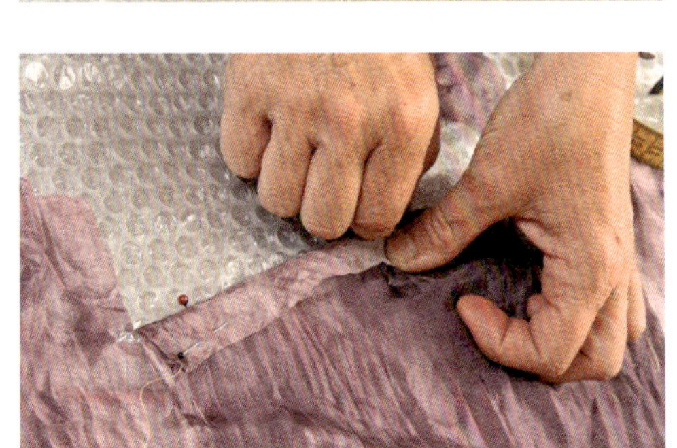

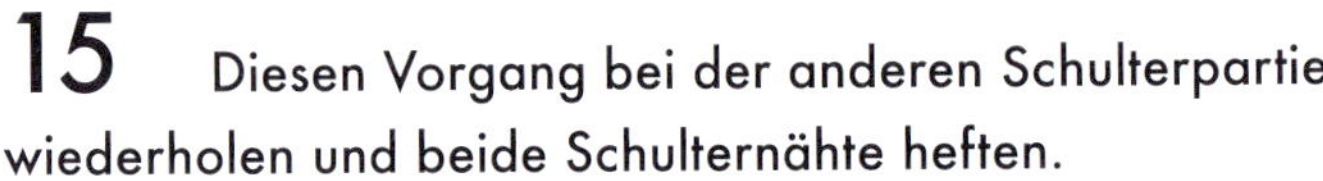

15 Diesen Vorgang bei der anderen Schulterpartie wiederholen und beide Schulternähte heften.

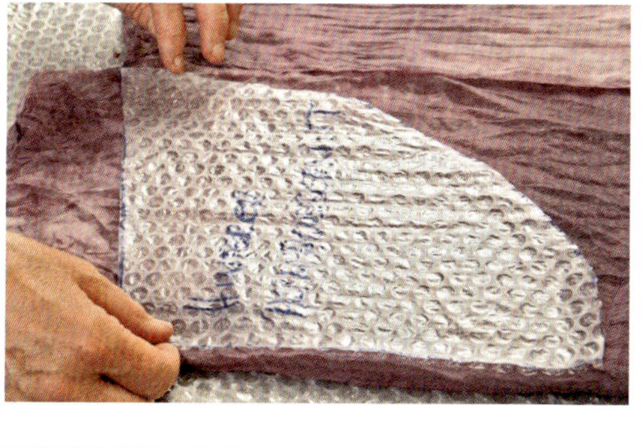

16 Wenn die Schablone vollständig mit Seidenstoff eingepackt ist und alle Nähte geheftet sind, die Schnittschablone für den **hinteren Armausschnitt** an der Schulterschräge auflegen (die Rückseite des Werkstücks liegt nach wie vor oben) und mit Stecknadeln durch Stoff und Schablone feststecken.

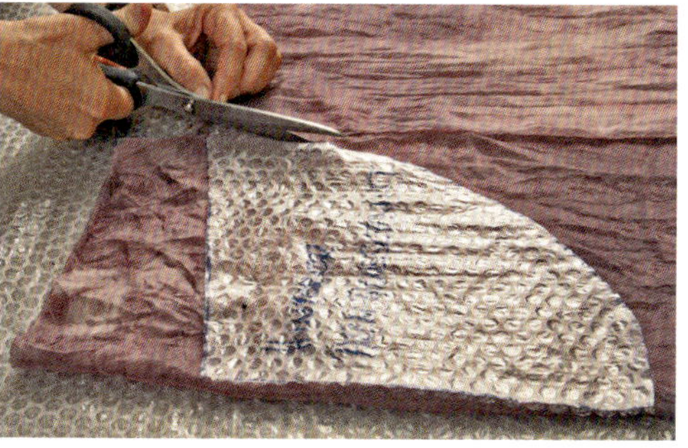

17 Den Stoff entlang der Schnittschablone zuschneiden, die Stecknadeln entfernen, die Schablone beiseite legen …

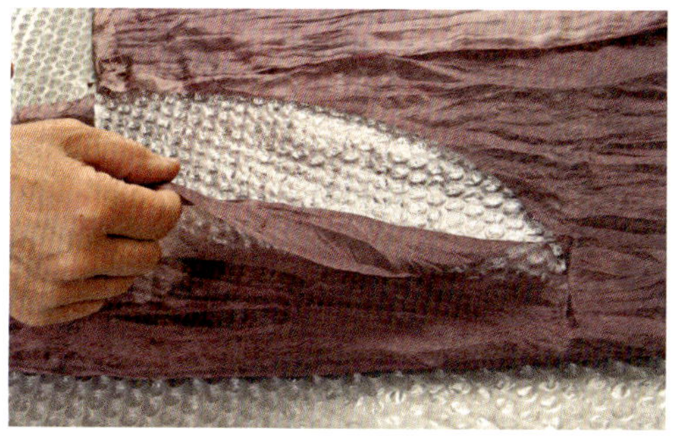

18 … und dann den Stoff aufklappen.

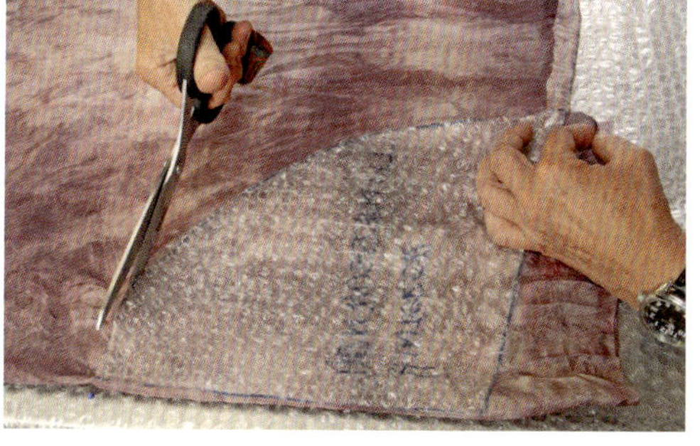

19 Die Schnittschablone für den Armausschnitt umdrehen, für den zweiten Armausschnitt auf die andere Seite legen, feststecken und zuschneiden. Nun sind der linke und rechte Armausschnitt des Rückenteils vorbereitet.

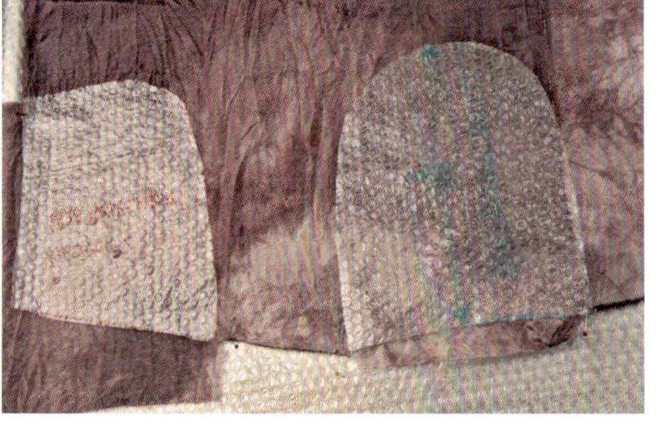

20 Das Werkstück mit Hilfe der zweiten Arbeitsfolie wenden, sodass das Vorderteil oben liegt. Die Schablone für den Halsausschnitt auflegen, feststecken und entlang der Kanten den Stoff ausschneiden. Dann die Schnittfolie für die vorderen Armausschnitte auflegen und wie bei den Armausschnitten auf dem Rückenteil verfahren.

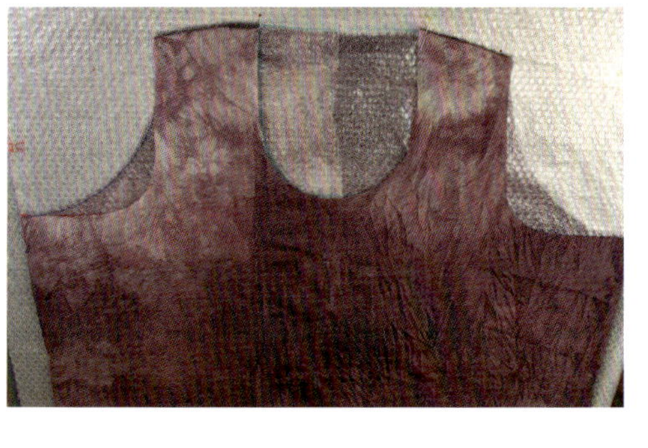

→ Das Stoffpaket ist nun mit allen notwendigen Ausschnitten vorbereitet: Am hinteren Halsausschnitt (er verläuft gerade) wurde der Stoff entlang der eingezeichneten Linie abgeschnitten, der vordere Halsausschnitt ist rund ausgeschnitten, die rückwärtigen Armausschnitte verlaufen flacher als die Armausschnitte am Vorderteil. Wichtig: Sämtliche Stecknadeln nun entfernen.

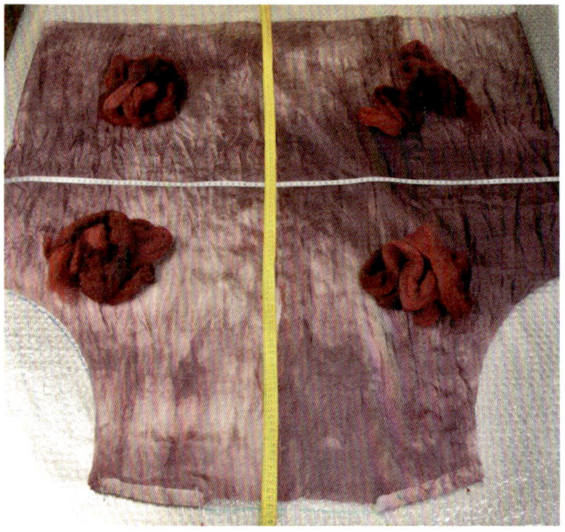

21 Nun kommt die Wolle ins Spiel: Der Stoff wird in den nächsten Arbeitsschritten mit feinen Merinoschurwollfasern belegt. Die Wollmenge wird anhand Kapitel **Die Berechnung der Wollmenge** hergeleitet. Die folgende Anleitung basiert auf den Berechnungen im Beispiel auf Seite 33. Als erstes wird die Rückseite des Werkstücks belegt (insgesamt mit 34 g). Die Wolle wird zunächst abgewogen und in vier gleiche Teile geteilt (4 × 8,5 g). Ebenso wird das Rückenteil in Viertel unterteilt, zum Beispiel mit Hilfe von Wollfäden oder (Maß-) Bändern (→ Profitipp 15).

PROFITIPP **15**

Um die Übersicht über den Wollverbrauch zu behalten, ist es hilfreich, die zu belegende Fläche und die errechnete Wollmenge aufzuteilen, d. h. die Wolle zu portionieren und das Werkstück in Einheiten aufzuteilen.

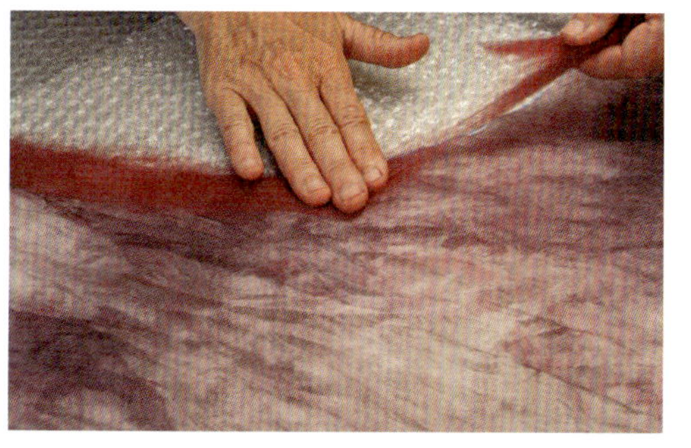

22 Zunächst eine dünne Lage Wolle entlang der Kanten von Hals- und Armausschnitten auslegen. Dies sorgt für Stabilität an den Kanten.

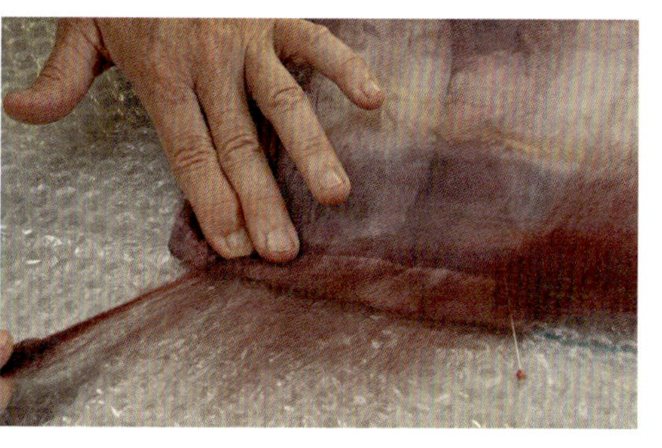

23 Beim Belegen der Schulternaht sollten die Faserenden auf der Überlappung liegen. Auch dies erhöht die Stabilität.

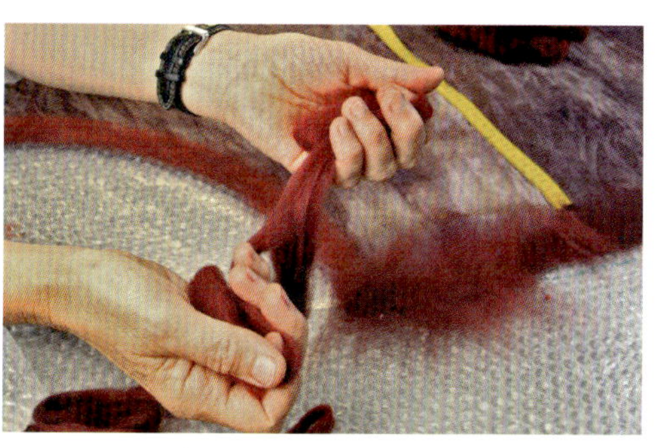

24 Um das feine Auslegen zu erleichtern, werden die Wollstränge geteilt und zusammengefaltet in der Hand gehalten. So lassen sich die Fasern dünn herausziehen.

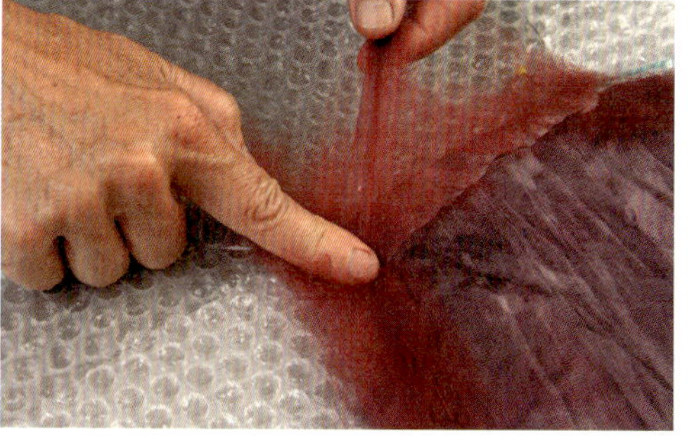

25 An den Kanten zwei Lagen über Kreuz (jeweils über die Kante hinaus) auslegen.

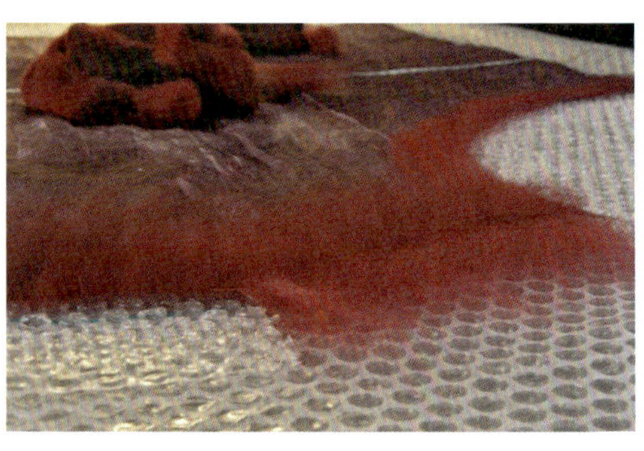

→ So sieht die fertige Hals- und Schulterpartie nach dem Belegen aus.

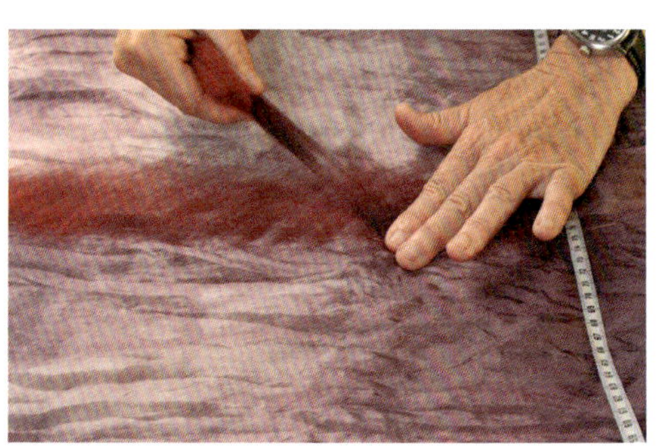

26 Nun geht es an das Auslegen der Fläche. Zunächst werden die gehefteten Nähte, die jetzt noch gut zu sehen sind, mit einer Zusatzlage Wolle für die Stabilität versehen.

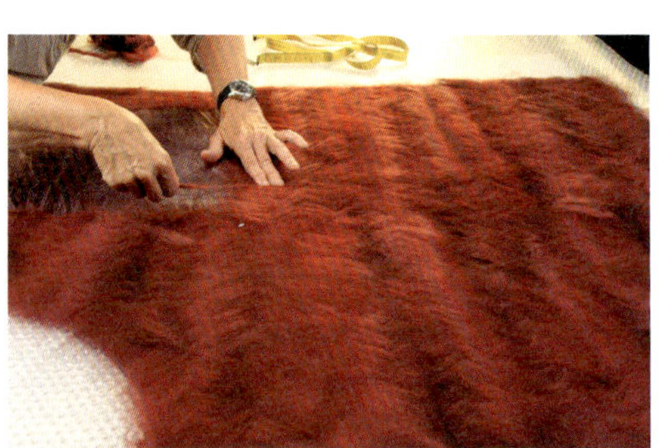

27 Nach und nach die geviertelten Flächen mit der portionierten Wolle (→ Profitipp 15, Seite 49) belegen.

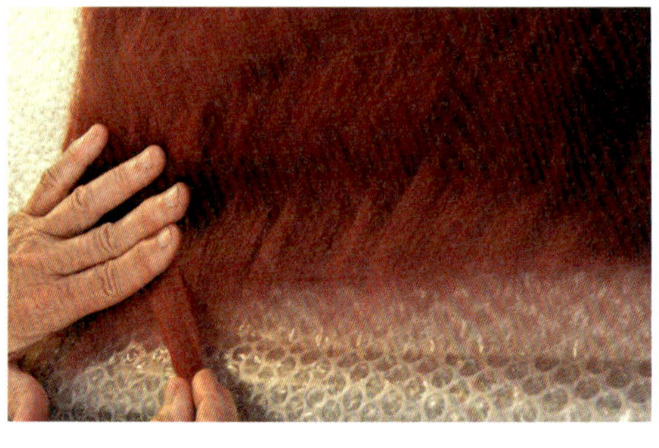

28 An den Seitenkanten die Wollfasern so auslegen, dass sie über den Rand hinausragen: Sie werden nach dem Wenden des Werkstücks auf die Vorderseite umgeschlagen.

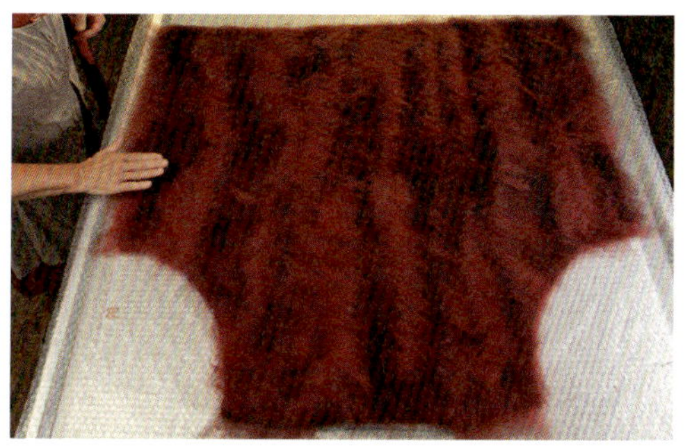

29 Das Rückenteil ist nun gänzlich mit Wolle belegt. Die Fasern vorsichtig mit der flachen Hand andrücken.

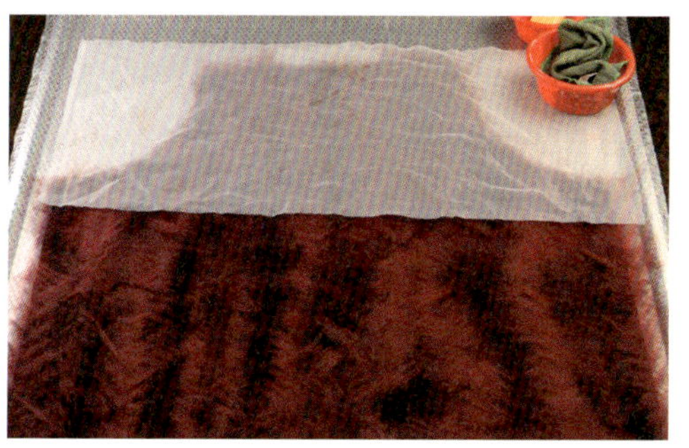

30 Das Werkstück mit der Nylongaze abdecken. Da das zu bearbeitende Werkstück größer als die Gaze ist, muss schrittweise gearbeitet und im Zuge dessen die Gaze umplatziert werden.

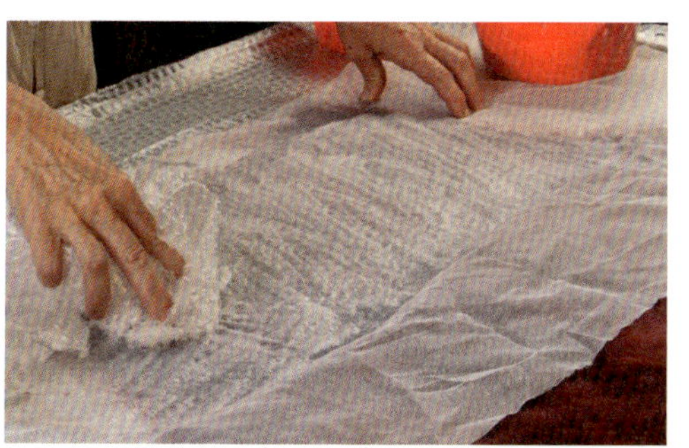

31 Kleine Partien des bedeckten Werkstücks mit heißem Wasser benetzen, einseifen, mit einer zu einem Knubbel zusammengenommenen Folie darüberstreichen und so leicht anfilzen. Auf diese Weise Stück für Stück die gesamte Fläche bearbeiten.

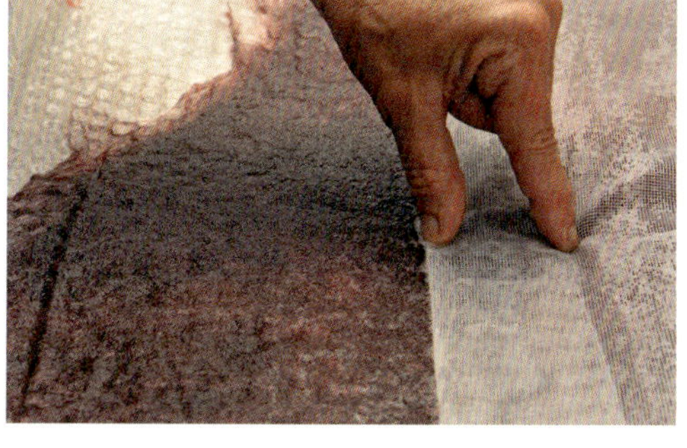

32 Beim Umplatzieren der Gaze diese an einer Seite vorsichtig anheben und auf die gegenüberliegende Seite umklappen, sodass das nächste Stück der Wollfläche mit Gaze bedeckt ist.

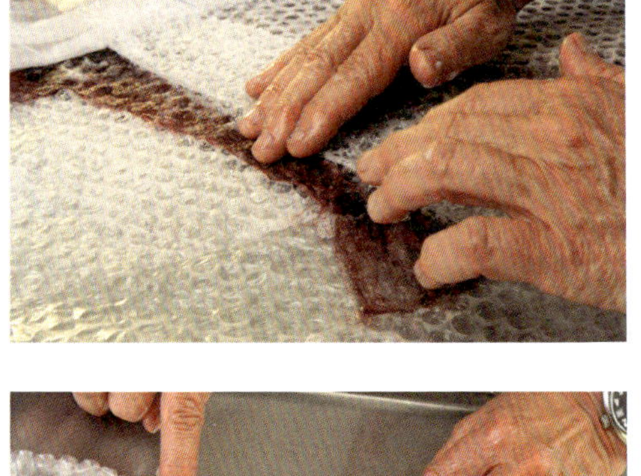

33 Die Gaze entfernen und ein kleines Stück Noppenfolie (Noppen nach unten) auf die angefilzte Fläche legen, mit Wasser und Seife benetzen und darüber reiben. Die gesamte Fläche so bearbeiten, das Folienstück dabei immer wieder anheben und versetzen. Die Fasern an den Ausschnitten und am unteren Rand zum Werkstück heranholen.

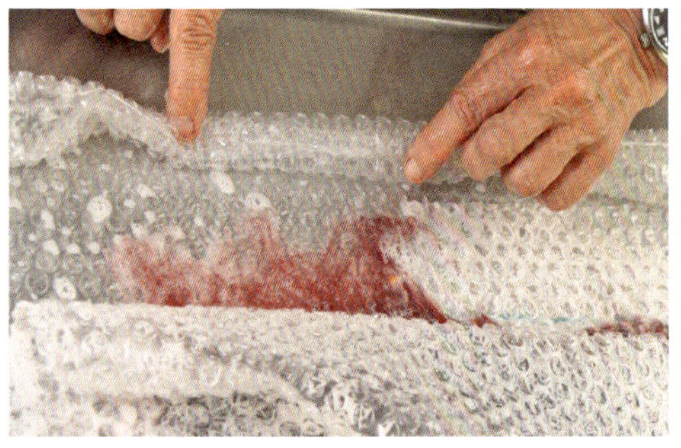

34 Die überstehenden Fasern an den Seitenkanten und an den Schultern werden weder angefilzt noch herangeholt. Sie werden vorerst nicht bearbeitet, da sie nach dem Wenden des Werkstücks umgelegt werden.

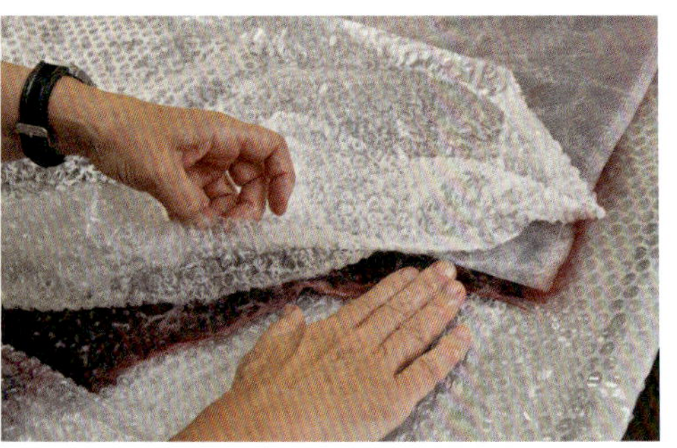

35 Beim Anfilzen immer wieder innehalten, die Ränder sanft bearbeiten und die Fasern heranholen.

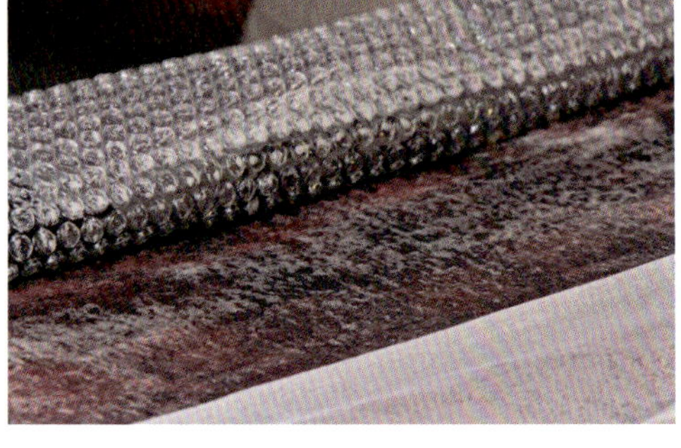

36 Partie für Partie auf diese Weise bearbeiten und dabei eventuell vergessene Stecknadeln entfernen.

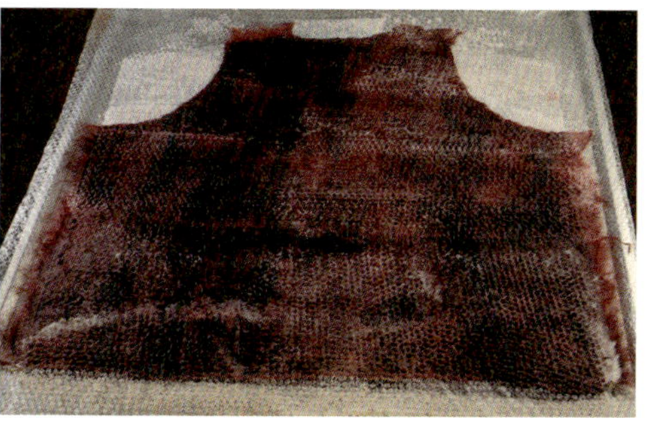

→ So sieht das angefilzte Rückenteil aus. Die an den Seiten und an den Schultern überstehenden Fasern, die nach dem Wenden auf die Vorderseite geklappt werden, sind deutlich sichtbar. Im Gegensatz dazu sind an den Armausschnitten, dem Halsausschnitt und entlang der unteren Kante die Fasern an die Schablone herangeholt worden.

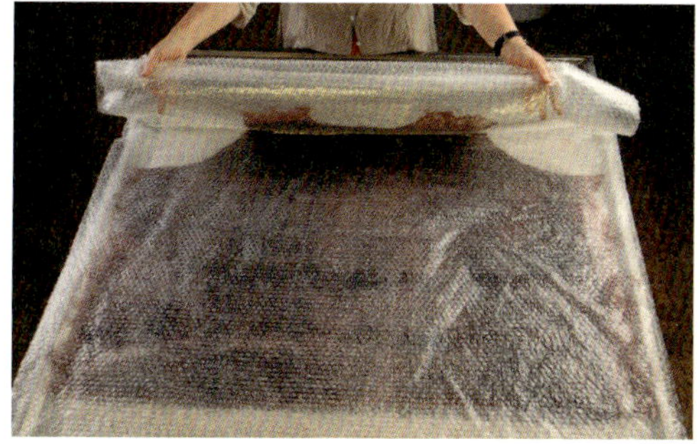

37 Das Werkstück wird nun gewendet. Dazu Arbeitsfolie 2 auflegen (Noppen nach oben) und mittels Ziehharmonikatechnik wenden.

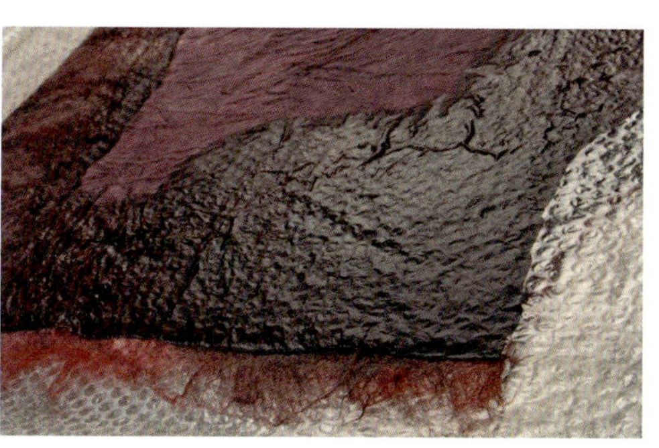

→ So sehen die vom Rückenteil überstehenden Fasern aus. Sie werden auf das nun oben liegende Vorderteil geklappt.

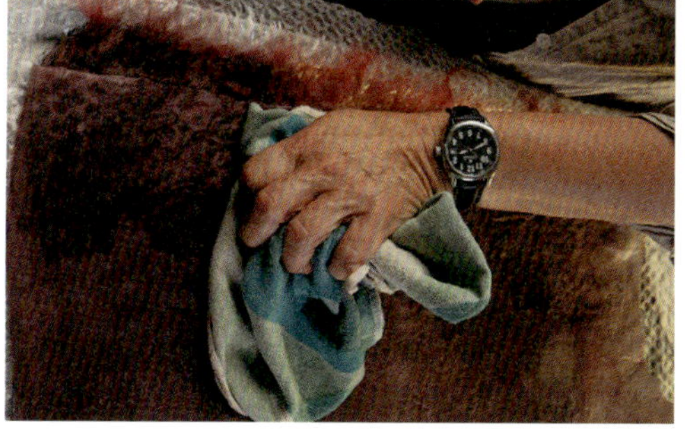

38 Überschüssige Feuchtigkeit mit einem Handtuch aufnehmen oder ggf. das Werkstück über Nacht antrocknen lassen.

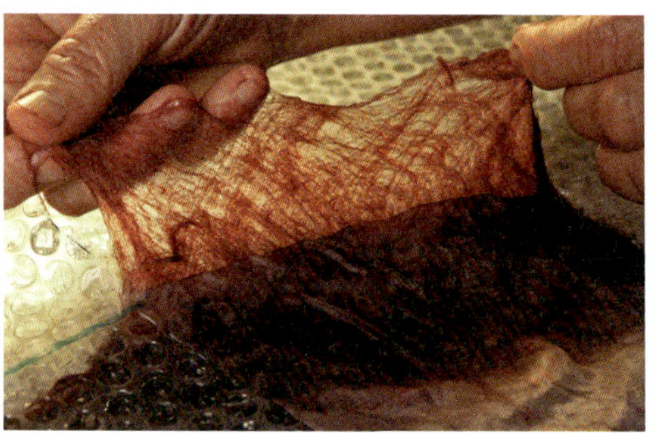

39 Als nächstes die an den Seiten und Schultern überstehenden Fasern auf den Stoff umlegen.

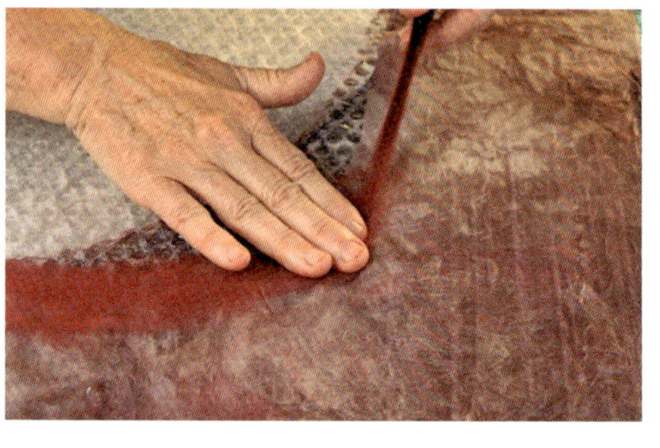

40 Dann die Fläche wie beim Rückenteil aufteilen; zunächst die Kanten und anschließend die Fläche belegen.

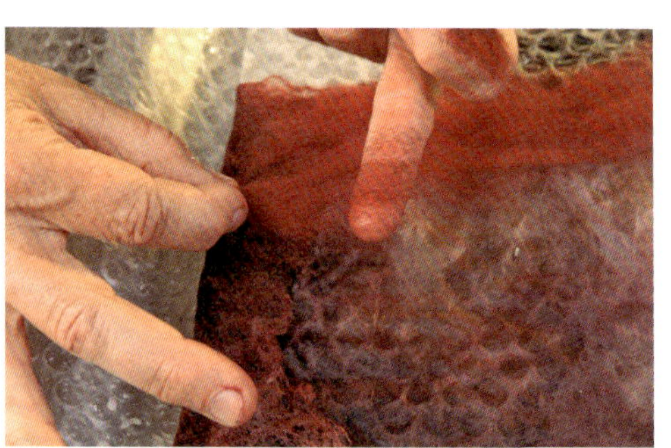

41 An den Seiten und den Schultern, wo die vom Rückenteil umgeklappten Fasern liegen, nur bis zum Rand belegen, das heißt keine Fasern überlappen lassen.

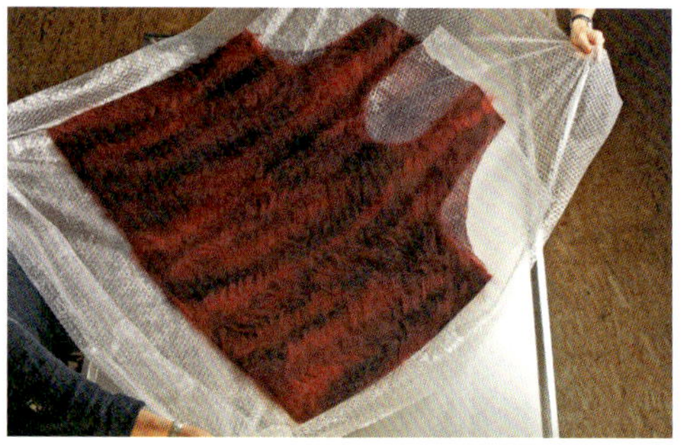

→ Nun ist auch das Vorderteil vollständig belegt und es kann mit dem Anfilzen begonnen werden.

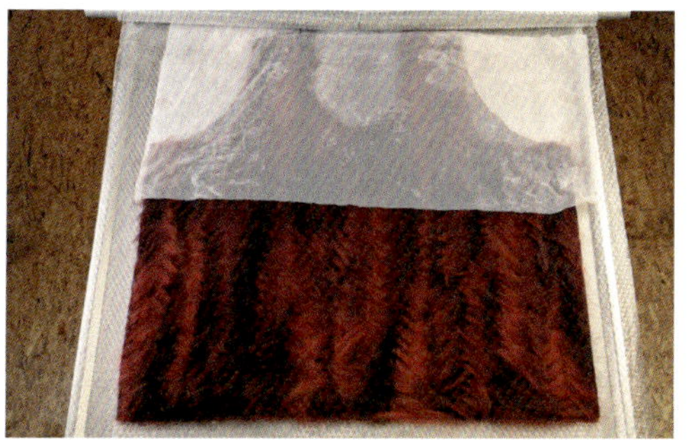

42 Wiederum Partie für Partie benetzen, einseifen und anfilzen – wie zuvor beim Rückenteil.

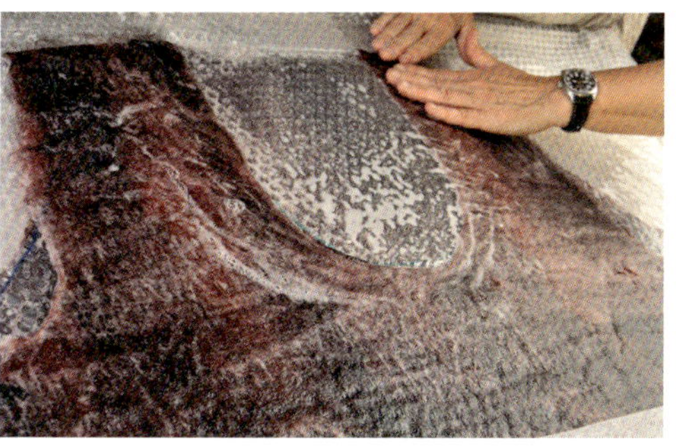

43 Die Ränder des Halsausschnitts und der Armausschnitte sanft und sorgfältig bearbeiten.

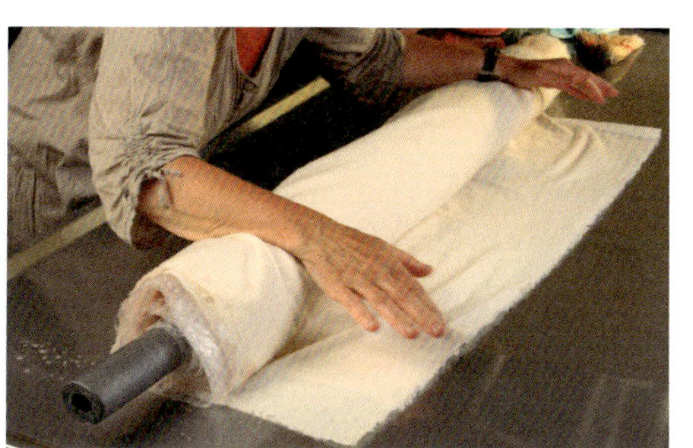

44 Das Werkstück samt Arbeitsfolie von den Schultern her über ein Stück Isolationsrohr, das als Kern dient, einrollen. Die Rolle in ein Baumwolltuch wickeln und das Ganze 5 bis 10 Minuten ohne Druck hin und her rollen. Die Rolle um 180 Grad drehen und das Paket öffnen.

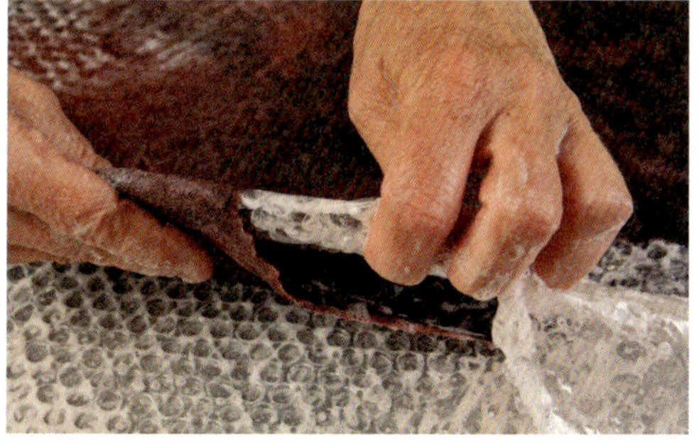

45 Das Werkstück ggf. in Form ziehen. Der Saum und die Armlöcher brauchen an den Kanten besondere Aufmerksamkeit. Damit sich keine unerwünschten Zipfel bilden, die Schablone leicht anheben und an der Kante entlang über Wolle und Stoff leicht nach oben streichen.

46 Von der unteren Kante über den Kern aufrollen und erneut 5 bis 10 Minuten – diesmal mit etwas Druck – hin und her rollen. Dabei auslaufendes Wasser und Seife wegwischen.

PROFITIPP 16

Beim Rollen sollte stets auf gleichmäßige Druckverteilung geachtet werden. Die Hände bleiben deshalb nicht an einer Stelle, sondern wandern auf der Rolle hin und her.

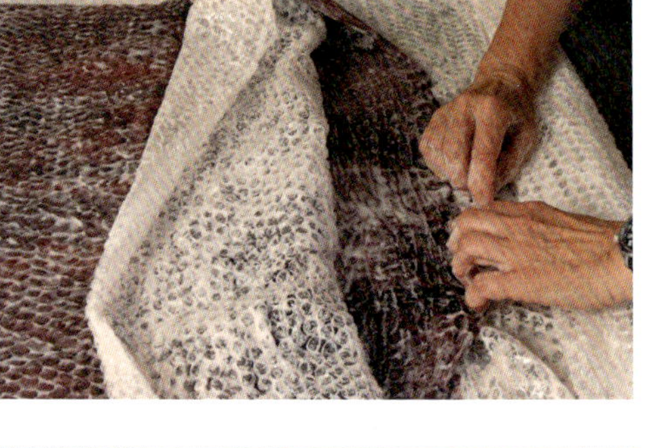

47 Die Rolle wieder öffnen, die Ränder kontrollieren und ggf. korrigieren. Falls sich Falten gebildet haben oder der Stoff nach oben gerutscht ist, das Werkstück vorsichtig in Form ziehen.

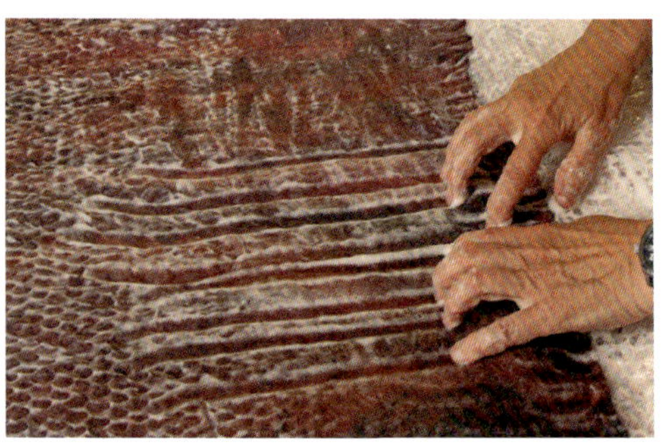

48 Das Werkstück schrumpft jetzt bereits und sollte mit den Fingern behutsam geglättet werden.

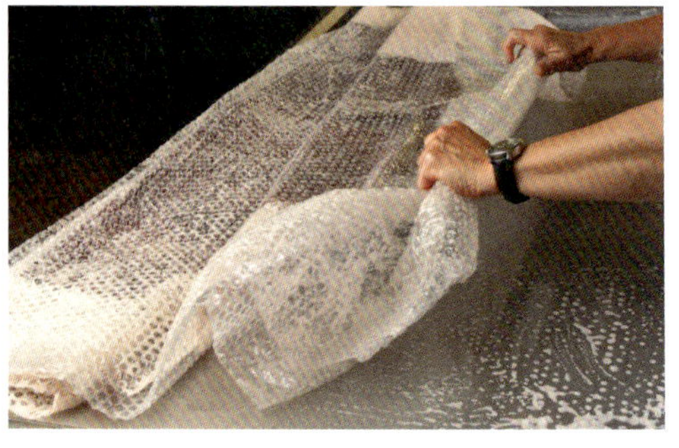

49 Das Werkstück wenden. So ist gewährleistet, dass es auf der Vorder- und Rückseite gleichmäßig schrumpft.

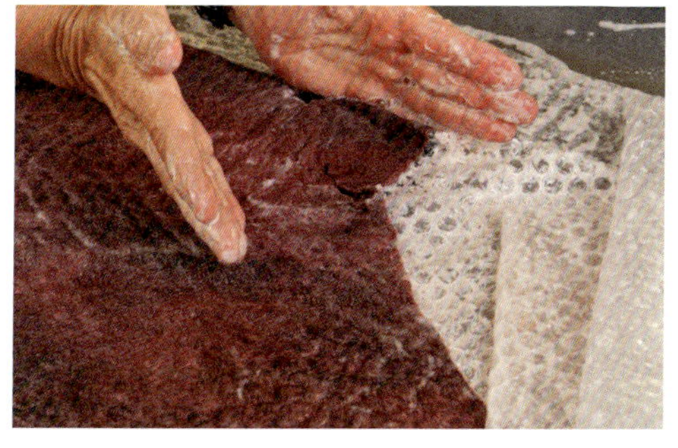

50 Die Form der Armausschnitte kontrollieren und ggf. anpassen

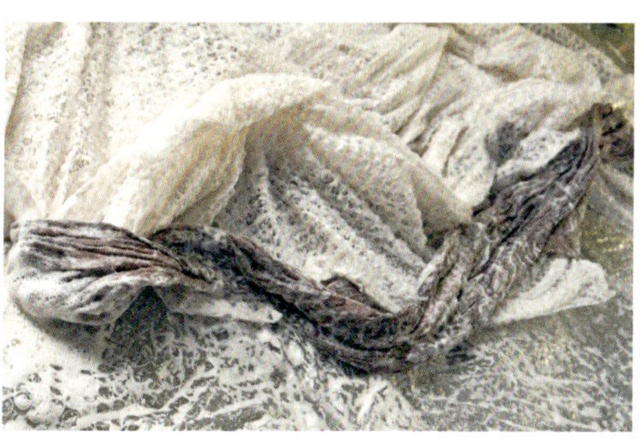

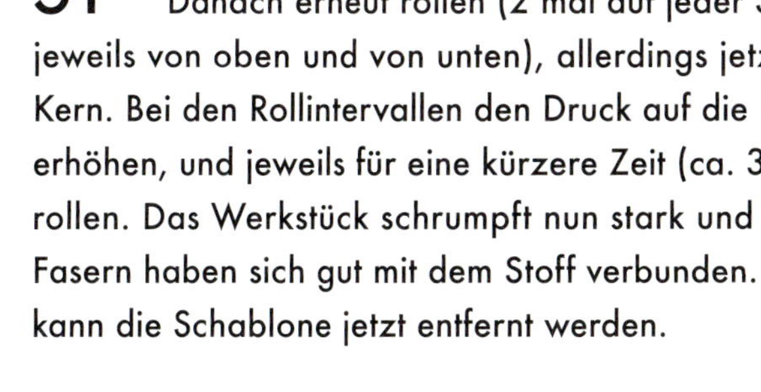

51 Danach erneut rollen (2 mal auf jeder Seite, jeweils von oben und von unten), allerdings jetzt ohne Kern. Bei den Rollintervallen den Druck auf die Rolle erhöhen, und jeweils für eine kürzere Zeit (ca. 3 Minuten) rollen. Das Werkstück schrumpft nun stark und die Fasern haben sich gut mit dem Stoff verbunden. Daher kann die Schablone jetzt entfernt werden.

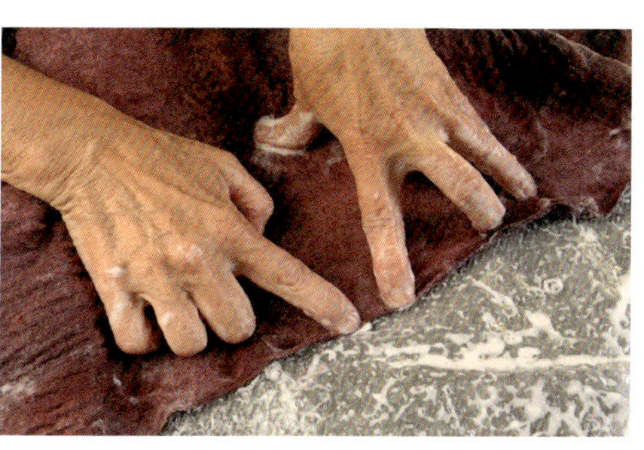

52 Das Werkstück in Form ziehen, alle Ränder korrigieren bzw. herausschieben.

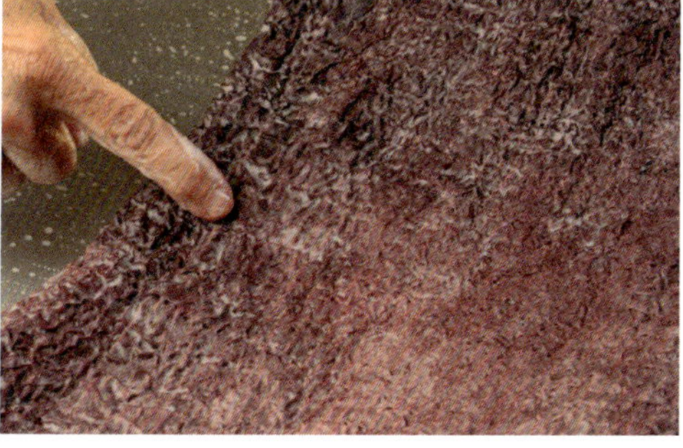

53 Nun das Werkstück umdrehen, sodass die Stoffseite außen liegt. Prüfen, ob sich die Stoffüberlappungen gut verbunden haben. Falls nötig, diese Stellen gezielt nachbearbeiten, also mit den Fingern mit Druck darüber streichen.

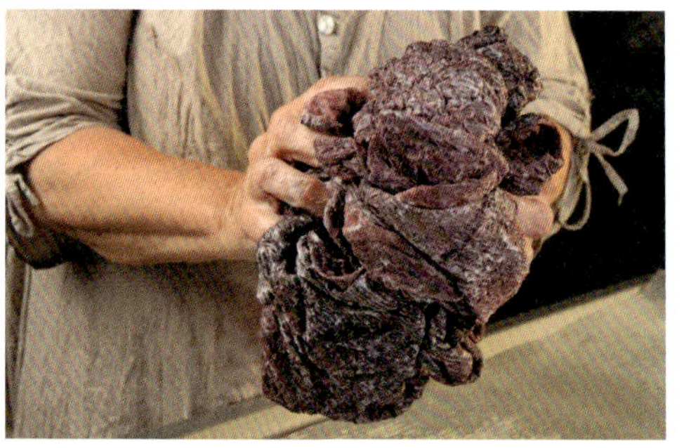

54 Das Werkstück gleichmäßig in den Händen kneten und mehrfach sanft auf die Arbeitsfläche fallen lassen, …

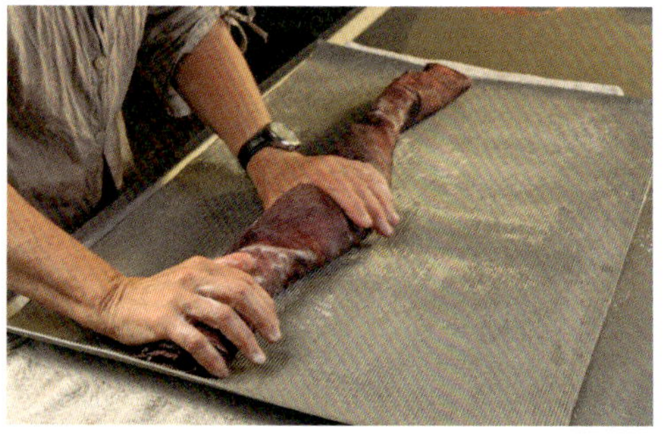

55 … dann von den Seiten her einrollen und auf der Filzmatte walken.

PROFITIPP **17**

Mit einem nassen Handtuch oder einem Stück Teppichstopper unter der Filzmatte wird verhindert, dass die Filzmatte auf dem Tisch wegrutscht.

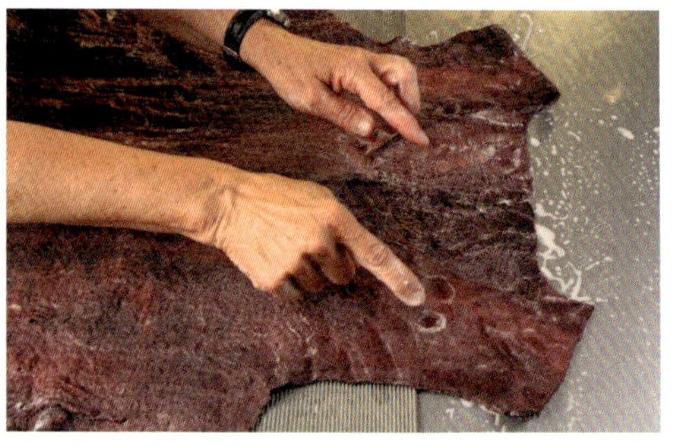

56 Für einen optimalen Filzprozess wird nun mit reichlich Seife gearbeitet (→ Profitipp 6, Seite 25).

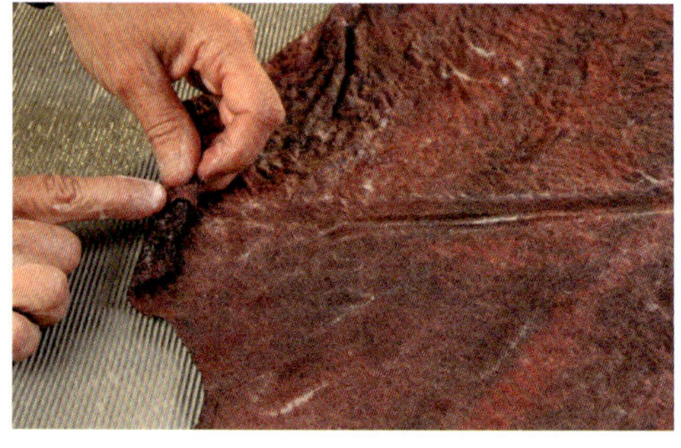

57 Falls die Seitenteile am oberen Ende bei den Armausschnitten nach außen zeigen und zipfelig sind, werden sie diagonal eingerollt und kurz mit Druck hin und her gerollt.

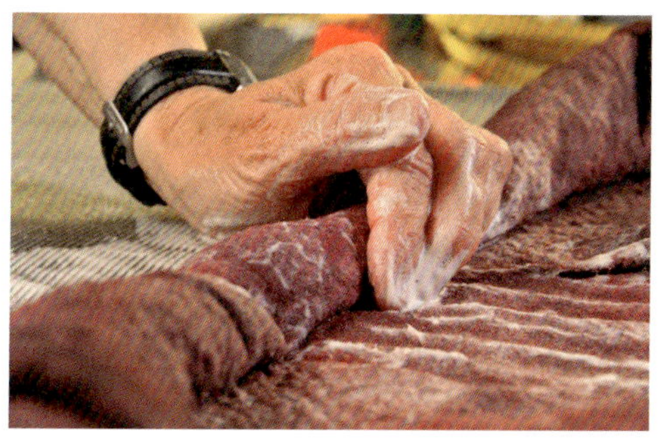

→ Zu beachten ist die Rolltechnik: Die Hand ist beim Rollen zwischen den Fingerspitzen und dem Handballen gewölbt.

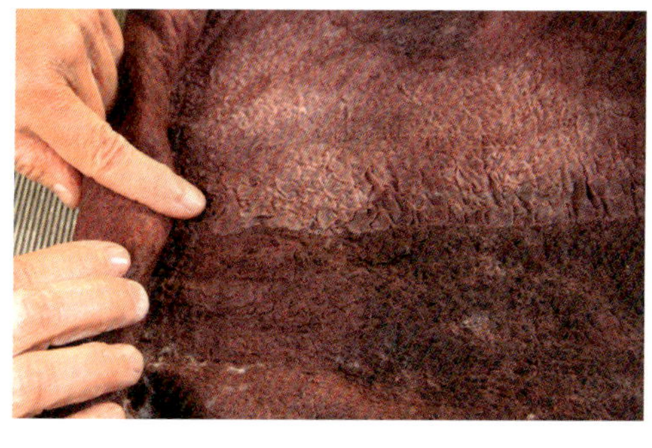

58 Nun müssen die Stellen, an denen sich die Stoffstücke überlappen, nochmals bearbeitet werden. Dazu das Werkstück an der Überlappung aufrollen und mit Druck hin und her rollen …

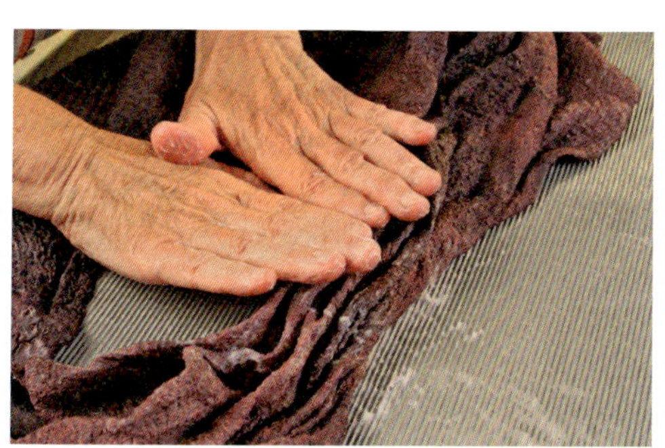

59 … oder das Werkstück zusammenschieben und die Partie unter der flachen Hand hin und her rollen.

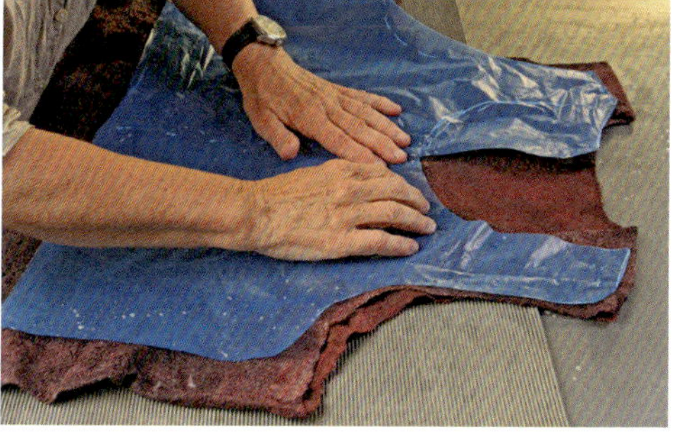

60 Falls eine Schablone mit den Fertigmaßen vorbreitet wurde , kann diese nun aufgelegt werden, um zu sehen, bei welchen Partien nachgearbeitet werden muss. Ansonsten wird das Werkstück ausgemessen und mit den definierten Fertigmaßen abgeglichen.

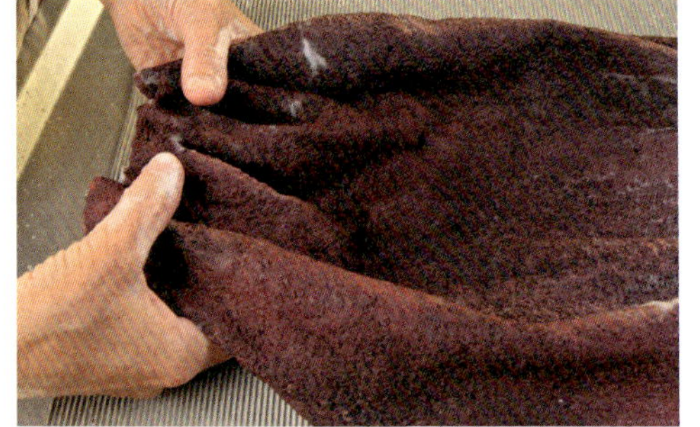

61 Das Werkstück am unteren Ende faltig zusammennehmen …

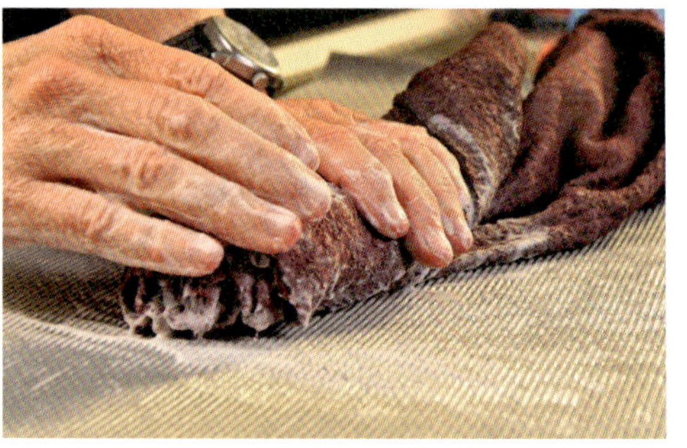

62 … und die untere Kante mit Druck bearbeiten.

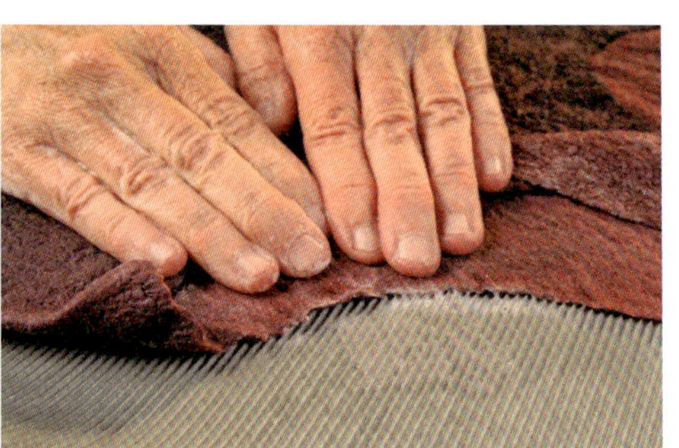

63 Die Hals- und Armausschnitte kontrollieren und wenn nötig nachbearbeiten.

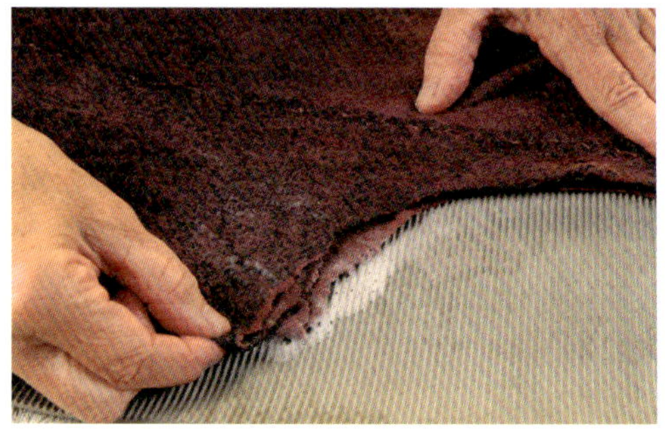

64 Das Werkstück mittig zusammenlegen und so prüfen, ob die Seitenkanten noch bearbeitet werden müssen.

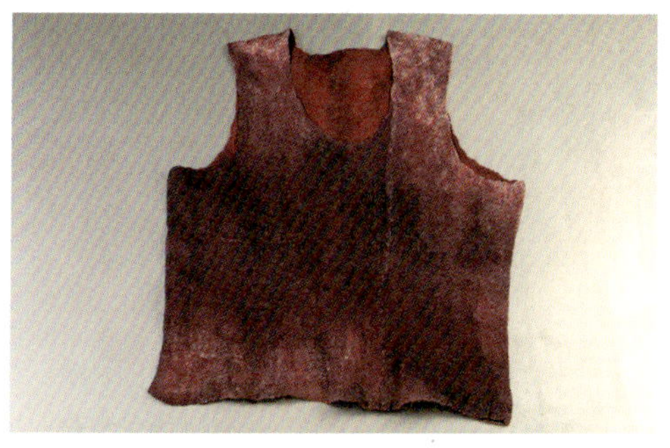

65 Nochmals die Maße prüfen. Sobald die Maße mit den festgelegten Fertigmaßen übereinstimmen, das Werkstück auswaschen, schleudern und in Form ziehen.

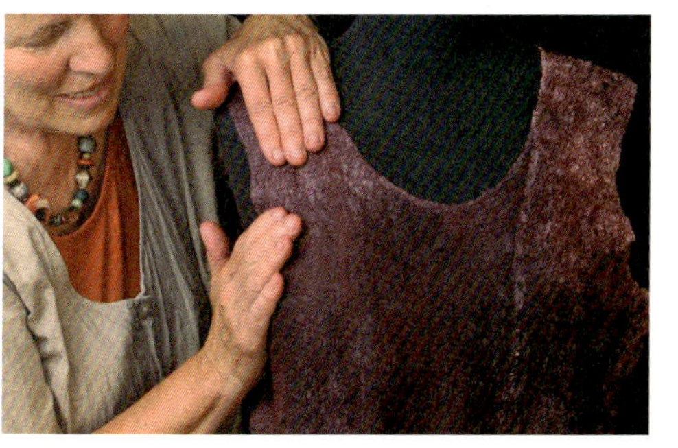

66 Die endgültige Ausarbeitung kann sehr gut an einer Schneiderpuppe oder noch besser an der Person, die das Kleidungsstück tragen wird, vorgenommen werden.

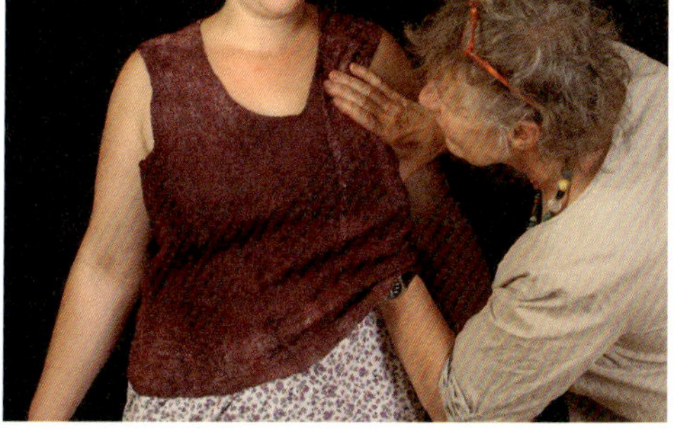

67 Die für die Brustpartie notwendigen Rundungen lassen sich mit den Händen ausformen. Dabei muss unbedingt auf die Armausschnitte geachtet werden. Um zu verhindern, dass diese sich verziehen, müssen sie an den Kanten – am besten mit Daumen und Zeigefinger der rechten Hand – festgehalten werden, während die linke Hand die Wölbung formt.

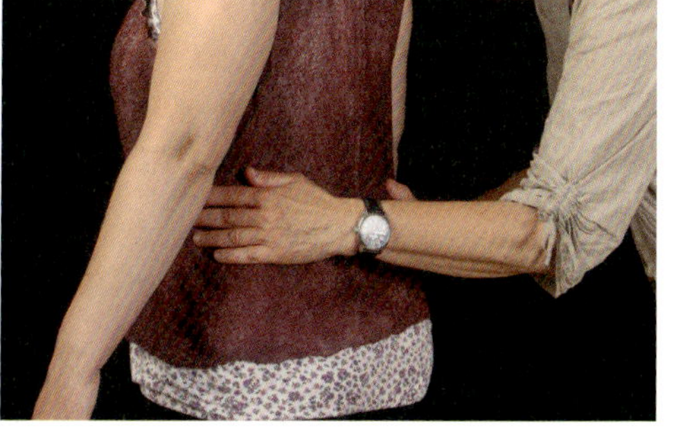

68 Abschließend werden noch die Taillen- und die Hüftpartie angepasst und nach dem Trocknen die Heftfäden entfernt.

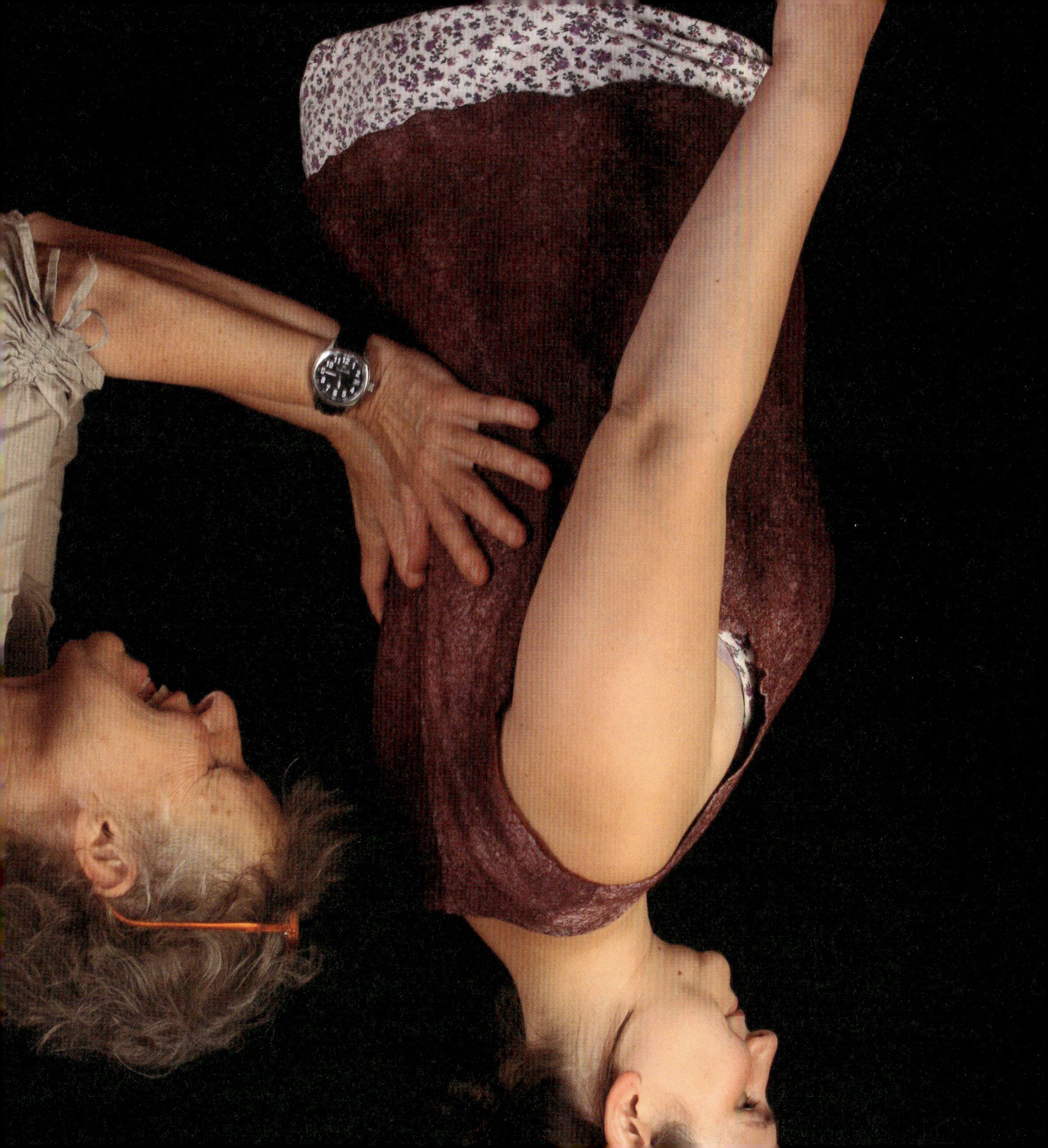

Projekt 2

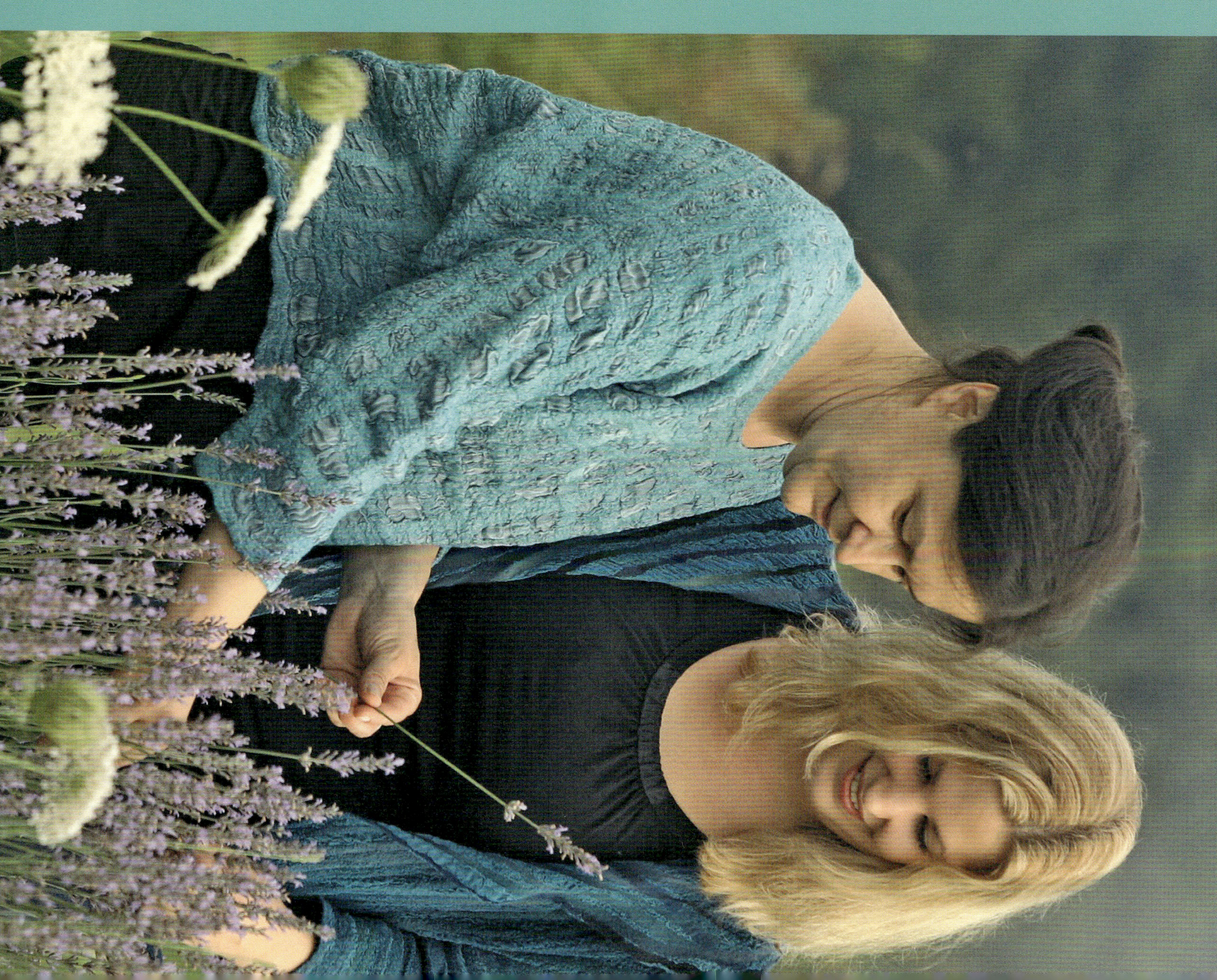

Oberteil mit halblangen Ärmeln

Der Schnitt dieses beidseitig tragbaren Kleidungsstücks unterscheidet sich von **Projekt 1: Ärmelloses Top** lediglich durch die angesetzten Ärmel. Als Variante für die Oberflächengestaltung wurde ein Wollgitter aus Merinokammzug auf Käseleinen als Trägergewebe (beides handgefärbt) gewählt.

Zunächst wird eine Probe erstellt. Anhand dieser kann entschieden werden, in welchem Abstand die Wollstränge aufgelegt und wie die Ränder gestaltet werden sollen (→ Profitipp 18).

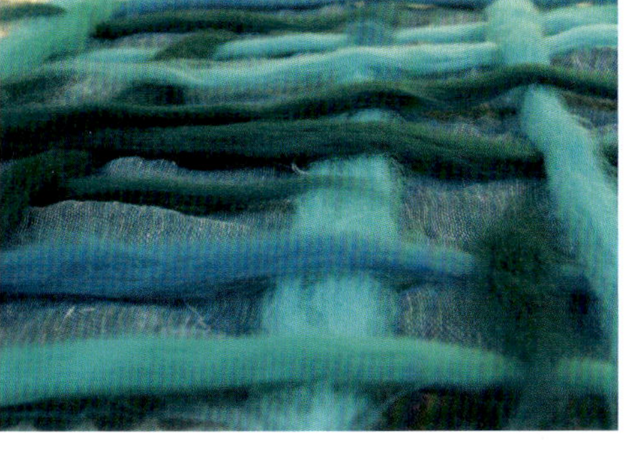

1 Für die Probe ein Stoffstück von 40 × 40 cm zuschneiden, 8 g Merinokammzug abwiegen (≈ 0,005 g/cm²) und etwas Wolle als Toleranzmenge dazugeben (→ Profitipp 3, Seite 20). Die Wolle in feine Stränge teilen und zunächst entlang der Kanten einen feinen Streifen auslegen, dann die Fläche mit einem Gitter belegen. Gaze auflegen, Probestück benetzen, seifen und mit flachen Händen anfilzen.

PROFITIPP 18

Werden die Stränge in schmalen Abständen nebeneinandergelegt, wird dies beim fertig gefilzten Objekt den Eindruck einer fast geschlossenen Fläche erwecken. Liegen sie mehr als 5 cm auseinander, entstehen am fertigen Objekt Stoffblasen, die leicht disharmonisch wirken können. Mit welchen Abständen ein Ergebnis erzielt werden kann, das der gewünschten Oberflächengestaltung entspricht, lässt sich durch das Anfertigen von Proben herausfinden. Experimente lohnen sich.

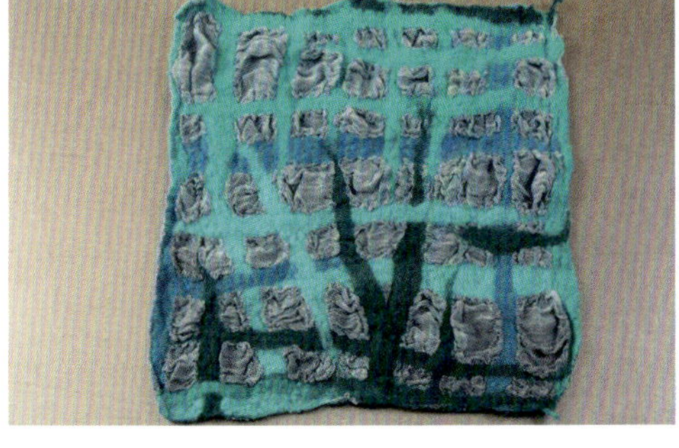

2 Zu Beginn des Anfilzens darauf achten, dass die Wollstreifen in Richtung des Faserverlaufs bearbeitet werden, nicht quer zur Faser. Kleine Zipfel, die an den Rändern überstehen, wirken verspielt und können als gestalterisches Mittel eingesetzt werden. Wie gewohnt weiterarbeiten, bis die Probe fertig gefilzt ist, dann den Schrumpffaktor ausrechnen (→ Seite 31).

3 Die Schablone für den Torso wird anhand der Maße vorbereitet, der Halsausschnitt und die Linie für die Schulterschräge wie bei **Projekt 1** eingezeichnet.

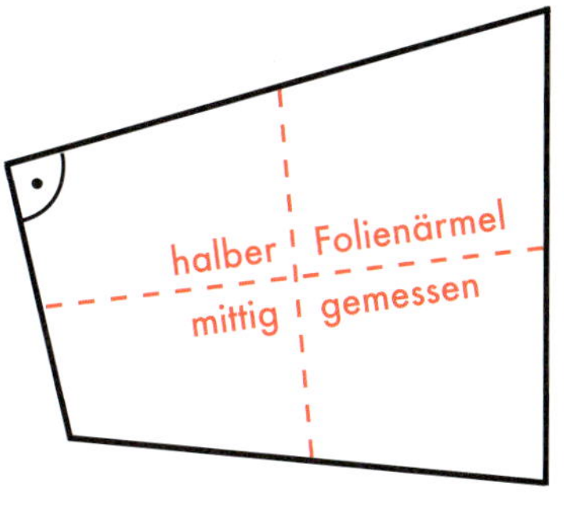

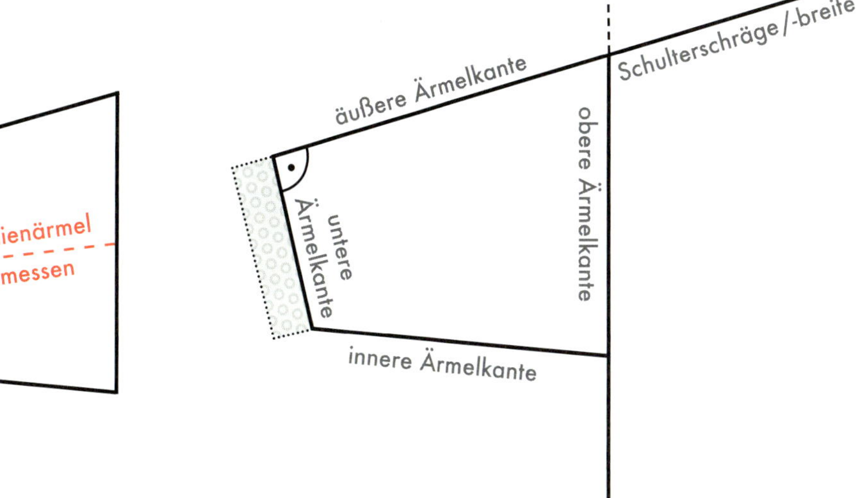

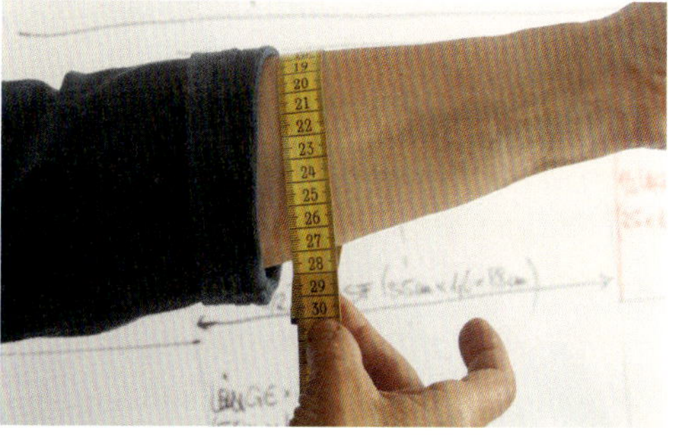

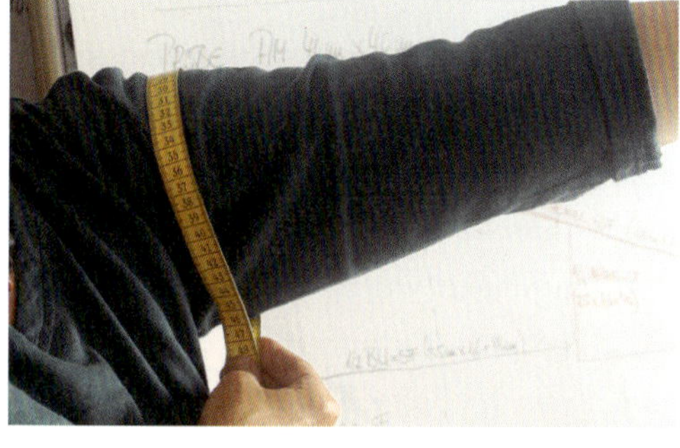

4 Für die Ärmelkonstruktion müssen die Maße für Länge und Breite ermittelt werden: An der Person, die das Oberteil später tragen soll, vom Halspunkt ausgehend, die gewünschte Länge des Ärmels messen, dabei den Arm leicht anwinkeln. Diesen Wert mit dem Schrumpffaktor multiplizieren und die Schulterbreite (Schablonenmaß!) davon abziehen. Das Ergebnis ergibt die Länge der äußeren Ärmelkante. Nun die Maße für die Weite der Ärmel bestimmen: An der gewünschten unteren Ärmelkante, den Armumfang messen (Bild oben). Dann den Umfang des Oberarms messen (Bild unten), daraus leitet sich die Größe des Armlochs ab. Diese beiden Werte (inkl. Bequemlichkeitszugaben!) jeweils durch 2 dividieren und mit dem Schrumpffaktor multiplizieren. Somit stehen nun auch die Schablonenmaße der unteren und der oberen Ärmelkante fest.

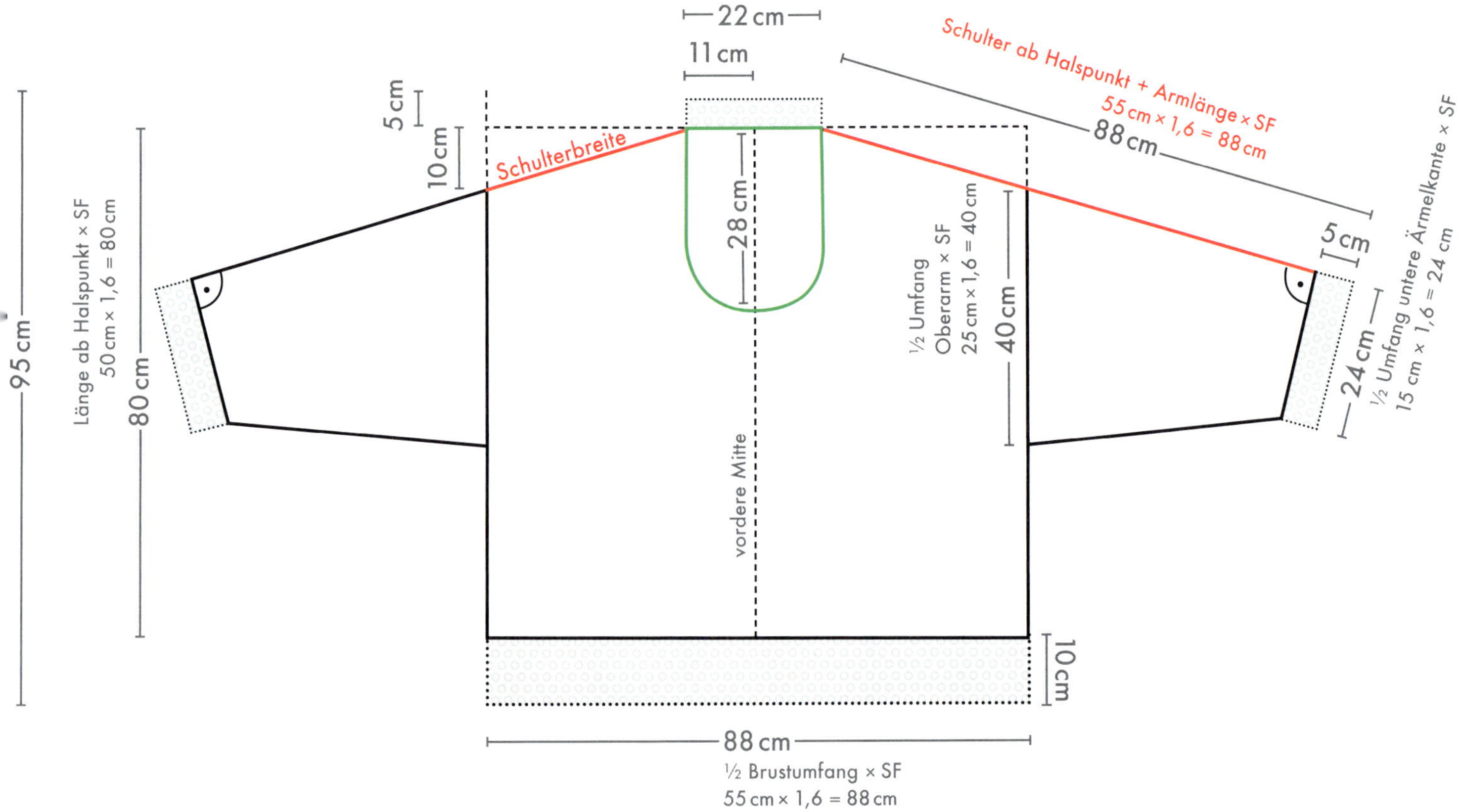

Maße der Probe

AM: 40 × 40 cm
FM: 25 × 25 cm

$\frac{40}{25} = 1{,}6$

Schrumpffaktor = 1,6

5 Vor dem Anfertigen der Schablone ist es hilfreich, eine Skizze zu zeichnen. Dort werden alle für das Projekt relevanten Maße notiert: jeweiliges Fertigmaß (FM) × errechneter Schrumpffaktor (SF) = Auslegemaß (AM).

In **Projekt 1: Ärmelloses Top** wurde schrittweise gezeigt, wie die Schablone angefertigt wird. Die Herangehensweise ist bei Projekt 2 gleich, es werden dem Torso lediglich die Ärmel hinzugefügt. Diese werden separat auf Noppenfolie konstruiert und später an den Torso angeklebt. Als separate kleine Schablone diesmal nur den Halsauschnitt anfertigen (→ Seite 37) und ggf. eine Schablone mit den Fertigmaßen (→ Seite 41).

PROFITIPP 19

Wenn der Schnitt mit der Linie der Schulterschräge an eine Kante des Arbeitstisches gelegt wird, kann die Tischkante als Lineal dienen. Das Folienstück für den Ärmelschnitt wird in direkter Verlängerung der Schulterschräge angelegt und die ermittelte Länge für die äußere Ärmelkante darauf markiert.

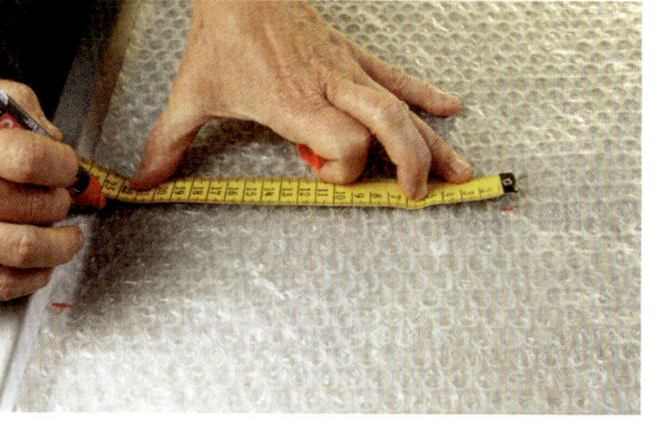

6 Der errechnete Wert der äußeren Ärmellänge wird auf der glatten Seite eines Folienstücks als erster Schritt der Ärmelkonstruktion markiert (→ Profitipp 19). Das Maß für die untere Kante des Ärmels wird von diesem Punkt aus angezeichnet, …

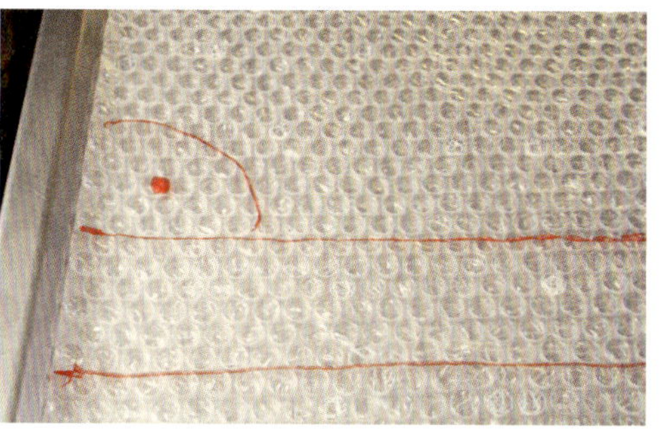

7 … dabei in der Ecke untere Ärmelkante / äußere Ärmelkante einen rechten Winkel einhalten. Auf der Folie an der unteren Ärmelkante 5 cm für den Überstand anzeichnen.

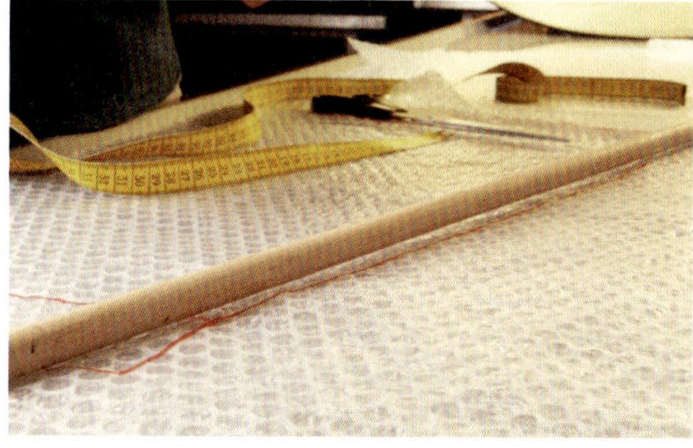

8 An der oberen Kante des Ärmels das errechnete Maß für das Armloch anzeichnen und eine Verbindungslinie zur unteren Kante ziehen. So ergibt sich die innere Ärmelkante. Den Schnitt für den ersten Ärmel ausschneiden.

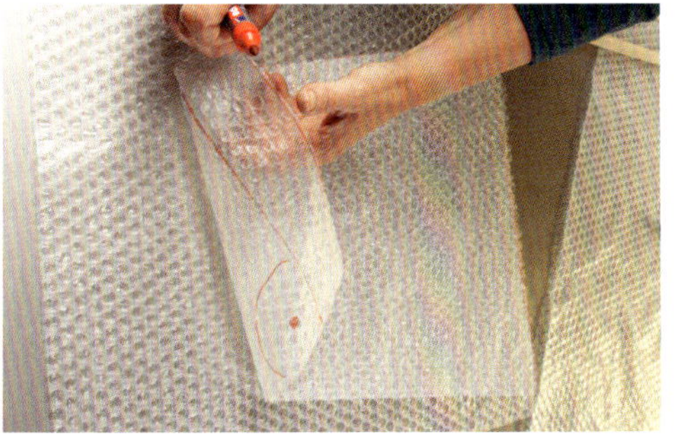

9 Den ausgeschnittenen Ärmel spiegelverkehrt auf ein passendes Stück Noppenfolie legen und alle Linien übertragen. Dann den zweiten Ärmel ausschneiden.

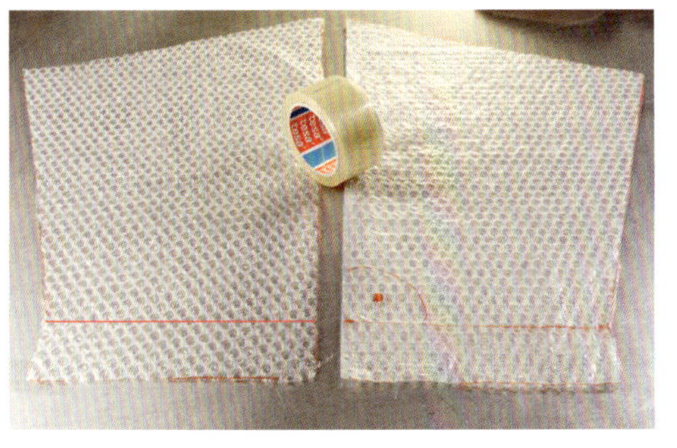

→ Hier sind die beiden Ärmelschablonen zu sehen, bevor sie an die Torsoschablone angeklebt werden.

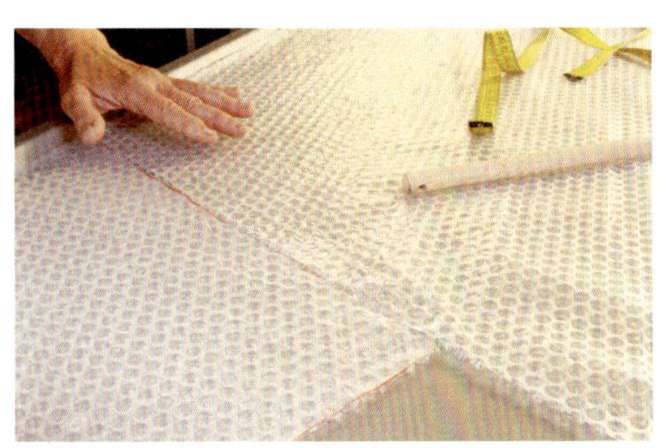

10 Die Ärmelschablonen Kante an Kante, also ohne Überlappung, in der Verlängerung der Schulterlinie an die Torsoschablone rechts und links ankleben. Die Noppen liegen bei allen Schnittteilen nach unten.

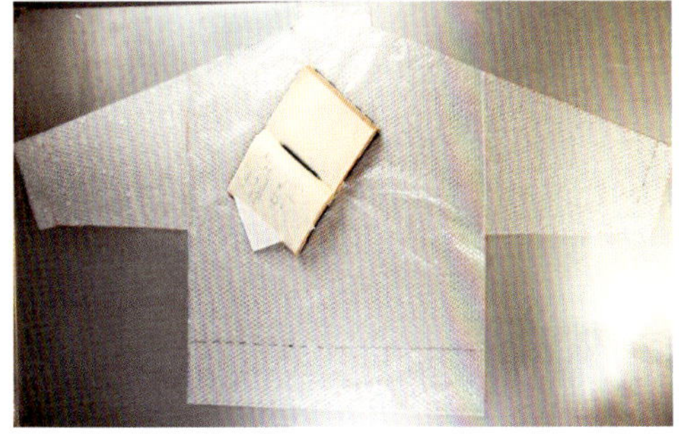

11 Hier ist die fertiggestellte Schablone zu sehen. Nicht vergessen: Eckdaten und Berechnungen sorgfältig notieren.

12 Nun wird die benötigte Stoffmenge ausgerechnet, die aufzulegende Wolle kalkuliert und eine Maß- und Materialtabelle erstellt. Die Wollmenge je cm² ergibt sich aus 8 g auf 40 × 40 cm (→ Seite 65). Für die Berechnung der Ärmel wird von der mittleren Länge und Breite des angesetzten Ärmels ausgegangen (→ Ärmelskizze, Seite 66). Im Beispiel sind dies 50 × 33 cm.

Maß- und Materialtabelle »Oberteil mit halblangen Ärmeln«, Größe 42/44

	Länge FM × SF	Länge AM	×	Breite FM × SF	Breite AM	×	Wollmenge je cm²		Gewicht	inkl. Zugabe
Rückenteil	50 cm × 1,6	80 cm	×	55 cm × 1,6	88 cm	×	0,005 g		35,2 g	40 g
Vorderteil	50 cm × 1,6	80 cm	×	55 cm × 1,6	88 cm	×	0,005 g		35,2 g	40 g
½ Ärmel mittig gemessen		≈ 50 cm	×		≈ 33 cm	×	0,005 g	8,25 × 4	33 g	40 g
gesamt										120 g

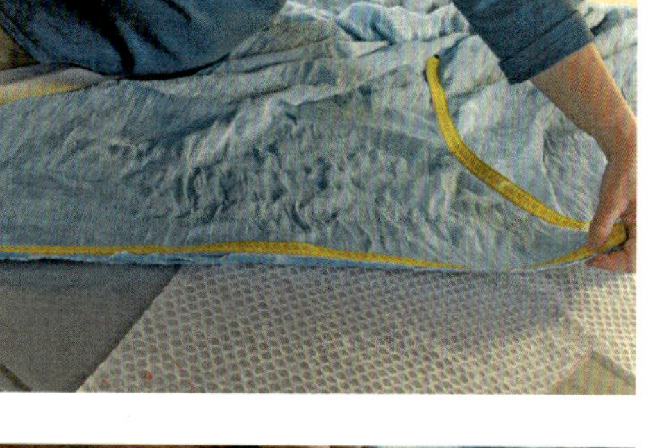

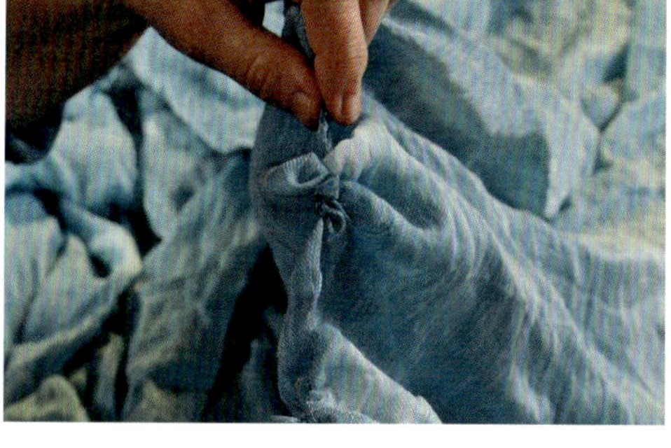

13 Der benötigte Stoff wird vorbereitet, das heißt neue Stoffe werden gewaschen, gebügelt und zugeschnitten*. Es werden für das Rumpfteil zusätzlich jeweils 2 cm für die Nahtüberlappung, also 2 × 90 cm = 180 cm in der Breite und 82 cm in der Länge kalkuliert (eventuell vorhandene Webkanten, die später abgeschnitten werden, müssen berücksichtigt werden).

*Als Markierungslinie für den Zuschnitt kann ein Faden aus dem Gewebe gezogen werden (→ Profitipp 12, Seite 43).

PROFITIPP 20

Für Projekte in der Nunotechnik spielt der Fadenlauf des Stoffes keine Rolle und muss daher nicht berücksichtigt werden.

→ Da der im Beispiel verwendete Stoff locker gewoben ist und stark franst, wird die Webkante erst nach dem Feststecken abgeschnitten.

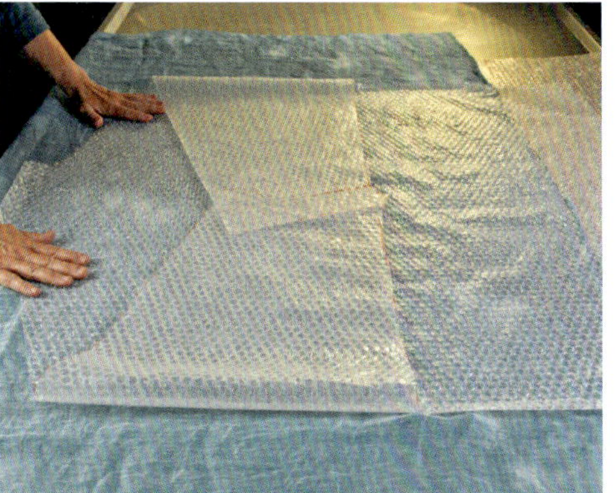

14 Jetzt den Stoff auf Arbeitsfolie 1 (→ Hinweis 2, Seite 41) ausbreiten. Die Schablone mit der glatten Seite auf den Stoff legen – Ärmel sind eingeklappt – und mit Stecknadeln auf dem Stoff fixieren.

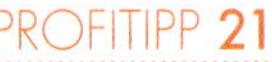

PROFITIPP **21**

Grobes Gewebe verzieht sich leicht, daher ist es ratsam, die zugeschnittenen Stoffpartien während des Einpackens mit Stecknadeln zu fixieren.

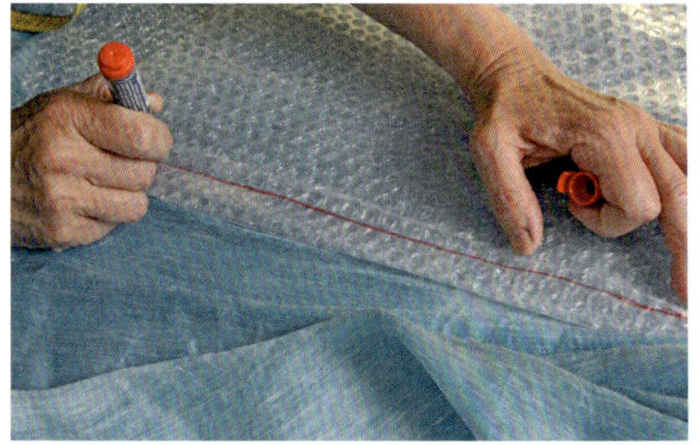

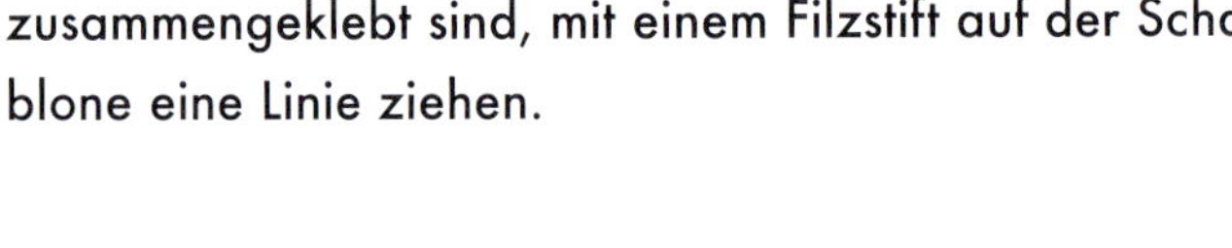

15 Entlang der Kante, an der Ärmel und Torso zusammengeklebt sind, mit einem Filzstift auf der Schablone eine Linie ziehen.

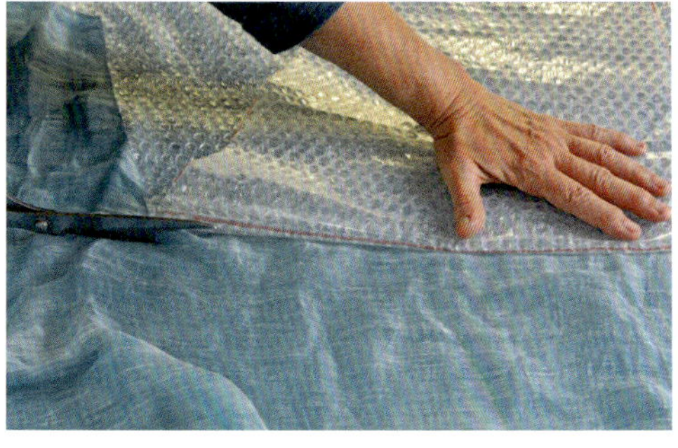

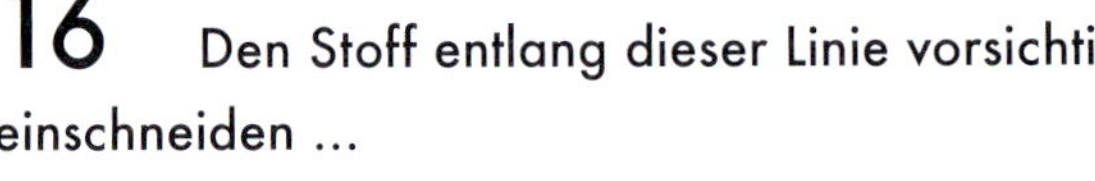

16 Den Stoff entlang dieser Linie vorsichtig einschneiden …

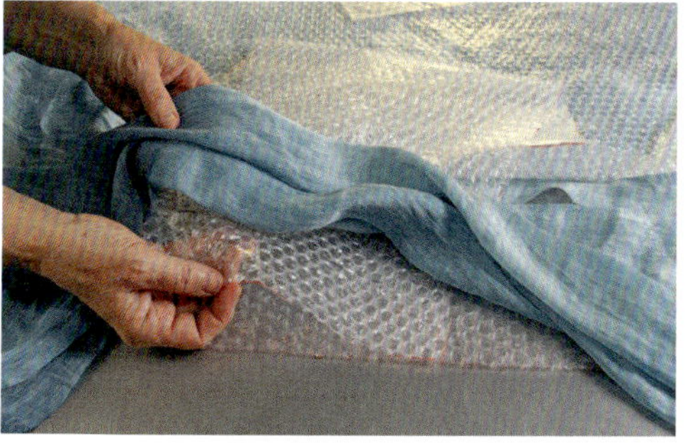

17 … und die Ärmelschablone behutsam durch den entstandenen Schnitt führen.

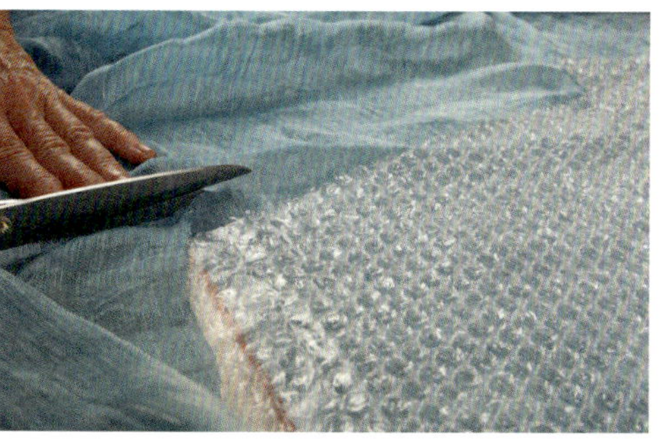

18 Entlang der Schulterschräge den auf der Arbeitsfolie aufliegenden Stoff (das Vorderteil) mit 2 cm Zugabe für die Nahtüberlappung zuschneiden.

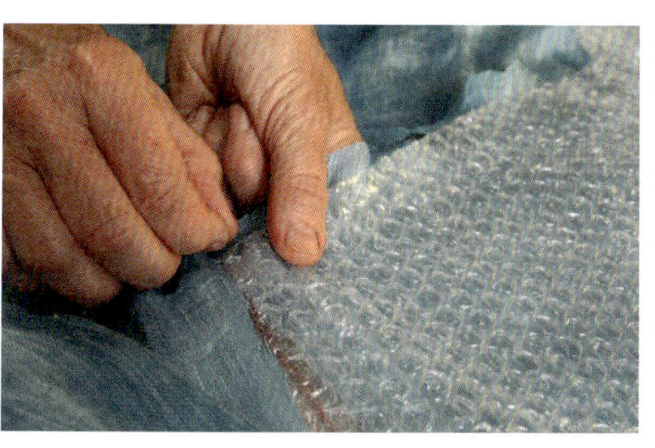

19 Den Umschlag umklappen und mit Stecknadeln fixieren.

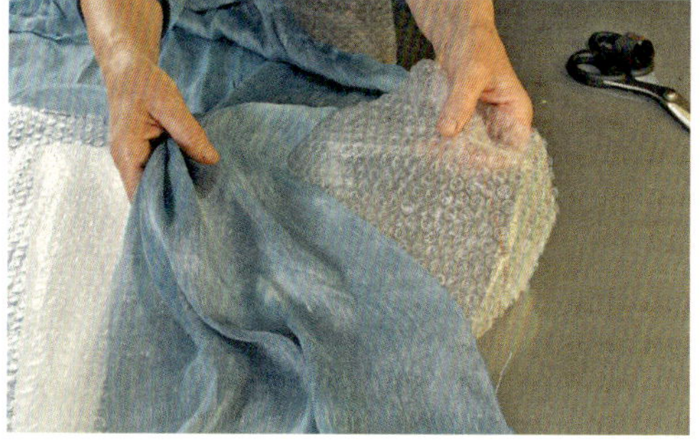

20 Den Schnitt an der anderen Seitenkante für den zweiten Ärmel vornehmen, auch hier die Schablone durchziehen und den Stoff entlang der Schulterschräge mit 2 cm Nahtzugabe abschneiden.

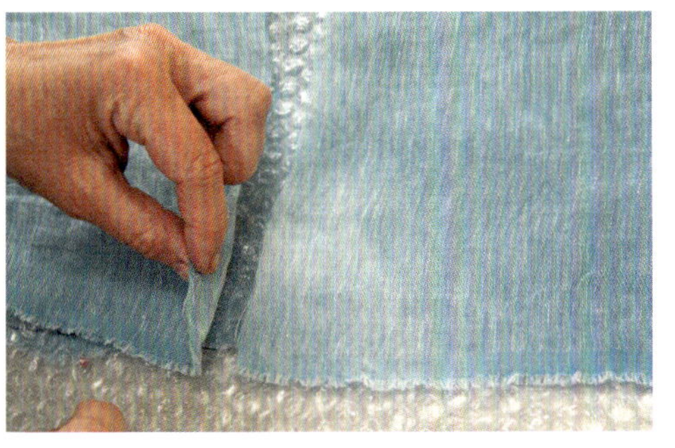

21 Den Stoff nun für die rückwärtige Naht überlappend feststecken und eventuell vorhandene Webkanten abschneiden.

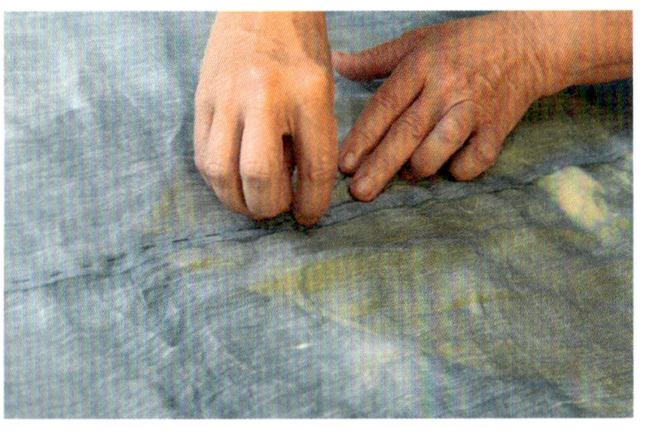

22 Ein Stück Lackfolie (→ Profitipp 14, Seite 45) unter die Überlappung legen und die Naht mit Polyesternähgarn heften. Der Faden wird nach dem Filzen entfernt.

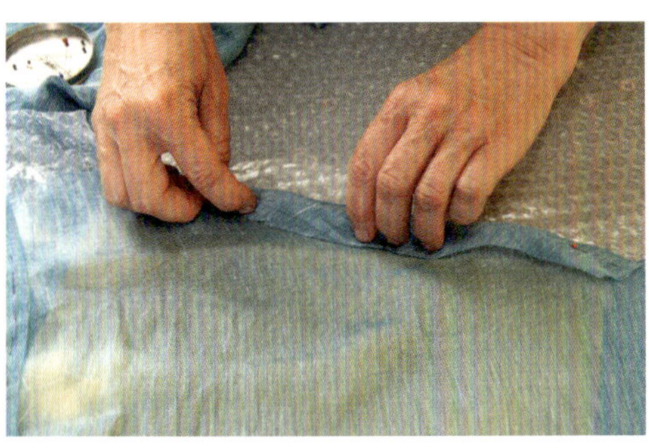

23 Den Stoff für die Schulternaht entlang der Schulterschräge zuschneiden (= Rückenteil, also ohne Nahtzugabe), die Zugabe des unten liegenden Vorderteils darüber klappen und die Naht heften. Beide Schulternähte auf diese Weise vorbereiten.

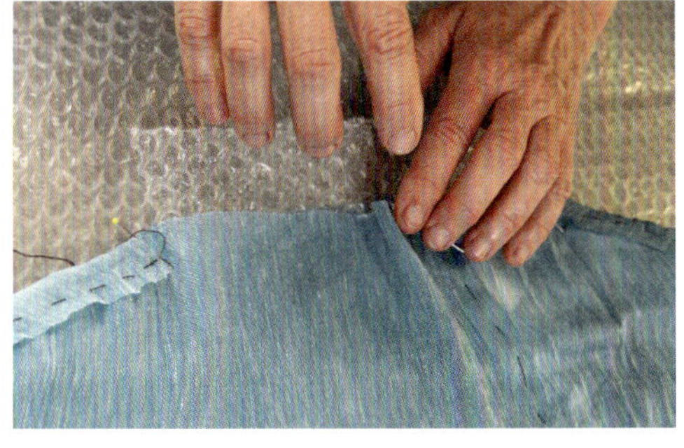

→ Der Halsausschnitt des Rückenteils wird entlang der eingezeichneten Linie gerade abgeschnitten.

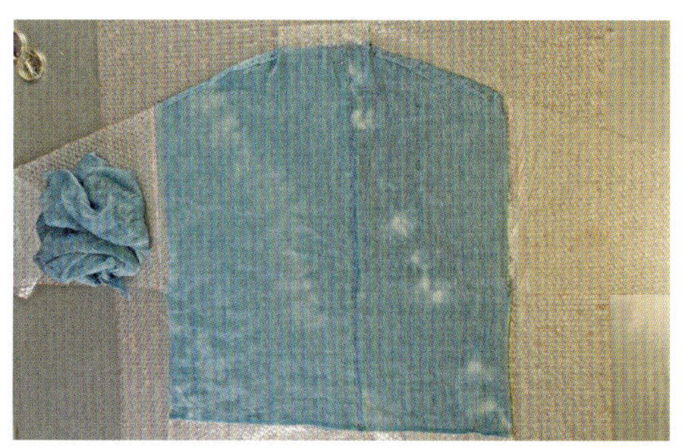

→ So sieht der fertig eingepackte Torso aus – der Rücken liegt oben.

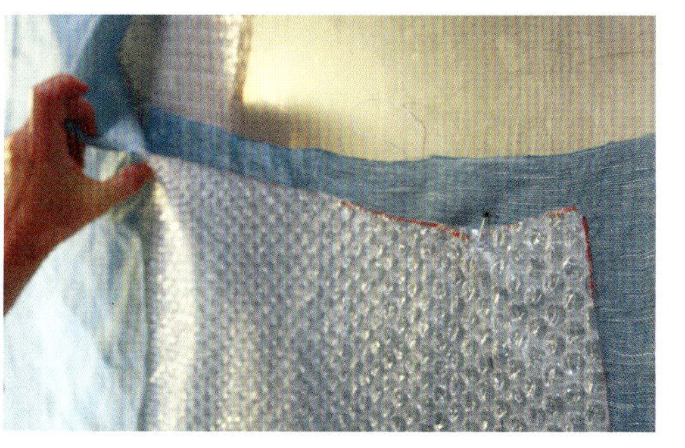

24 Den Stoff für den ersten Ärmel mit ca. 10 cm Überstand an der unteren Folienkante unter die Schablone legen. Dabei die Zugabe an der oberen Ärmelkante für die Ärmelansatznaht an Vorder- und Rückenteil und die Zugabe für die Ärmelnaht, die neben der inneren Ärmelkante liegen wird, berücksichtigen. Den Stoff mit Stecknadeln fixieren.

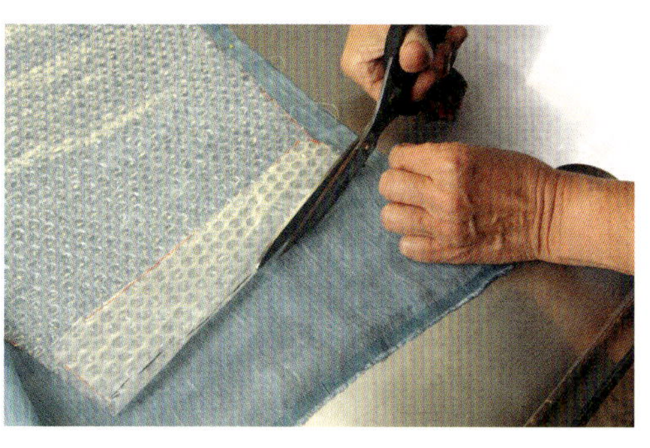

25 Den Schablonenüberstand (5 cm) umklappen und den Stoff entlang der Linie für die untere Ärmelkante bis zum Schablonenrand abschneiden.

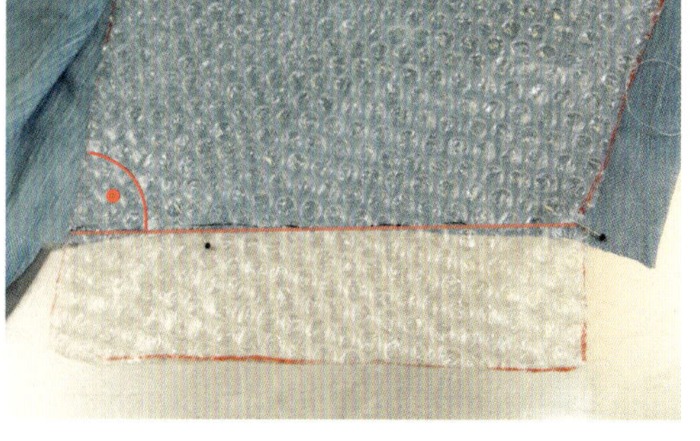

26 Jetzt ist der Schablonenüberstand deutlich zu sehen. Der Stoff wird mit Stecknadeln an der Schablone fixiert.

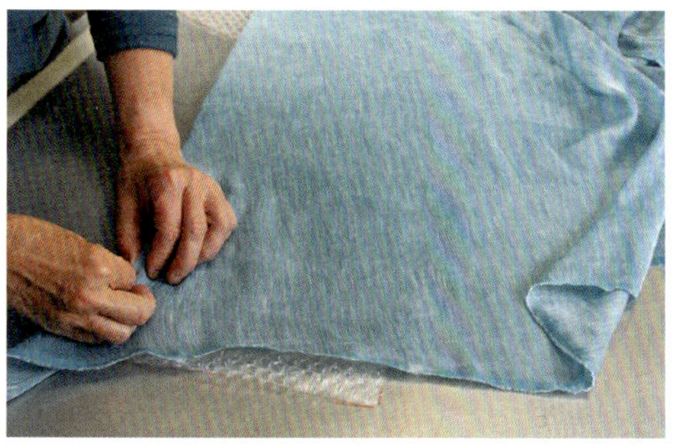

27 Nun den Stoff über die äußere Ärmelkante der Schablone klappen. Es zeigt sich, dass ca. 10 cm Stoffzugabe (→ 24, Seite 74) bei der Ärmellänge notwendig sind: Der Ärmelstoff wäre ansonsten nach dem Umklappen zu kurz.

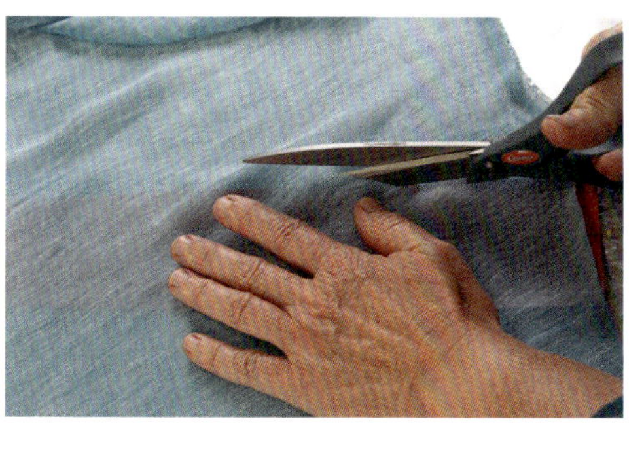

28 Nun wird die innere Ärmelkante entlang der Folie zugeschnitten. Dafür ein Stück kontrastfarbige Lackolie direkt an der Schablonenkante unter den Stoff legen und diese als Markierungslinie nutzen.

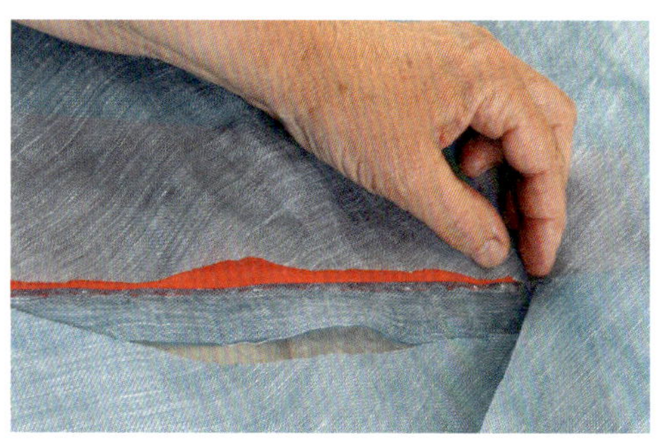

→ Nun ist die Nahtzugabe des unten liegenden Stoffes der inneren Ärmelnaht zu sehen.

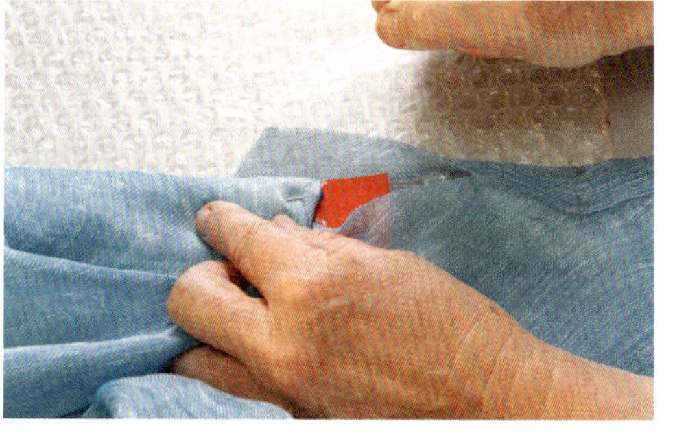

29 Die Zugabe für den Ärmel an der inneren Ärmelnaht umklappen und feststecken.
Die Nahtzugabe der oberen Ärmelkante wird auf das Vorder- und das Rückenteil geheftet. Für einen sauberen Anschluss muss es daher im Ärmel einen kleinen Schlitz geben. Dafür das Rumpfteil bis zum Ärmelansatz nach oben umklappen …

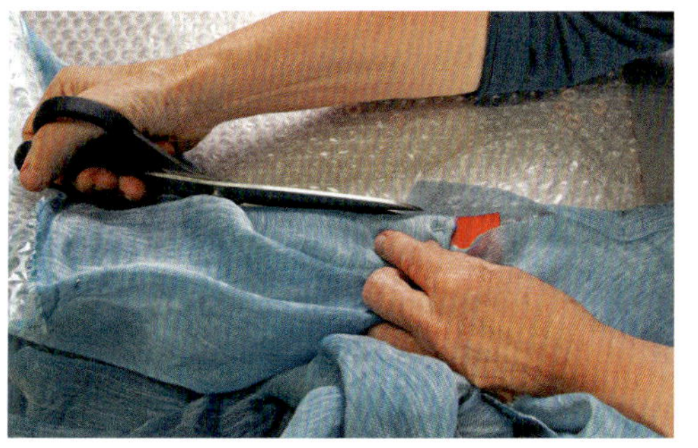

30 … und den Ärmelstoff ca. 2 cm neben der Nahtzugabe an der inneren Ärmelkante ca. 2–3 cm tief einschneiden.

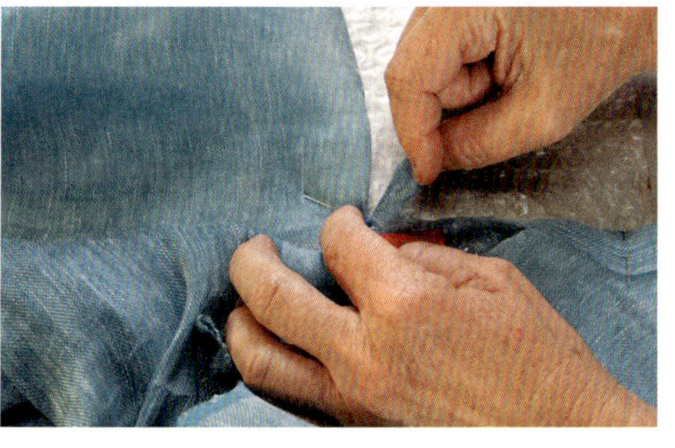

31 Das Rumpfteil wieder zurücklegen, die Nahtzugabe umlegen und den durch den Schnitt entstandenen Steg über den Ärmelstoff legen.

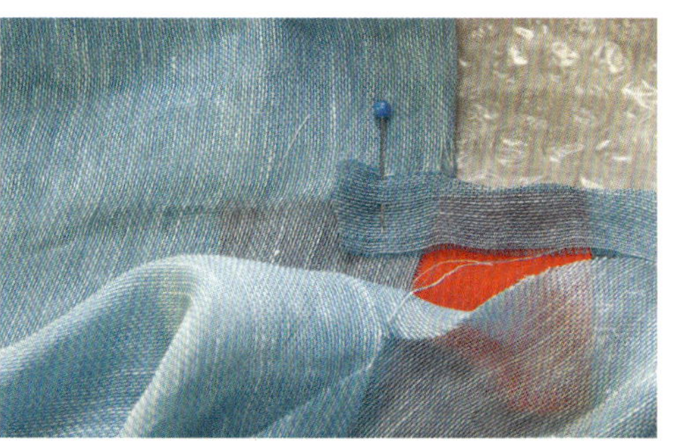

32 Den Steg mit einer Stecknadel fixieren.

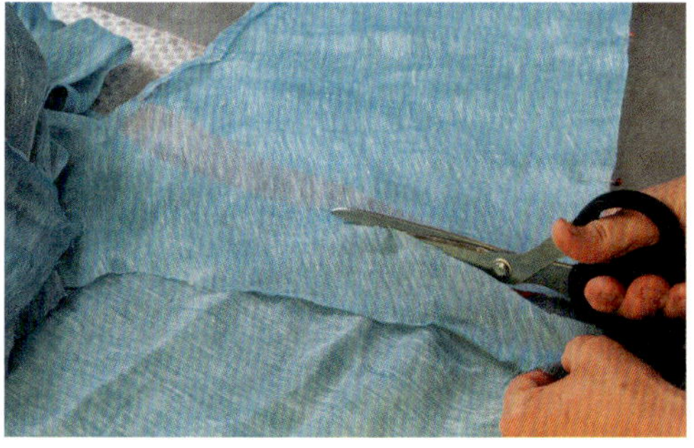

33 Den überschüssigen Stoff an der Ärmeleinsatznaht abschneiden und so die obere Ärmelkante begradigen. Dabei die Nahtzugabe beachten.

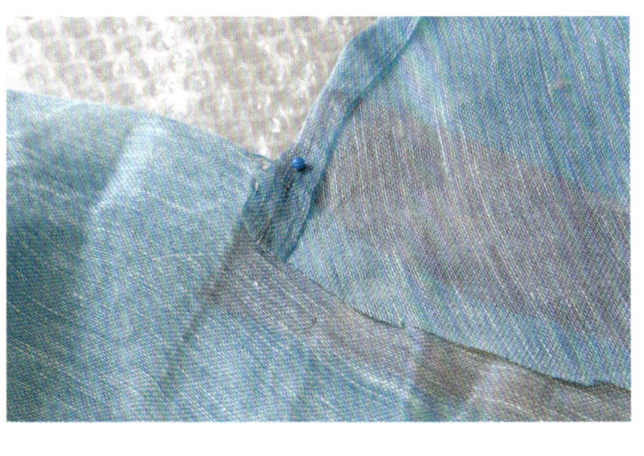

→ Hier ist die Überlappung des Ärmels am Torso gut zu sehen.

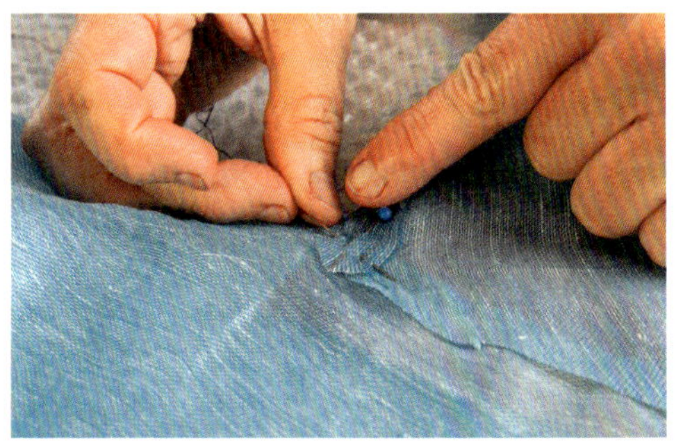

34 Den Steg mit einer Nadel feststecken und die Ärmeleinsatznaht und die Ärmelnaht weiter heften, die Lackfolie ggf. entfernen.

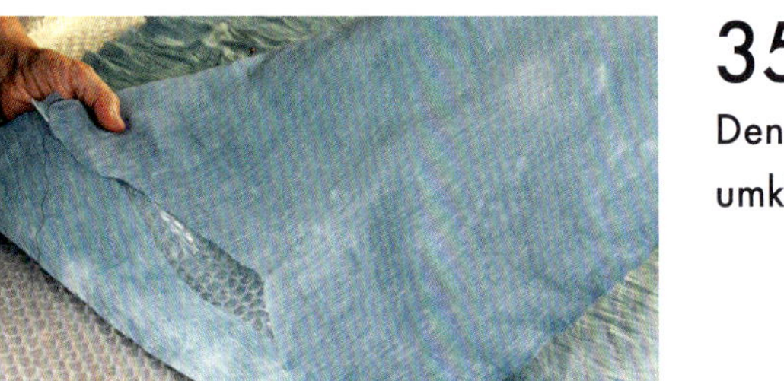

35 Den Ärmel umklappen.

PROFITIPP **22**

Die Stelle, an der die Ärmel auf das Vorder- und Rückenteil treffen, braucht eine solide Verbindung und somit besondere Aufmerksamkeit beim Zusammennähen der Teile und beim Belegen mit Wolle.

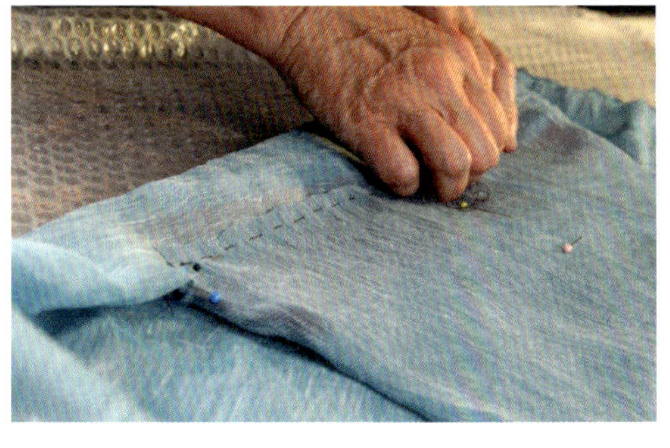

36 Anschließend auch hier die Stoffüberlappung begradigen, die Zugabe für die Naht feststecken und mit Polyesternähgarn heften.

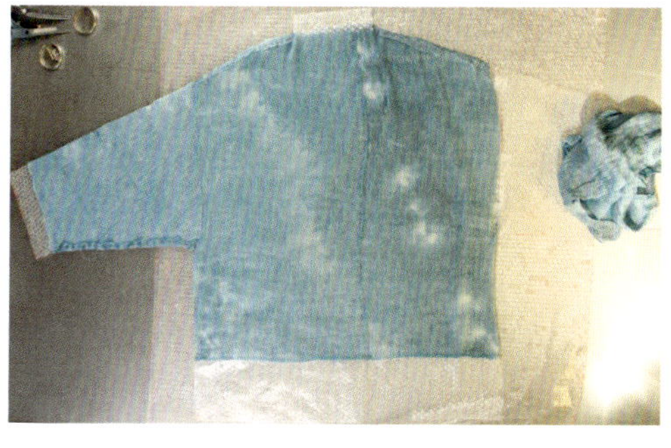

37 So sieht der Torso mit dem ersten fertig eingepackten Ärmel aus. Den zweiten Ärmel nun nach demselben Prinzip einpacken. Anschließend beginnt das Auslegen der Wolle.

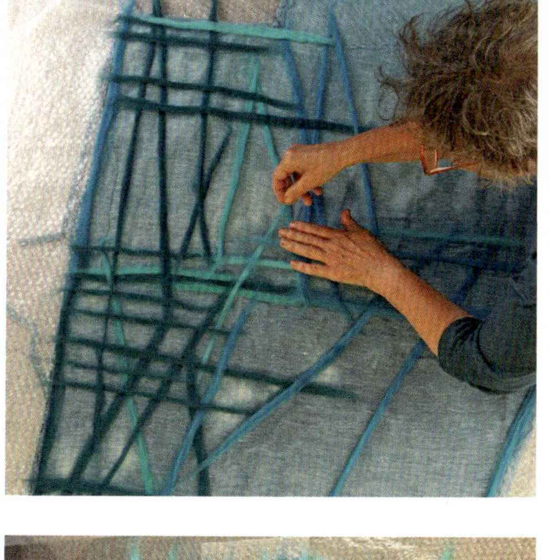

38 Die Wolle für die Auslage wird abgewogen und portioniert (→ Tabelle, Seite 70). Dann wird als erstes die Naht im Rückenteil mit zwei nebeneinanderliegenden schmalen Wollstreifen belegt, danach der untere Rand und der Halsausschnitt. Anschließend wird die Fläche des Torsos mit Wollstreifen gefüllt. Es werden zunächst die Quer- und danach die Längsstreifen gelegt.

PROFITIPP **23**

An allen Kanten sollten die längsliegenden Wollstreifen nicht direkt am Rand, sondern mit 1,5 bis 2 cm Abstand zur Kante aufgelegt werden.

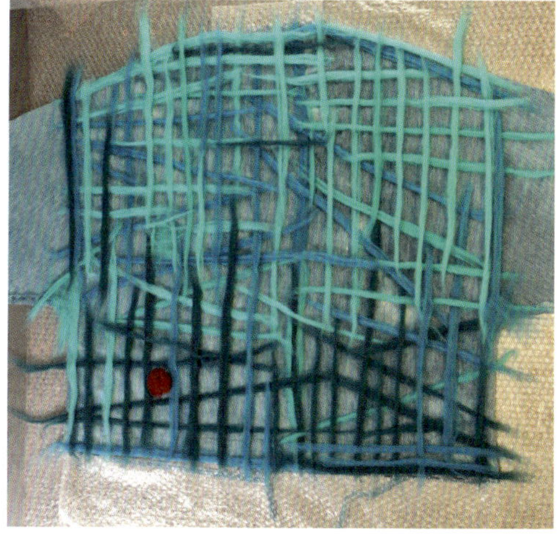

39 Die Streifen sollen an den Kanten überstehen, sie werden nach dem Wenden des Werkstücks auf die Vorderseite umgelegt. Die entstehenden Kästchen sind bei diesem Modell nicht größer als max. 5 × 5 cm, um großen Blasen im Stoff vorzubeugen (→ Profitipp 18, Seite 65).

PROFITIPP **24**

Die Stelle unter dem Arm, an der die Ärmel angesetzt wurden, ist heikel. Für eine gute Verbindung von Wolle und Stoff sollte die Wolle an dieser Stelle flächig ausgelegt werden (→ Bild 1, Seite 82).

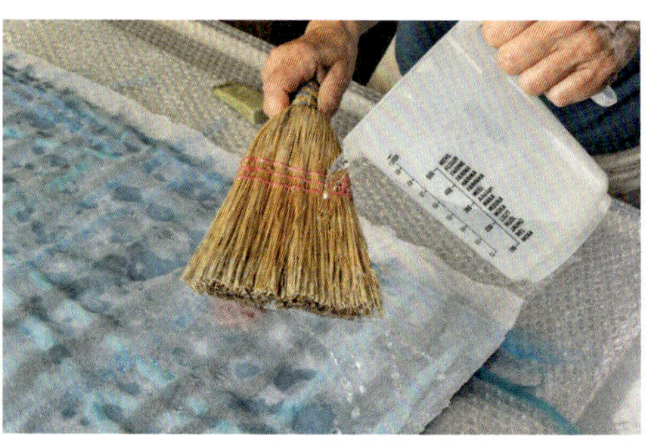

40 Nun wird wie gewohnt die Gaze aufgelegt, Wolle und Stoff werden benetzt und eingeseift.

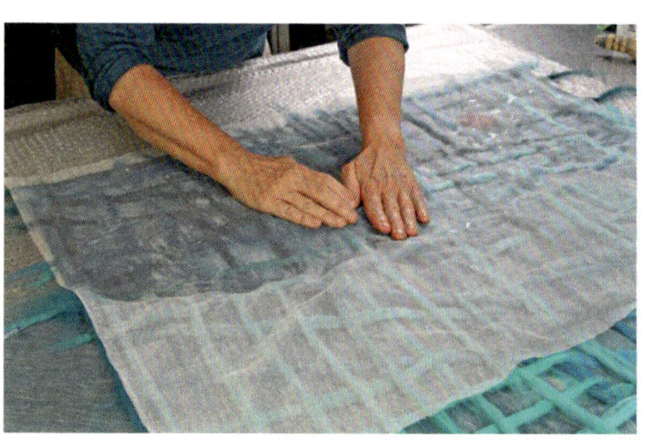

41 Die einzelnen Stränge sollten sorgfältig angedrückt werden, damit sie sich gut mit dem Stoff verbinden.

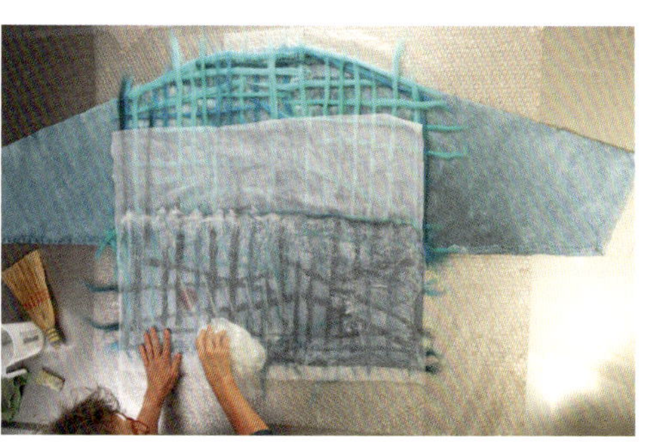

→ Hier sind an den Seiten links und rechts die Überstände der Wollstreifen gut zu sehen.

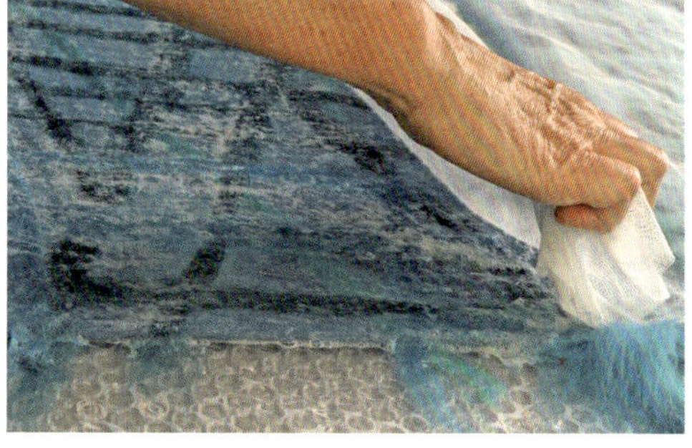

42 Wie gewohnt Schritt für Schritt arbeiten, also Gaze auflegen, das Werkstück nach dem Einseifen mit einem Folienkloß anreiben und die Gaze nach und nach versetzen. Vorsicht ist beim Anheben der Gaze geboten. Es gilt zu verhindern, dass sich dabei einzelne Faserstränge lösen.

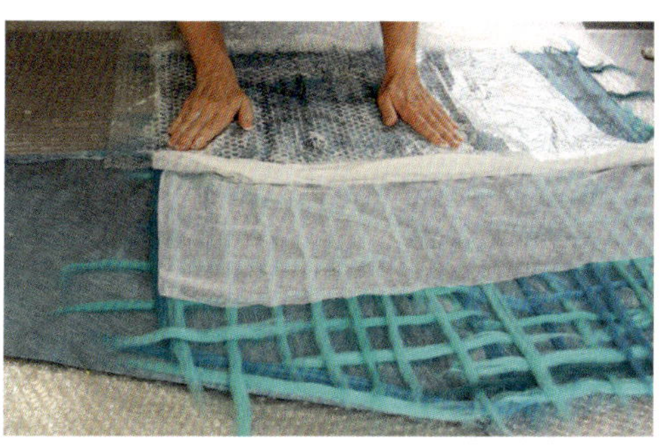

43 Die Gaze entfernen und die zu bearbeitenden Partien gut einseifen, ein kleines Stück Noppenfolie auflegen, ein wenig Wasser und Seife darauf verteilen und das Wollgitter anreiben.

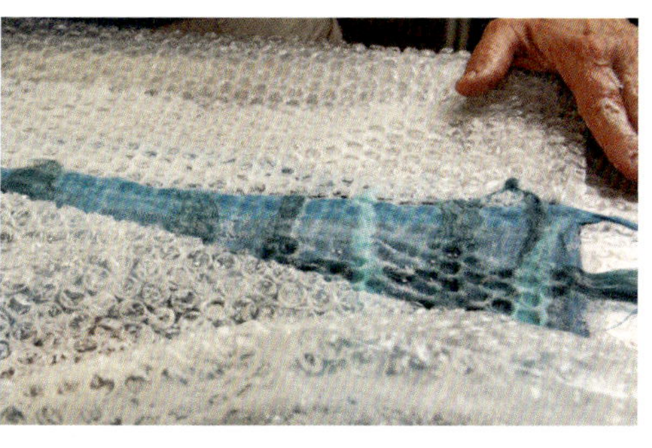

→ Die an den Seiten überstehenden Stränge dürfen nicht mit angefilzt werden, damit sie sich nach dem Wenden mit dem vorderen Stoffteil verbinden können.

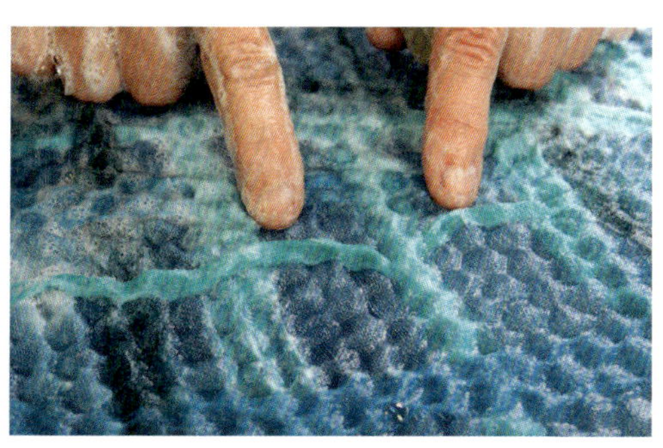

44 Es kommt oft vor, dass sich einzelne Streifen während des Bearbeitens verschieben. Diese behutsam an die richtige Position zurückschieben.

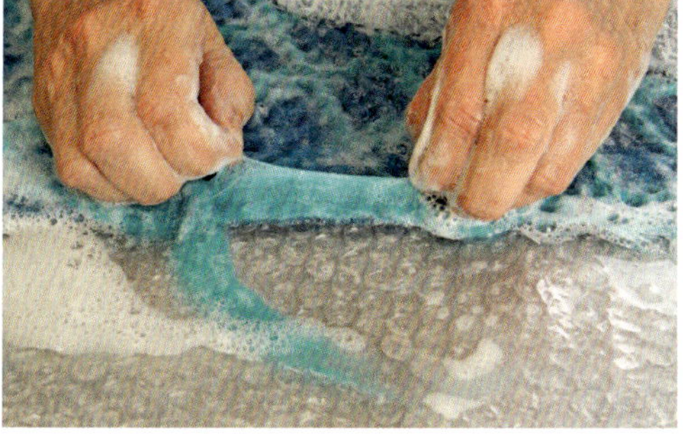

45 Dasselbe gilt für die Randstreifen. Sie müssen im Blick behalten werden und ggf. an ihren Platz zurückgelegt werden.

46 Wenn die gesamte Fläche angefilzt ist, wird die Arbeitsfolie 2 aufgelegt und das Werkstück gewendet (→ Hinweis 2, Seite 41). Nun liegt die Vorderseite oben.

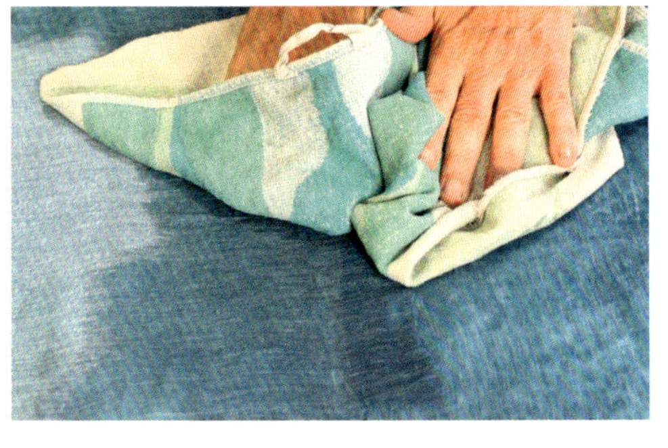

47 Die Feuchtigkeit mit einem Handtuch vom Stoff aufnehmen.

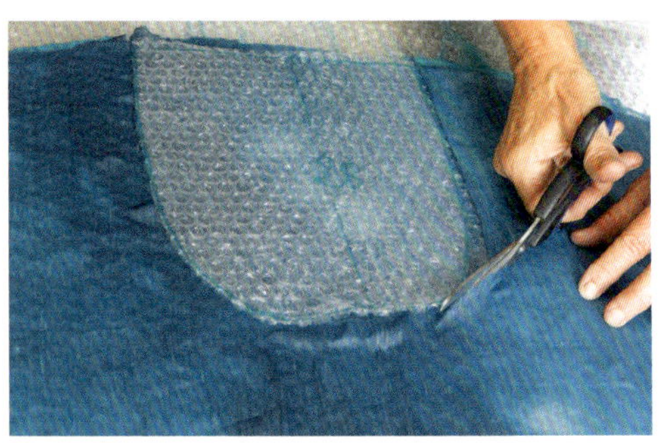

48 Nun die Schablone für den Halsausschnitt (→ Seite 37) auflegen und den Stoff entsprechend zuschneiden.

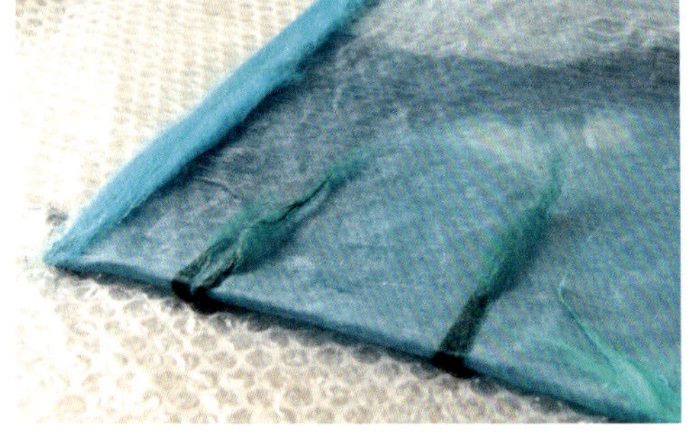

49 Die vom Rückenteil überstehenden Wollstränge umklappen und die unteren Ärmelkanten belegen. Die Nähte mit zwei Wollsträngen belegen.

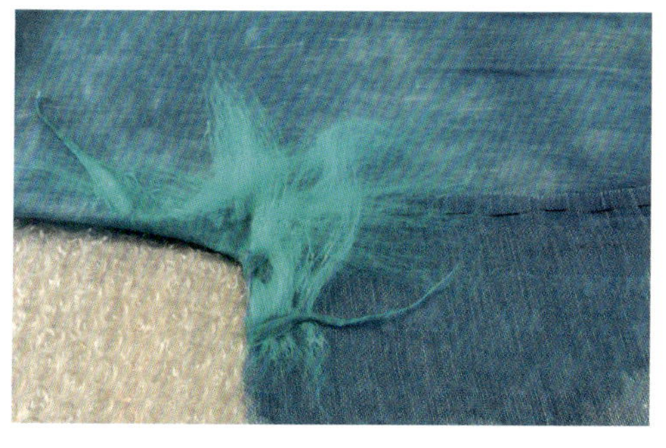

50 Auch beim Vorderteil wird dem Ansatzpunkt unter dem Ärmel besondere Beachtung geschenkt und die Wolle dicht aufgelegt.

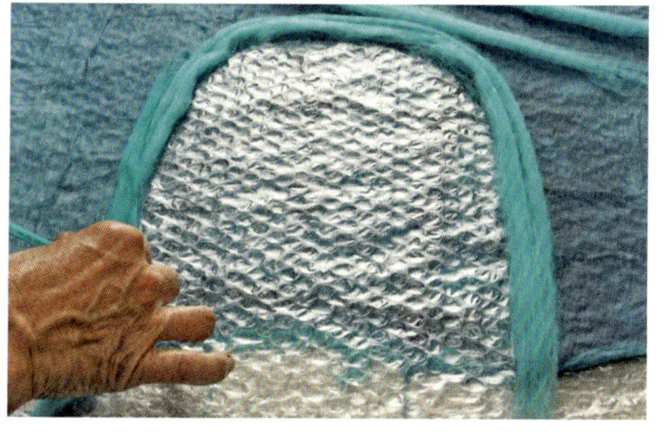

51 Einen Wollstrang entlang des Halsausschnittrands auflegen …

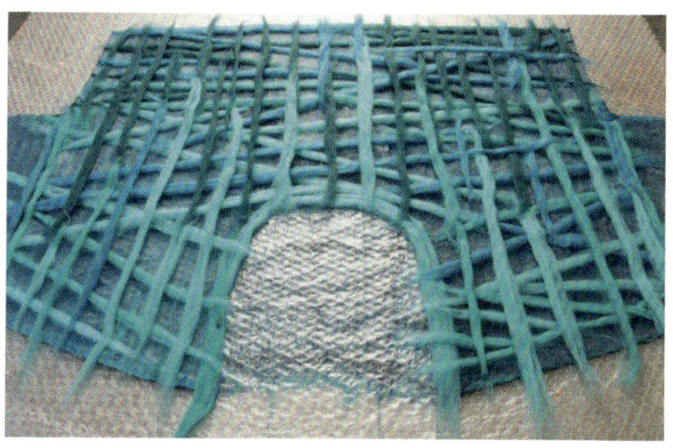

52 … und die Vorderseite des Werkstücks belegen.

PROFITIPP **25**

Beim Arbeiten mit handgefärbtem Material auf eine harmonische Farbverteilung achten, vor allem beim Vorderteil. Helle Farbpartien in der oberen Hälfte verwenden, dunklere eher in der unteren Hälfte.

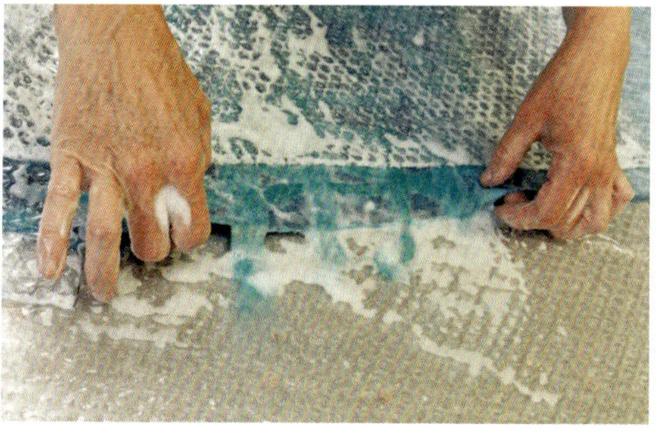

53 Das Vorderteil nun wie gewohnt bearbeiten, also Stück für Stück anfilzen. Die überstehenden Stränge nach hinten auf das Rückenteil umschlagen.

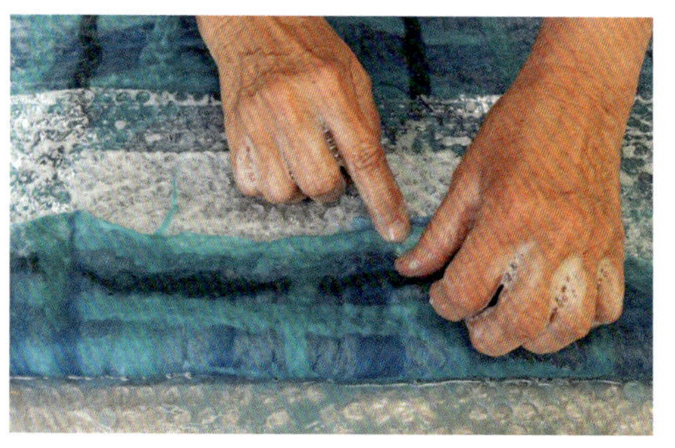

54 An den Stellen, an denen die überstehenden Wollstränge von Vorder- und Rückenteil aufeinandertreffen, muss darauf geachtet werden, dass sich die Stränge gut miteinander verbinden.

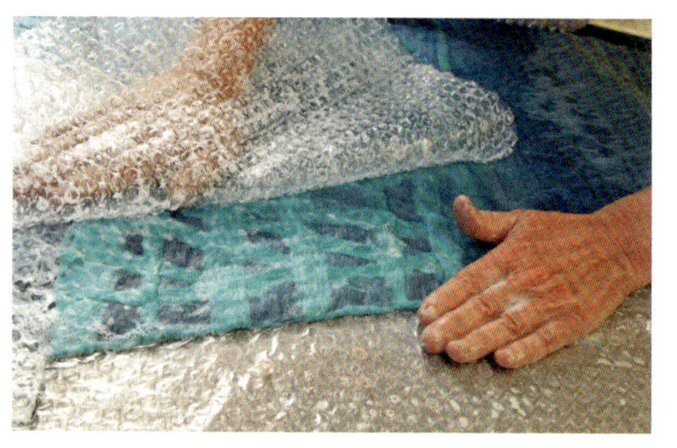

55 Die nah an den Kanten liegenden Stränge müssen vorsichtig bearbeitet werden, damit sie nicht verrutschen.

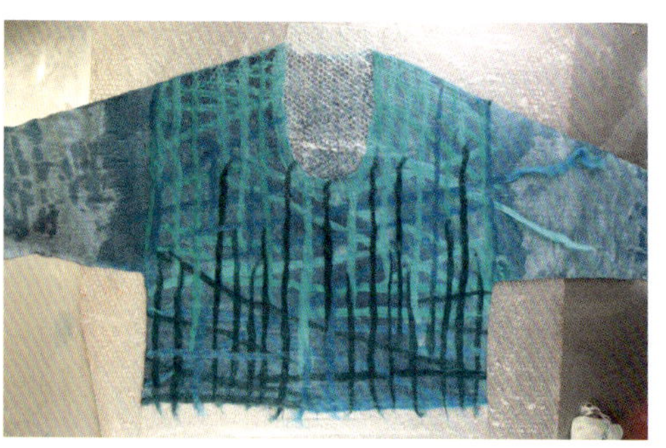

→ Hier ist das Werkstück mit angefilztem Torso und ausgeklappten Ärmeln zu sehen.

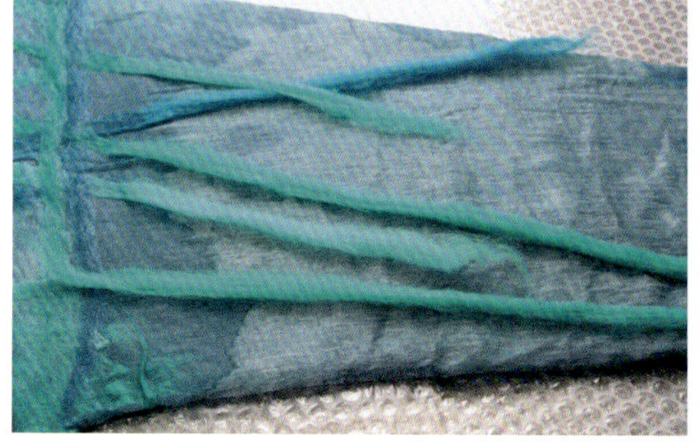

56 Ein Stück Noppenfolie (Noppen nach unten), das etwas größer als der Ärmel ist, unter einen Ärmel schieben, sie wird zum Umklappen des Ärmels benötigt. Die Ärmelseite des Vorderteils belegen. Querstreifen sollen etwas überstehen, sie werden später auf die Rückseite umgeschlagen.

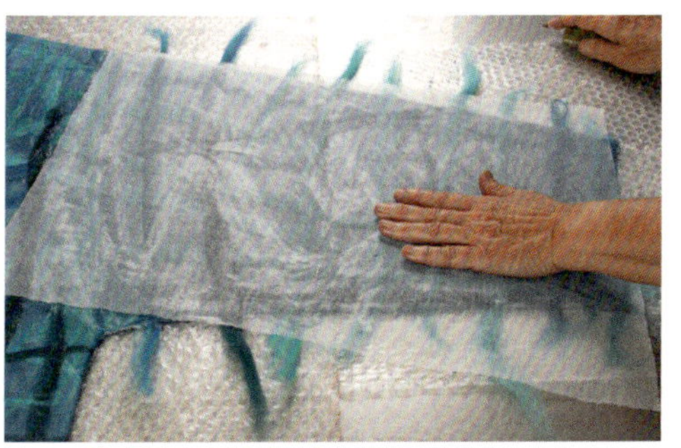

57 Die Gaze auflegen und die Streifen anfilzen. Die überstehenden Enden dabei trocken lassen.

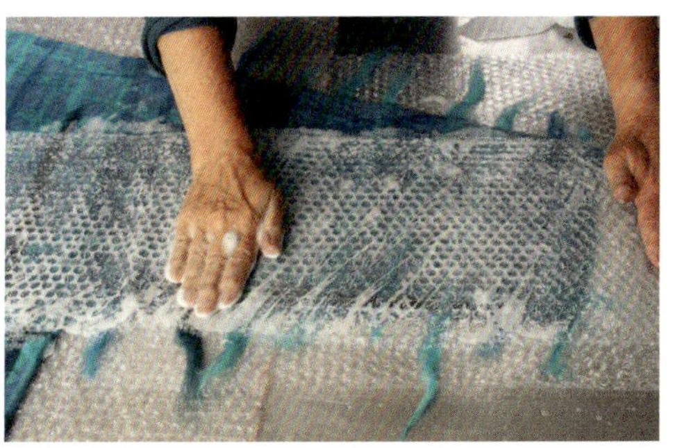

58 Danach mit Noppenfolie (die Noppen zeigen nach unten) anfilzen, dabei etwas Druck auf das Werkstück geben.

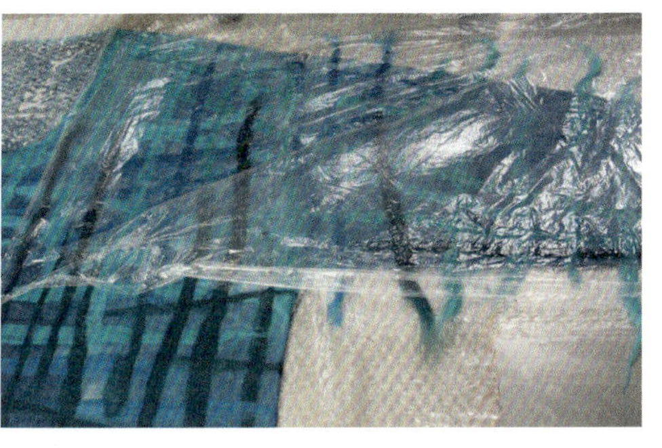

59 Die Noppenfolie abnehmen und auf den Ärmel ein Stück dünne Malerfolie auflegen. Sie dient als Reservierung, muss den Ärmel vollständig abdecken und bis zum Halsausschnitt reichen.

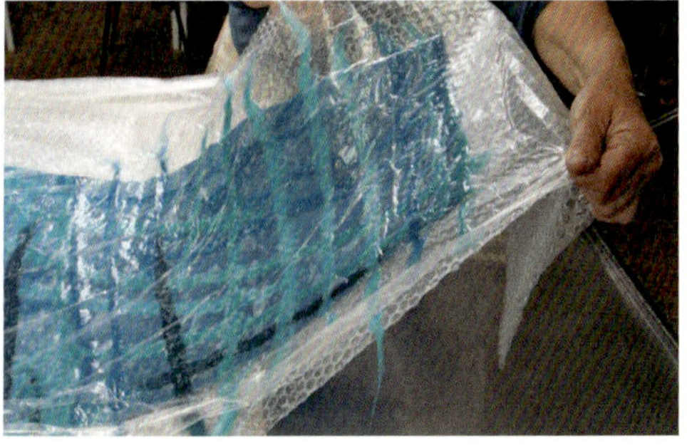

60 Den belegten Ärmel mittels dem darunter liegenden Stück Noppenfolie vorsichtig anheben …

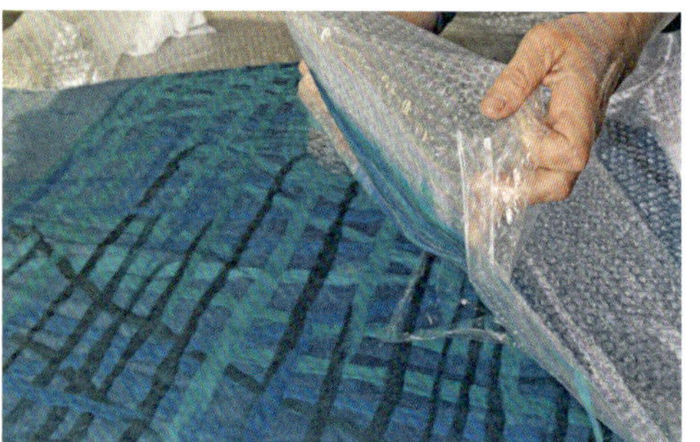

61 … und diagonal über das Vorderteil legen.

PROFITIPP **26**

Nach dem Umklappen des Ärmels muss die Ärmelansatznaht sichtbar oben liegen, damit alle Wollstränge miteinander verbunden werden können.

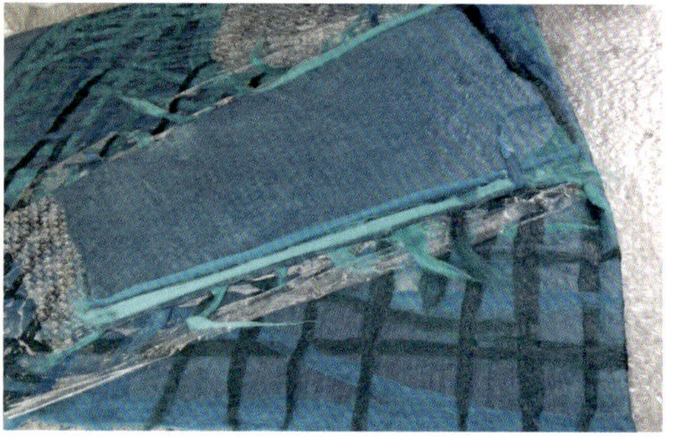

62 Nun kann die Rückseite des ersten Ärmels belegt werden.

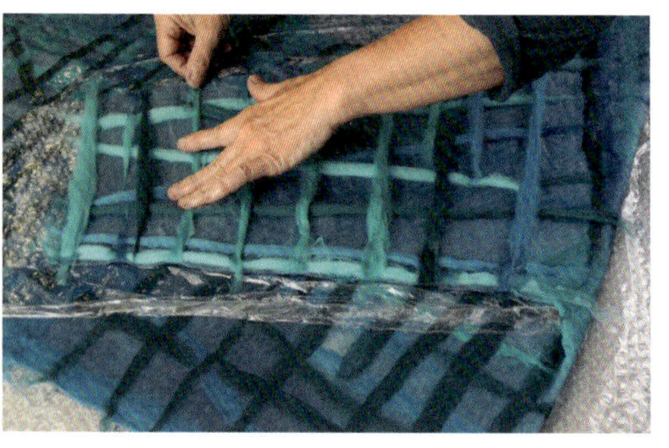

→ Hier ist die belegte, nun oben liegende Rückseite des Ärmels zu sehen.

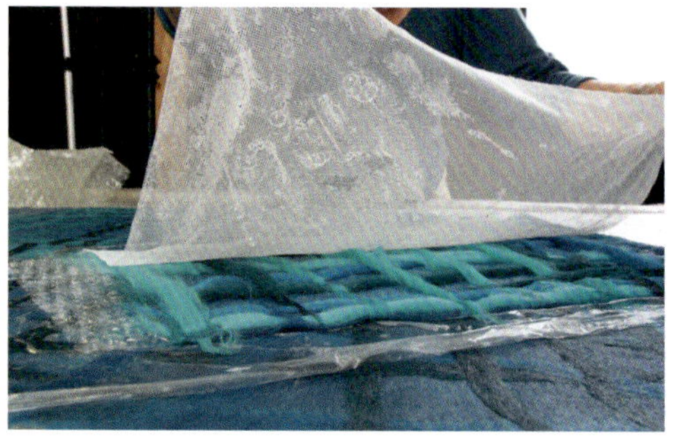

63 Gaze auflegen, das Werkstück benetzen, seifen und anfilzen.

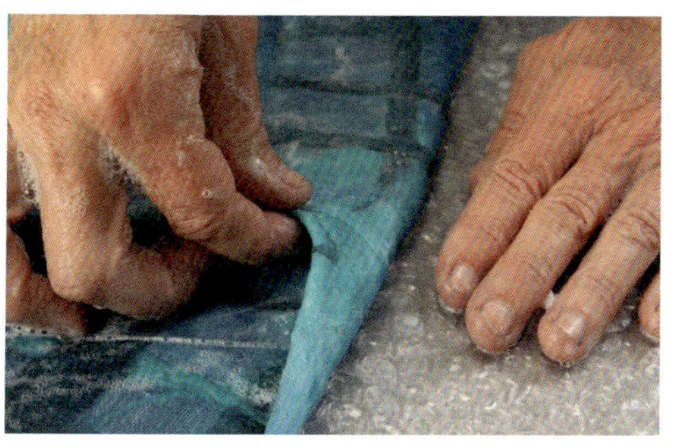

64 Dabei den Ansatzpunkt des Ärmels besonders beachten und gut anfilzen.

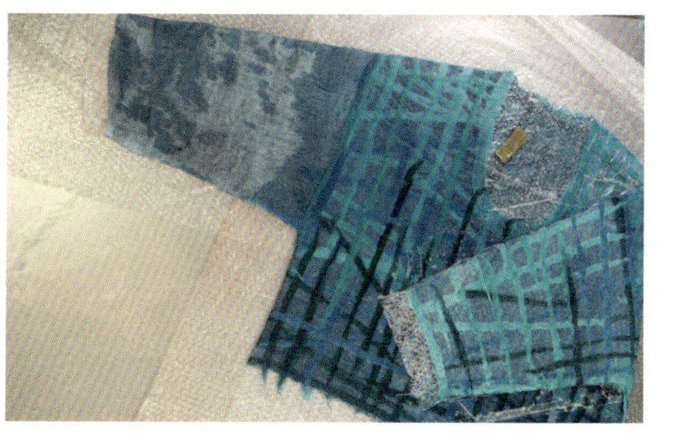

→ So sieht der erste – nun auch auf der Rückseite belegte – Ärmel aus. Die Wollstränge von Ärmel und Rückenteil verbinden sich über die Ärmelansatznaht hinweg.

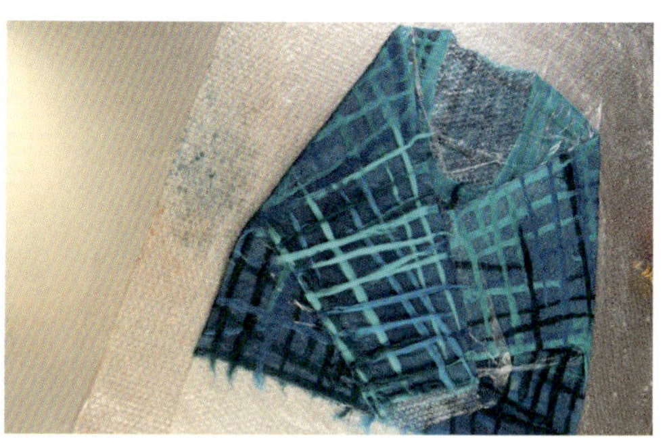

65 Jetzt wird der zweite Ärmel mit einem Folienstück unterlegt, diese Vorderseite mit Wolle belegt, angefilzt und – ebenfalls durch Malerfolie getrennt – schräg über den ersten Ärmel geklappt. Die Rückseite des zweiten Ärmels liegt nun oben, wird belegt …

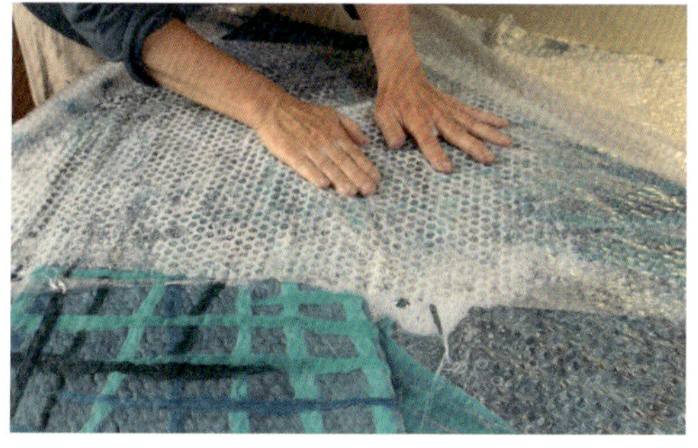

66 … und gut angefilzt.

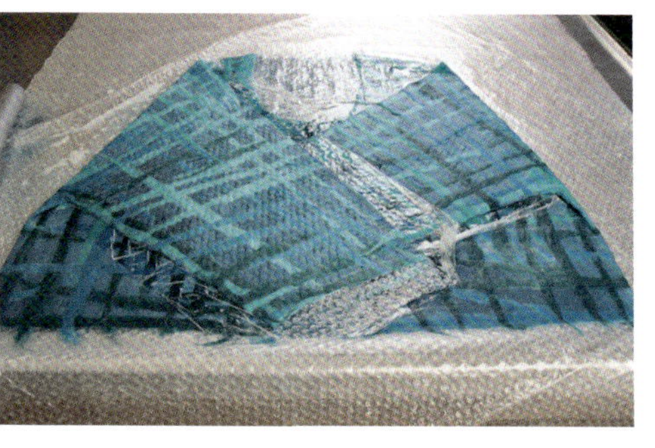

→ Das Werkstück ist nun komplett belegt und angefilzt.

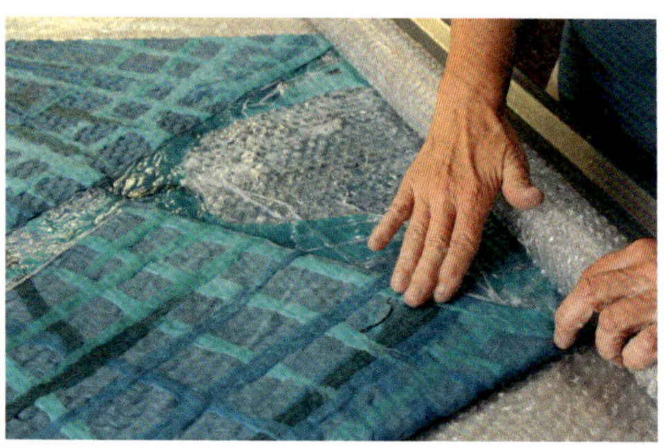

67 Alle heiklen Stellen nochmals prüfen und, wo nötig, vorsichtig mit den Fingern nachfilzen.

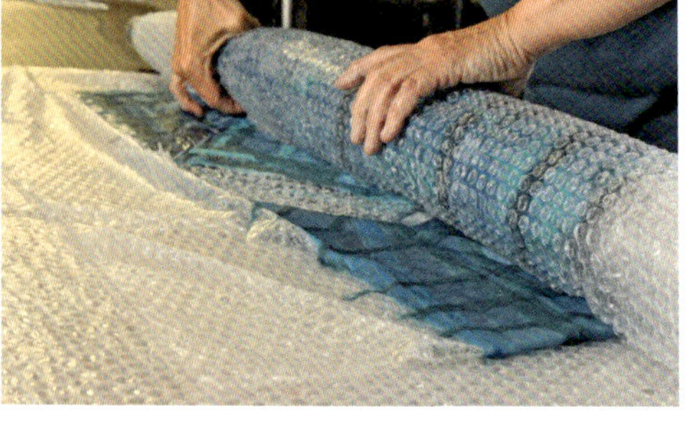

68 Dann wird das Werkstück vom Halsausschnitt her über einen Kern eingerollt …

PROFITIPP **27**

Da bei Kleidungsstücken mit Ärmeln mehrere Lagen Stoff und Folien übereinander liegen, ist das Einrollen schwierig. Es ist hilfreich, den Kern beim Einrollen immer wieder leicht anzuheben. So wird vermieden, dass das Werkstück vor sich hergeschoben wird.

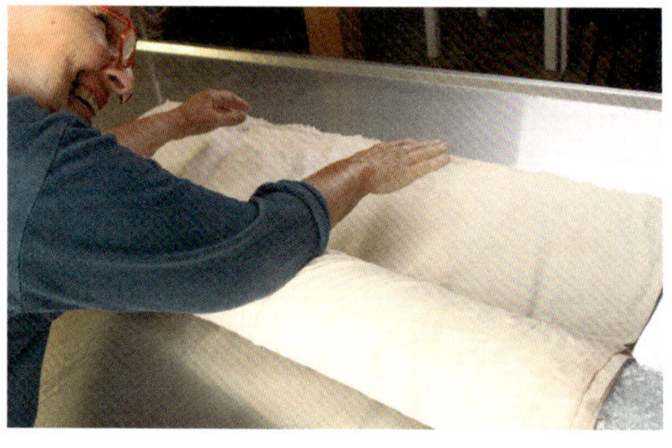

69 … und in ein Baumwolllaken gewickelt. 10 Minuten ohne Druck vor und zurück rollen.

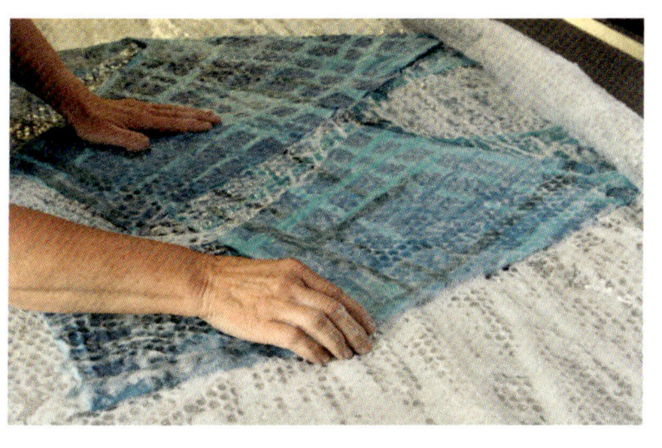

70 Danach die Rolle öffnen, vor allem die Kanten prüfen und eventuell verrutschte Partien glattziehen.

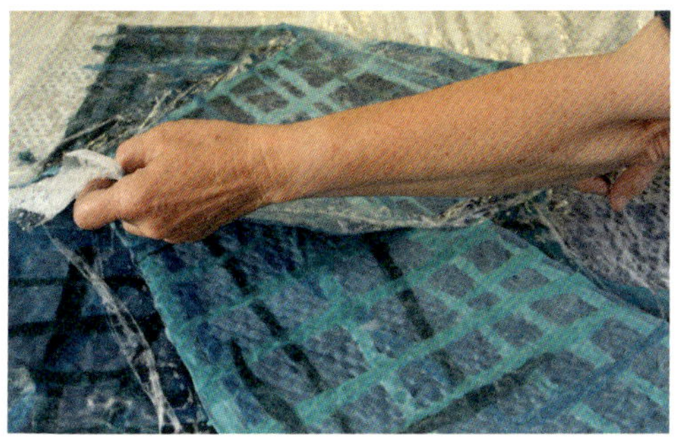

71 Die Ärmel anheben, um zu prüfen, ob sich auf der Unterseite Falten gebildet haben.

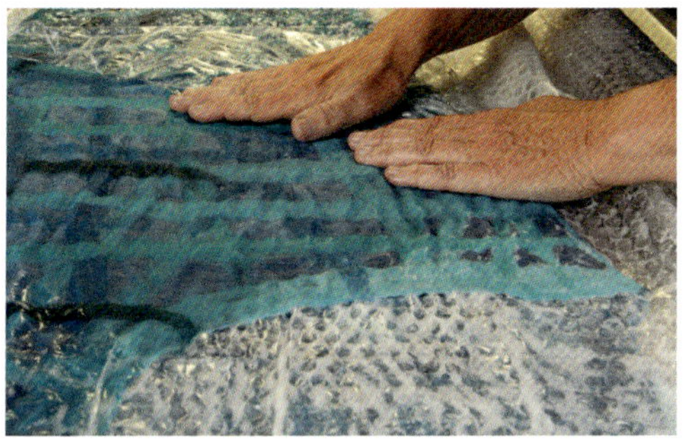

72 Die Verbindungen der Wollstränge an den Schulterpartien ebenfalls prüfen und ggf. anreiben.

PROFITIPP **28**

Falls sich Stränge partiell gelöst haben sollten, müssen sie gezielt angefilzt werden.

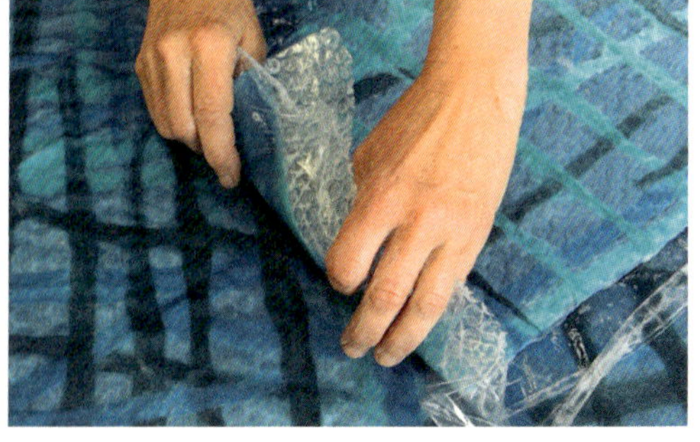

73 Die beiden Ärmel zur Seite klappen, alle innenliegenden Partien prüfen …

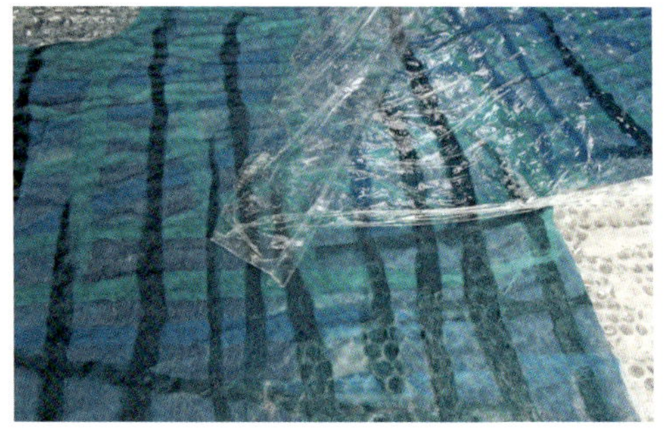

74 … und ggf. nachseifen.

75 Die Ärmel nun in umgekehrter Reihenfolge einklappen, d. h. der Ärmel, der beim ersten Rollen unten lag, liegt jetzt oben. Anschließend das Ganze erneut – diesmal vom unteren Rand her aufgerollt – 5 bis 10 Minuten rollen.

76 Nun das Werkstück wenden und je einmal vom oberen und unteren Rand ohne Kern 5 bis 10 Minuten rollen. Danach erneut wenden, sodass das Vorderteil wieder oben liegt.

PROFITIPP **29**

Damit die Ärmel von Kleidungsstücken gleichmäßig filzen, werden sie zwischen den Rollintervallen in jeweils umgekehrter Reihenfolge auf das Vorderteil gelegt.

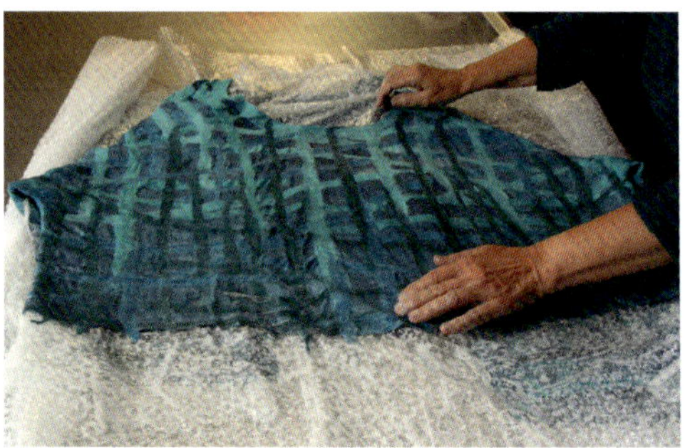

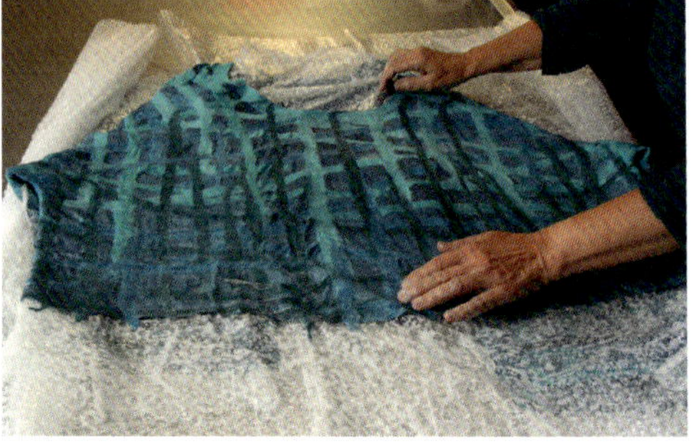

77 Nochmals muss genau geprüft werden, ob sich die Stränge gut mit dem Trägerstoff verbunden haben. Wenn die Verbindungen noch ziemlich lose sind, sollte erneut zwei Mal gerollt werden. Falls die Stränge schon gut haften, kann das Werkstück bereits jetzt (inkl. der Schablone) leicht »geworfen« werden, d. h. das Werkstück leicht anheben und sanft auf den Tisch fallen lassen.

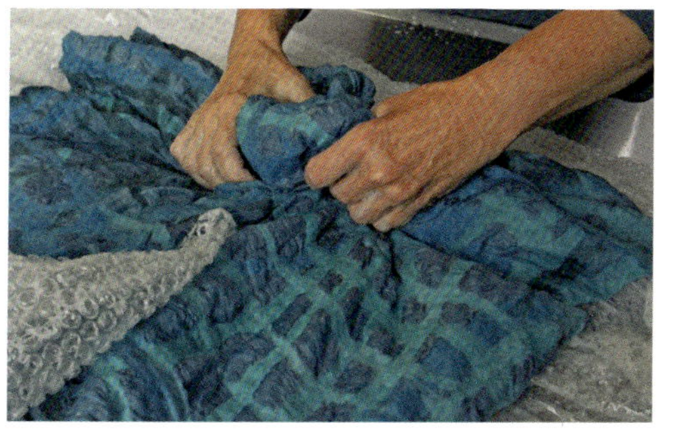

78 Danach alle Partien sanft kneten.

PROFITIPP **30**

Beim Filzen von Kleidungsstücken mit Ärmel schrumpft das Rumpfteil meist schneller als die Ärmel. Diese müssen dann separat bearbeitet werden.

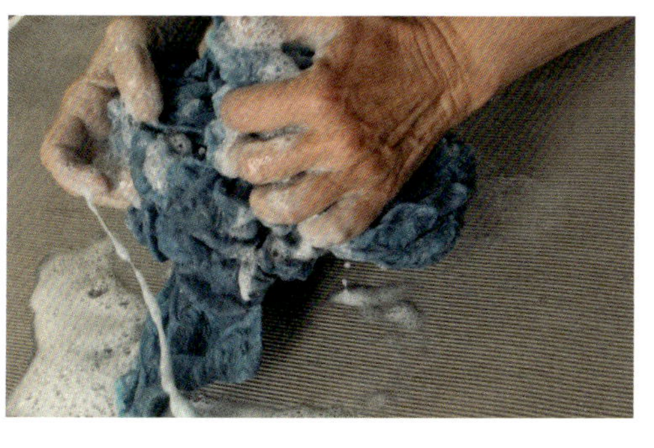

79 Die Schablone entfernen und die Stoffseite nach außen wenden. Das Werkstück mit Druck auf der Matte bearbeiten …

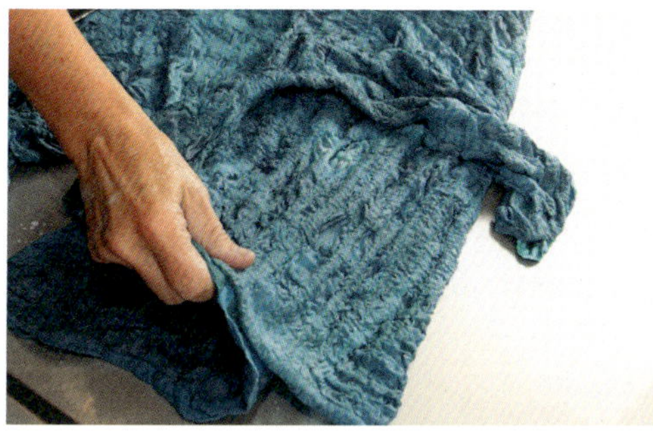

80 … es immer wieder in Form ziehen und prüfen, inwieweit die Maße mit den gewünschten Fertigmaßen übereinstimmen.

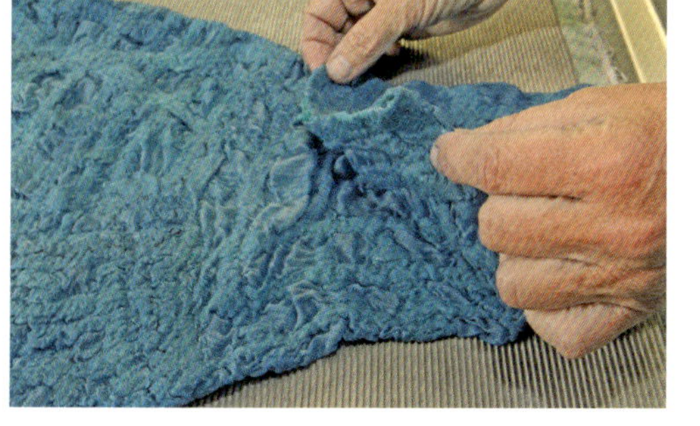

81 Den ersten Ärmel von unten bis zur Mitte einklappen, dann bis zum Halsausschnitt aufrollen und mit Druck bearbeiten.

PROFITIPP **31**

Durch das Einklappen des Ärmels wird verhindert, dass der Wollstreifen an der unteren Ärmelkante zu stark gefilzt und somit hart wird.

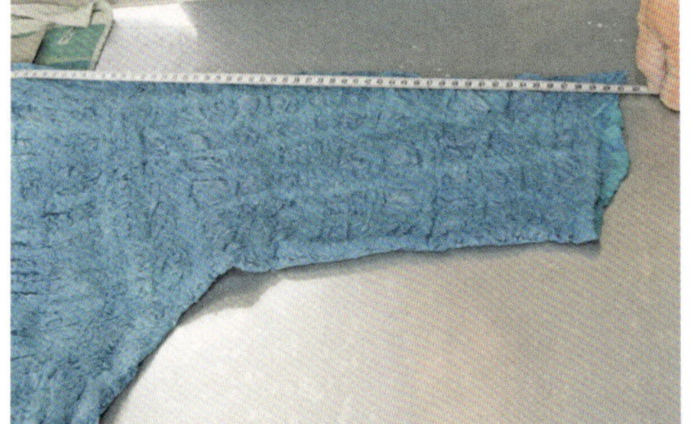

82 Erneut die Maße prüfen, um zu sehen, ob die Fertigmaße erreicht sind. Wenn die Maße übereinstimmen, wird das Werkstück ausgewaschen, ausgespült, geschleudert und an einer Schneiderpuppe – oder noch besser an der künftigen Besitzerin – in Form gebracht.

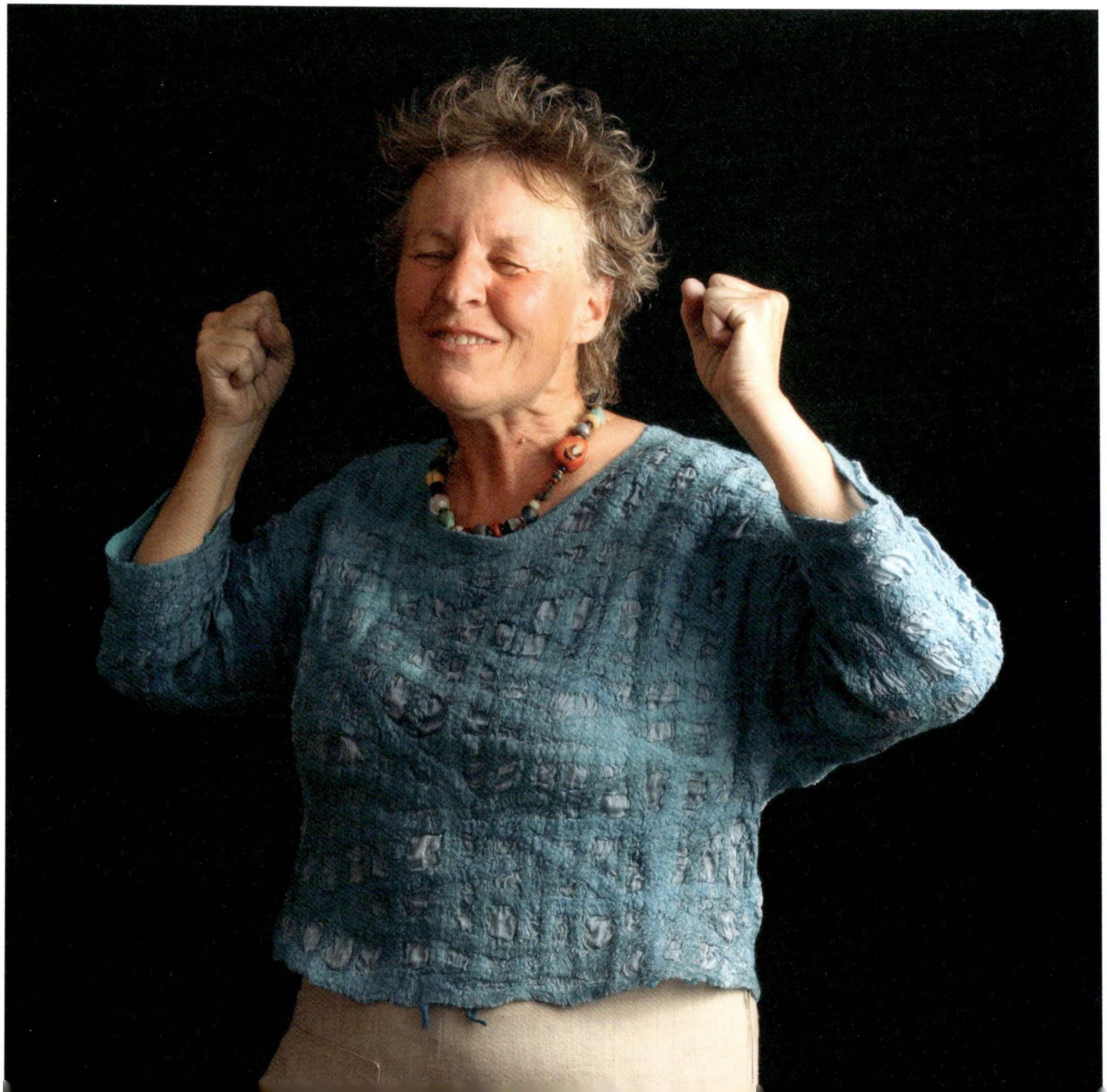

Projekt 3

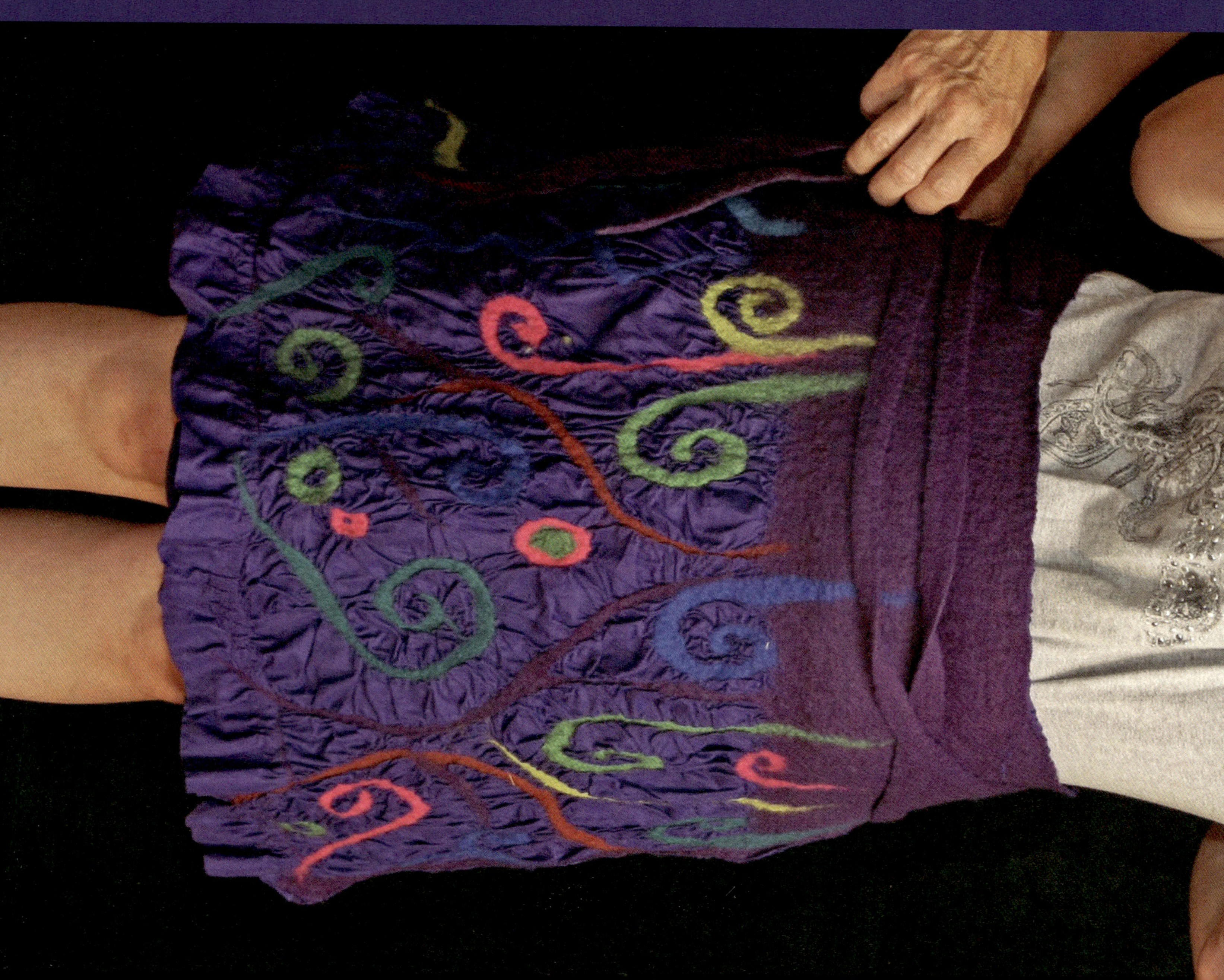

Wickelrock

Das dritte Projekt ist ein luftig-leichter Wickelrock, der durch die aufgelegten Spiralen und die Rüsche am unteren Rand verspielt wirkt und mit zwei langen, eingearbeiteten Bändern gebunden wird. Er lässt sich in Länge und Design variieren und kann so an die Vorlieben und Vorstellungen der Person, die den Rock später tragen wird, angepasst werden. Und: auch er kann beidseitig getragen werden.

Die Herangehensweise ist gleich wie bei den vorherigen Projekten: Es wird mit einer Probe angefangen, anhand derer die Materialkombination getestet und der Schrumpffaktor ermittelt wird.

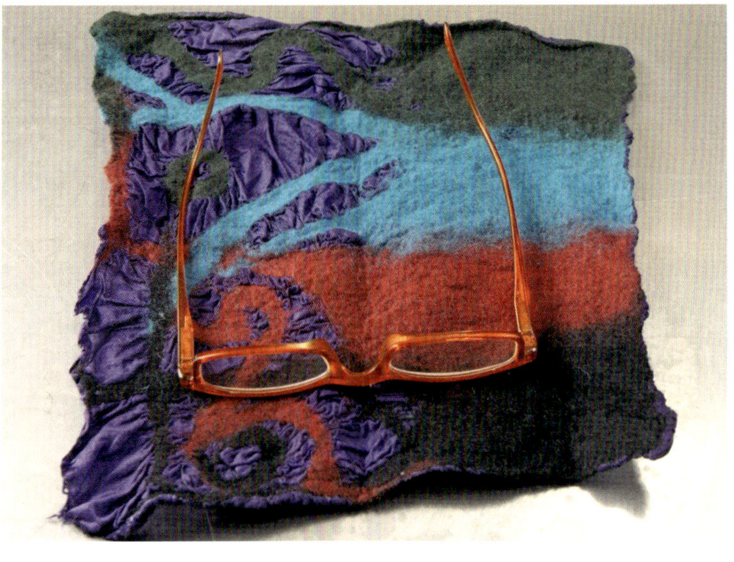

1 Bei dieser Probe sind vier Stoffstreifen aus Baumwollbatist, je 12 cm breit und 40 cm lang, überlappend nebeneinanderlegt. Dies ergibt das Auslegemaß 44 × 40 cm. Insgesamt 6,5 g Merino Kammzug werden auf der Probe ausgelegt, was 0,00369 g/cm² entspricht. Auf der einen Hälfte liegt die Wolle in Kreuzlage, auf der anderen in einem frei gewählten Muster. Das Fertigmaß der Probe ist 24,4 × 22,2 cm, der Schrumpffaktor beträgt also 1,8.

PROFITIPP **32**

Wenn für ein Projekt verschiedene Stoffe in Frage kommen, werden diese für die Probe verwendet, um zu sehen, wie sich die einzelnen Qualitäten in Verbindung mit der Wolle insgesamt und an den Überlappungen verhalten.

2 Der Schnitt für einen Wickelrock ist einfach: Er besteht aus einem Stück mit sich überlappenden Vorderteilen. Für die Erstellung der Rockschablone werden die folgenden Maße benötigt:

- die gewünschte Rocklänge
- der Taillenumfang
- der Hüftumfang (gemessen an der breitesten Stelle des Beckens) und
- die Hüfthöhe (gemessen von der Taille bis zur Hüftlinie)

Maß- und Materialtabelle »Wickelrock«, Größe 38

	Länge FM × SF	Länge AM	×	Breite FM × SF	Breite AM	×	Wollmenge je cm^2	Gewicht	inkl. Zugabe
Rückenteil ½ Hüftumfang	40 cm × 1,8	72 cm + 6cm Stoff für die Rüsche	×	53 cm × 1,8	≈ 95,5 cm	×	≈ 0,00369 g	25,4 g	30 g
Vorderteil 1 ½ Hüftumfang abzgl. 5,5 cm*	40 cm × 1,8	72 cm + 6cm Stoff für die Rüsche	×	47,5 cm × 1,8	≈ 85,5 cm	×	≈ 0,00369 g	22,7 g	25 g
Vorderteil 2 ½ Hüftumfang abzgl. 5,5 cm*	40 cm × 1,8	72 cm + 6cm Stoff für die Rüsche	×	47,5 cm × 1,8	≈ 85,5 cm	×	≈ 0,00369 g	22,7 g	25 g
gesamt		72 cm	×	148 cm × 1,8	266,5 cm	×	≈ 0,00369 g	≈ 70,8 g	80 g

Bindeband 1		250 cm		18 g	
Bindeband 2		250 cm		18 g	

½ Taillenumfang			43 cm × 1,8	77,4 cm
Hüfthöhe	16 cm × 1,8	≈ 29 cm		

* Die Rock-Vorderteile sind 10 cm (Schablonenmaß) schmaler als das Rückenteil. Im Endmaß ergibt das (geteilt durch den Schrumpffaktor) ≈ 5,5 cm (10 cm × 1,8 = 5,555 cm).

Maße der Probe

AM: 44 × 40 cm
FM: 24,4 × 22,2 cm

$\frac{44}{24,4} = 1,8$ $\frac{40}{22,2} = 1,8$

Schrumpffaktor = 1,8

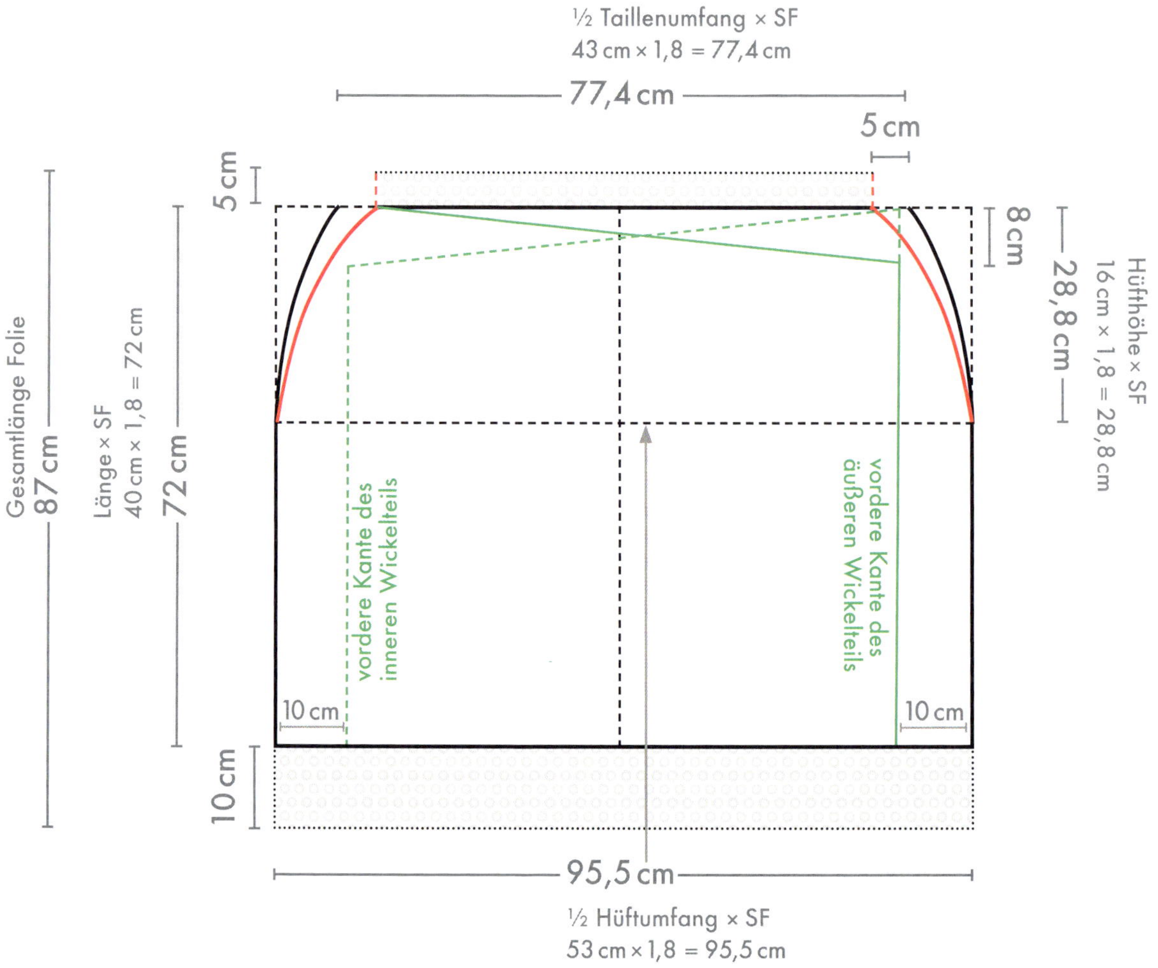

½ Taillenumfang × SF
43 cm × 1,8 = 77,4 cm

77,4 cm

5 cm

5 cm

8 cm

28,8 cm

Hüfthöhe × SF
16 cm × 1,8 = 28,8 cm

Gesamtlänge Folie
87 cm

Länge × SF
40 cm × 1,8 = 72 cm
72 cm

vordere Kante des inneren Wickelteils

vordere Kante des äußeren Wickelteils

10 cm

10 cm

10 cm

95,5 cm

½ Hüftumfang × SF
53 cm × 1,8 = 95,5 cm

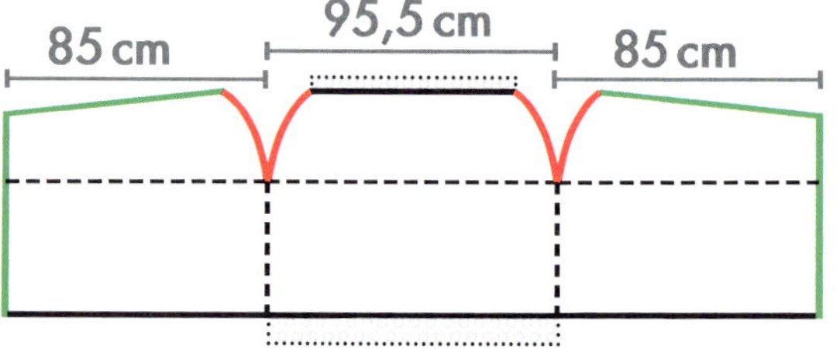

→ Diese Skizze zeigt, dass der Rock aus einem einzigen Stoffteil besteht, das von der oberen Kante her eingeschnitten wird.

3 Für die Schablone ein Stück Noppenfolie mit den folgenden Maßen vorbereiten:

Breite: ½ Hüftumfang × SF = 53 cm × 1,8 = 95,5 cm

Länge: Länge × SF + 5 cm Überstand oben + 10 cm unten = (40 cm × 1,8) + 15 cm = 87 cm

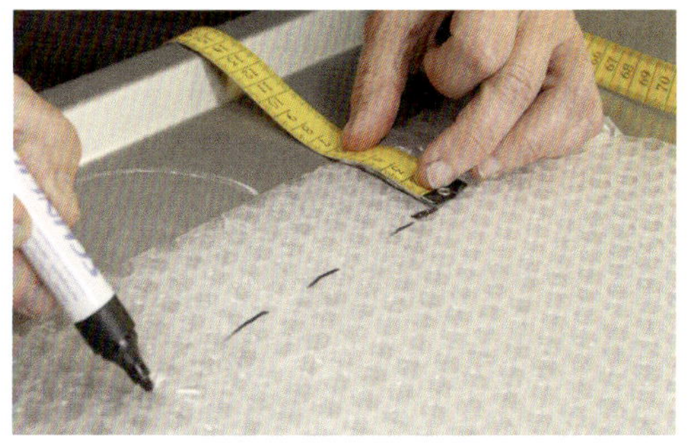

4 Die Folie mittig falten, entlang der oberen Kante 5 cm für den Überstand anzeichnen und ab der Bruchkante ein Viertel des Taillenumfangs × SF (21,5 cm × 1,8 = 38,7 cm) abmessen und eine Markierung setzen.

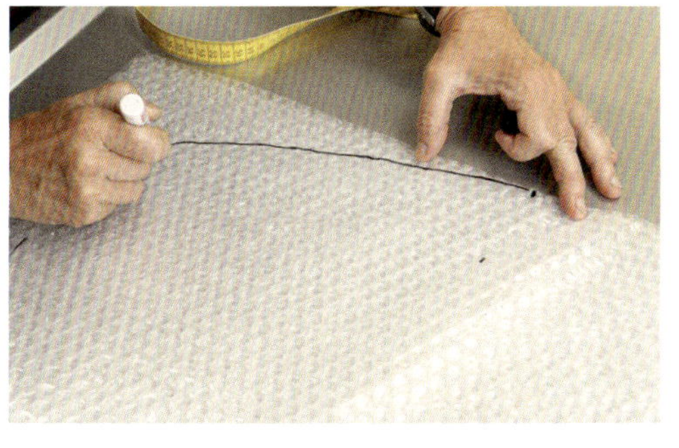

5 An der Außenkante ab der gezeichneten Linie für den oberen Überstand die Hüfthöhe × SF abmessen (16 cm × 1,8 = 29 cm) und mit einem schwarzen Filzstift anzeichnen. Ab diesem Punkt bis zur Markierung für die Taillenweite eine Rundung zeichnen.

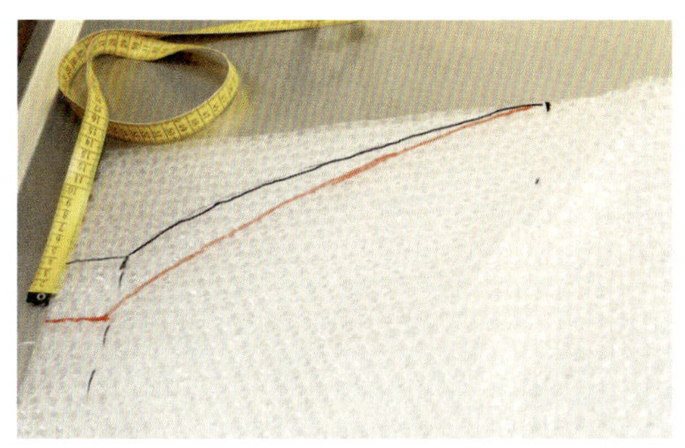

6 Der Rockschnitt ist bis auf die Rundungen für die Hüfte gerade, der fertige Rock darf aber zur unteren Kante hin etwas ausgestellt sein. Daher wird das Taillenmaß an der Seite um 5 cm reduziert. Die Linie für diese nach innen versetzte Rundung wird mit einem roten Stift auf die Folie gezeichnet und die Schablone entlang dieser Linie doppellagig ausgeschnitten.

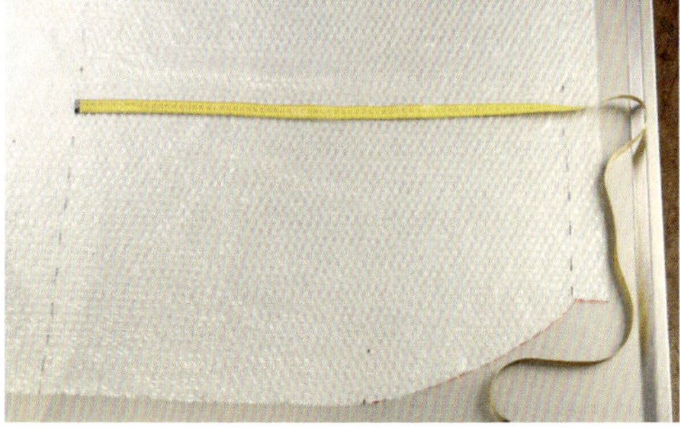

7 Von der Taillenlinie ausgehend die Länge × SF (40 cm × 1,8 = 72 cm) abmessen und eine Linie für die untere Kante ziehen. Dann die Schablone aufklappen.

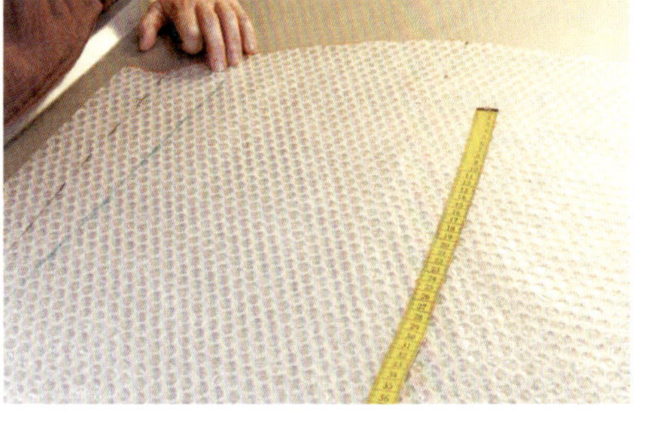

8 Der Stoff für die beiden sich überlappenden Vorderteile soll jeweils nicht ganz bis zur Seitenkante der Schablone reichen. Jedes der beiden Vorderteile ist 10 cm schmaler als die Folie und jedes läuft ab der Taille schräg zu. Dafür an den offenen Seitenkanten 8 cm ab Taillenlinie nach unten messen, sodass die oberen Ecken stumpfwinkelig sind. Die Linien mit grünem Stift aufzeichnen.

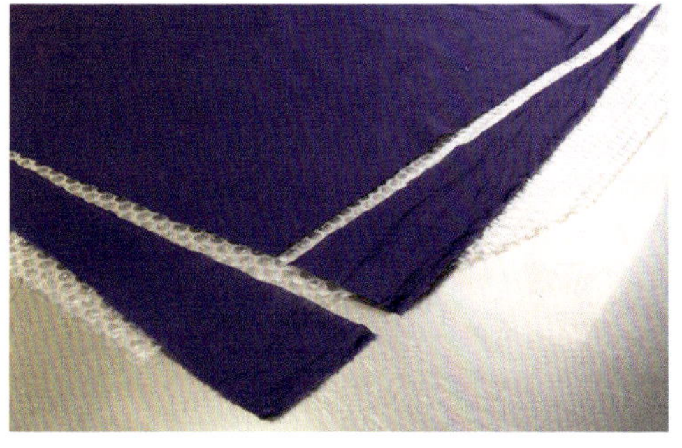

9 Den Stoff auf dem Tisch auslegen und gemäß der Maß- und Materialtabelle (→ Seite 94) vorbereiten. Dabei für die Rüsche zusätzlich 6 cm Stoff in der Länge zugeben. Das erste Vorderteil anhand der grünen Linien auf der Schablone (glatte Seite der Noppenfolie liegt oben) an der Seite und Taille zuschneiden und mit Stecknadeln auf der Schablone fixieren.

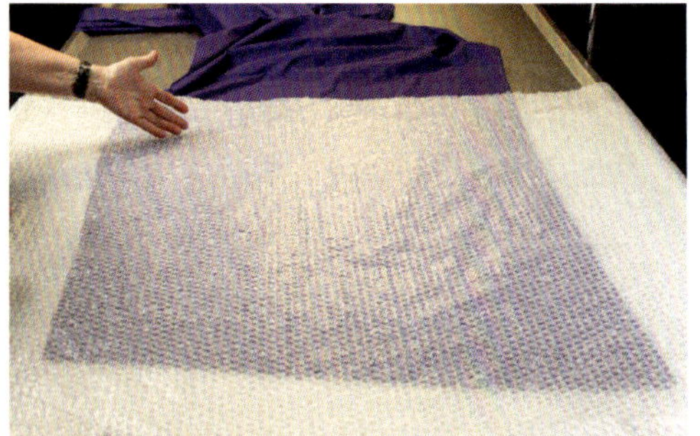

10 Die erste Arbeitsfolie mit der glatten Seite auf das erste Vorderteil legen und Stoff und Schablone wenden. Die Arbeitsfolie unter Stoff und Schablone belassen.

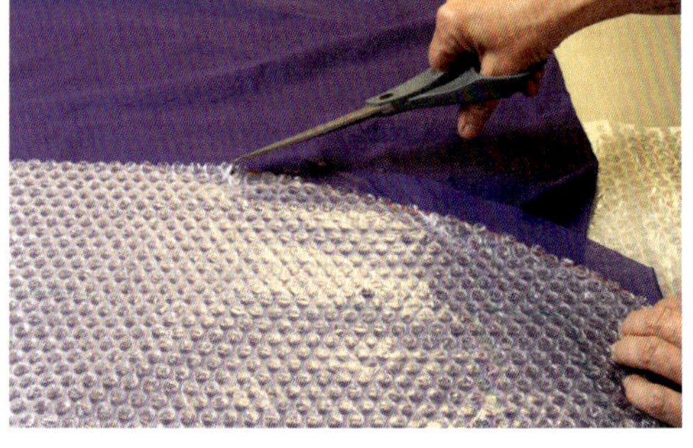

11 Den Stoff ab der Taillenlinie mit 2 cm Nahtzugabe entlang der Hüftrundung einschneiden, bis zu dem Punkt, ab dem die Kante gerade weiterläuft.

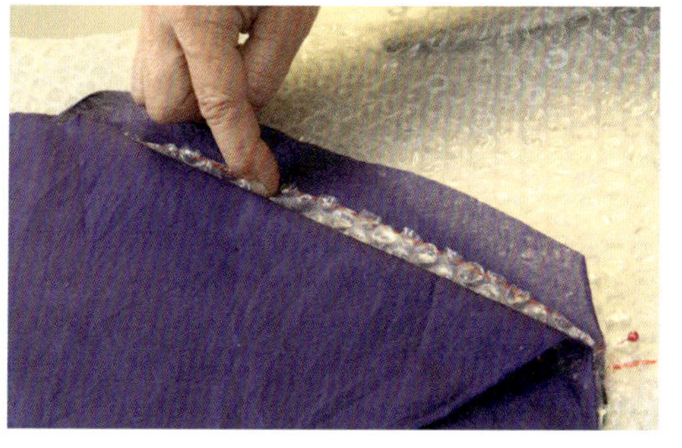

12 Dann den Stoff über die Seitenkante umklappen, sodass der Stoff für das Rückenteil nun auf der Schablone liegt (Noppen nach oben). Die Hüftrundung am Rückenteil wird ohne Überstand entlang der Schablone bis zu dem Punkt, ab dem die Kante gerade weiterläuft, abgeschnitten.

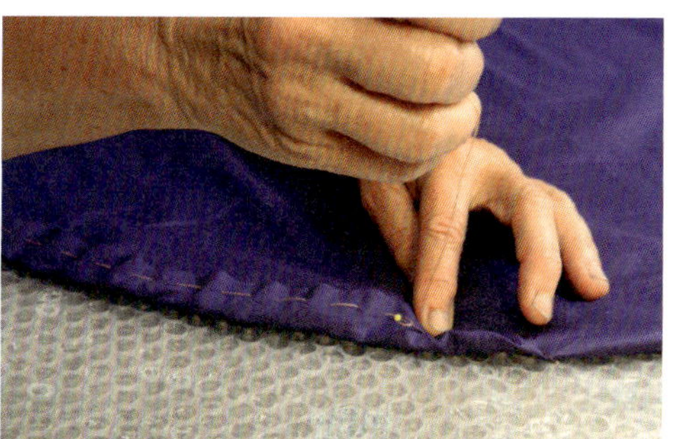

13 Den Überstand vom Vorderteil umklappen, feststecken und mit Polyesternähgarn heften.

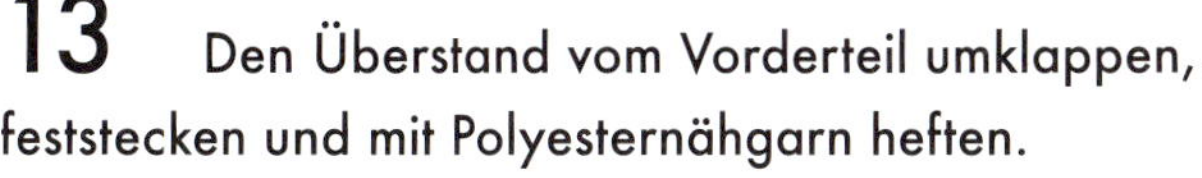

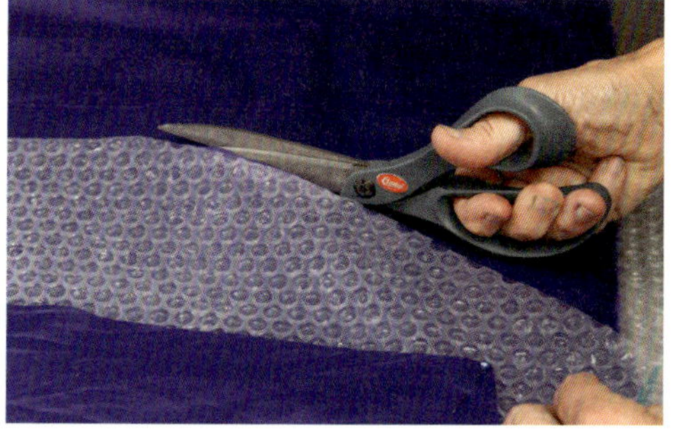

14 An der anderen Seitenkante die Hüftrundung des Rückenteils ebenfalls direkt entlang der Schablone einschneiden. Danach das Ganze mit der zweiten Arbeitsfolie erneut wenden und den Stoff für das zweite Vorderteil über die Seitenkante umklappen.

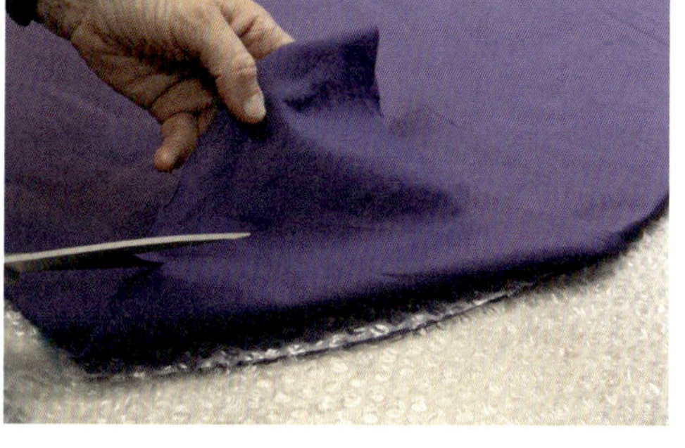

15 Die Hüftrundung des zweiten Vorderteils mit 2 cm Überstand zuschneiden, die Zugabe auf das Rückenteil klappen, feststecken und heften.

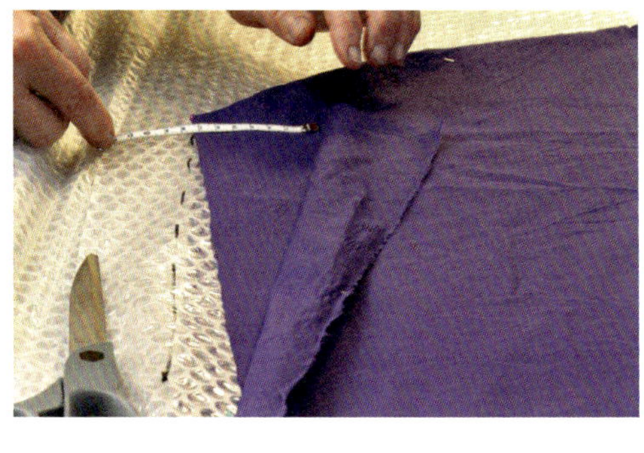

16 Die Kanten des zweiten Vorderteils spiegelverkehrt zum ersten Vorderteil zuschneiden.

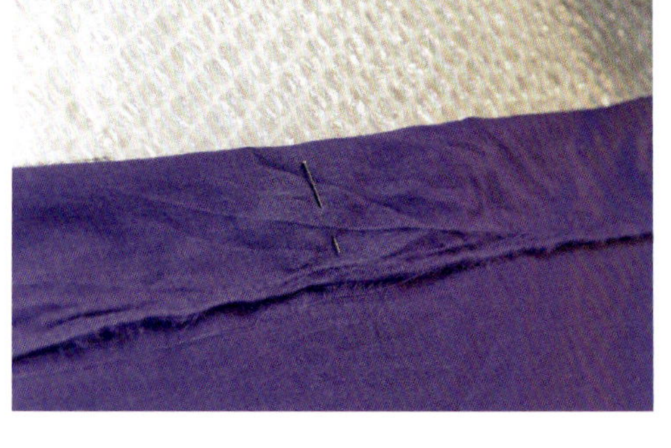

17 Nun die Rüsche an den beiden Vorderteilen vorbereiten. Dafür werden die zugegebenen 6 cm des Stoffs an den Unterkanten eingeschlagen und mit Stecknadeln fixiert. Die Nadelköpfe zeigen nach außen! Arbeitsfolie 2 auflegen und alles wenden. Das Rückenteil liegt nun oben. Auch hier 6 cm am Saum für die Rüsche umschlagen und mit Stecknadeln fixieren.

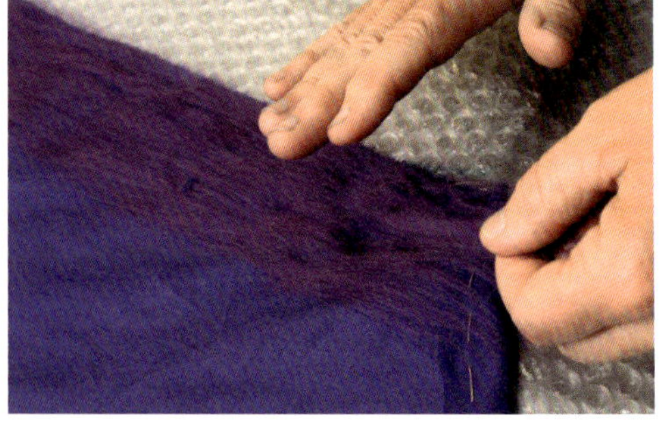

18 Der obere Rand des Rocks (Taille) wird entlang der Kante ca. 5 cm breit mit einer Zusatzlage Wolle dicht belegt.

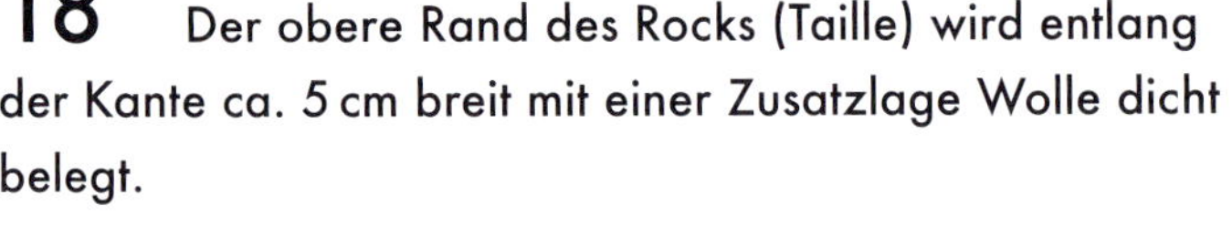

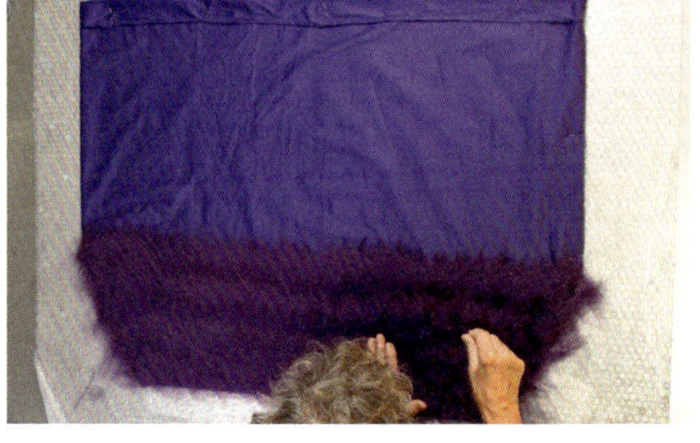

19 Anschließend die Partie von der oberen Kante bis zur gedachten Hüftlinie in Kreuzlage belegen.

PROFITIPP **33**

Für die Stabilität der Kanten an Kleidungsstücken empfiehlt es sich, im Kantenverlauf einen breiten Streifen mit einer Zusatzlage Wolle auszulegen.

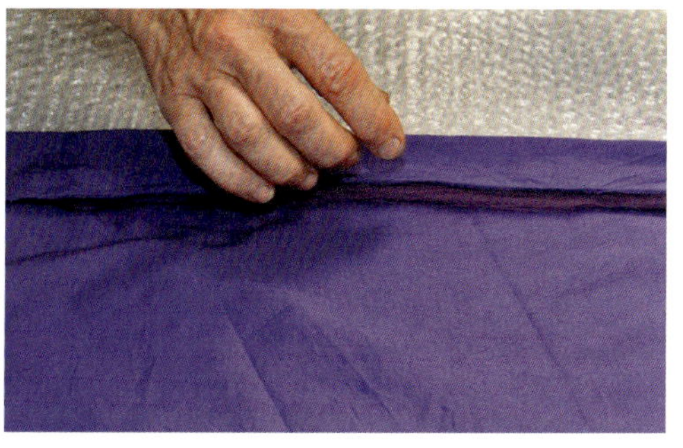

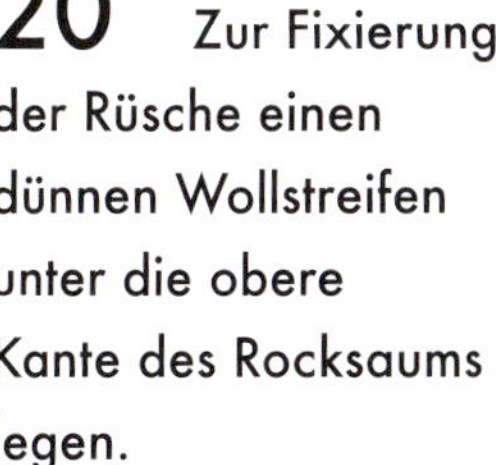

20 Zur Fixierung der Rüsche einen dünnen Wollstreifen unter die obere Kante des Rocksaums legen.

PROFITIPP **34**

Wenn der Wollstreifen so platziert wird, dass er ein wenig unter der Saumkante hervorschaut, werden die Stofffransen mit eingefilzt.

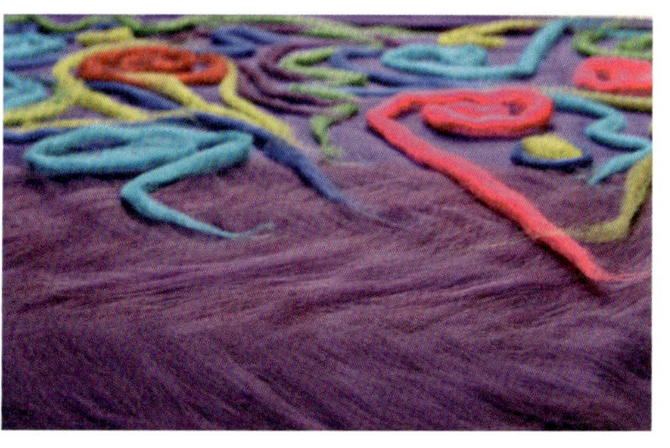

21 Nun wird das Spiralmuster gelegt. Die Spiralen über die Fläche verteilen, dabei ragen einige in den dicht belegten Teil zwischen Hüfte und Taille und andere in die Rüsche hinein.

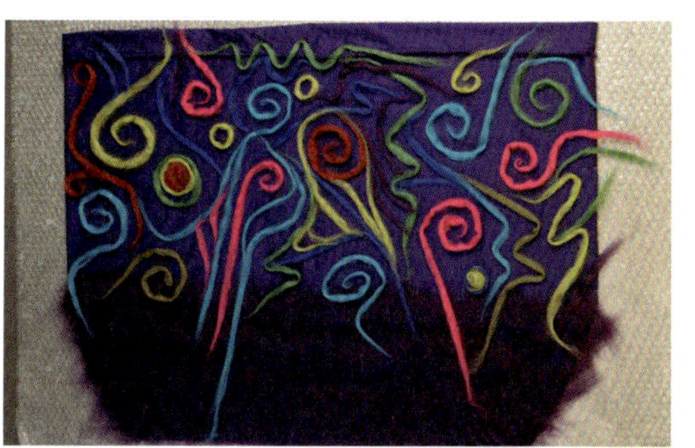

→ So sieht das fertig belegte Rückenteil aus. An den Seitenkanten stehen Wollstränge über, die nach dem Wenden des Werkstücks auf die Vorderseite geholt werden, damit das Muster dort organisch weitergeht.

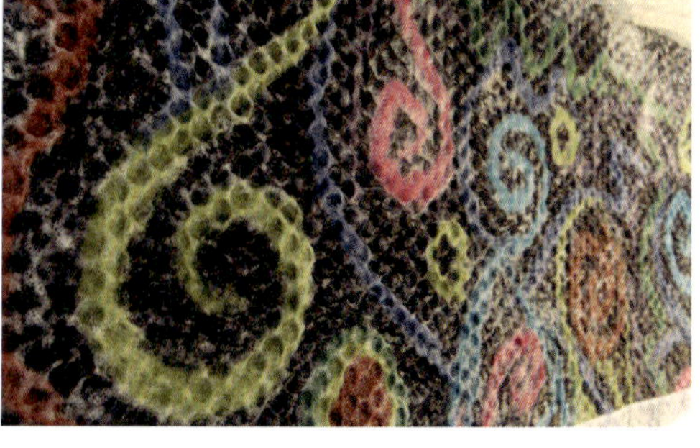

22 Die Gaze auflegen, das Werkstück benetzen und einseifen und alles vorsichtig auf der Gaze anreiben. Die Gaze entfernen und mit einem kleinen Stück Noppenfolie weiter anfilzen. Wichtig ist, dass die Wollstränge sich beim Reiben nicht in sich selbst rollen, sondern die Fasern sich mit dem Stoff verbinden.

23 Das Werkstück nun mit Hilfe der zweiten Arbeitsfolie wenden, sodass die Vorderteile oben liegen. Das obere Vorderteil zur Seite klappen.

24 Nun werden zunächst die Bindebänder vorbereitet. Dafür werden auf einer zusätzlichen Folie (Noppen nach unten) zwei Wollstränge à 2,5 m Länge ausgelegt; Wollgewicht pro Band ca. 18 g.

PROFITIPP **35**

Das Längenmaß für die Bindebänder ist großzügig bemessen. Falls gewünscht, können diese nach Beendigung des Filzprozesses gekürzt, also einfach abgeschnitten werden.

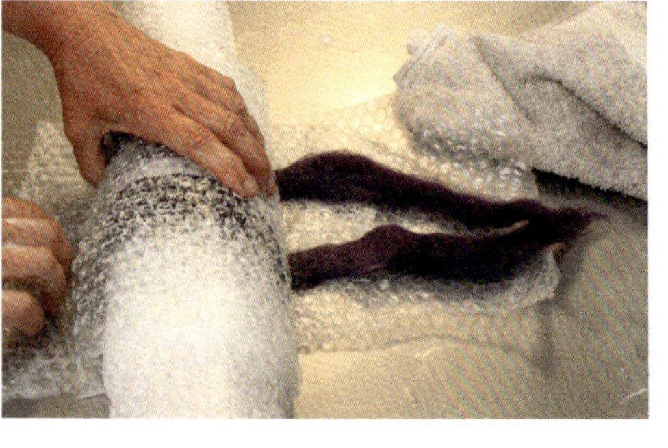

25 Die Gaze auflegen, die Wolle benetzen, seifen, anfilzen und ohne Druck rollen. Dabei jeweils ein Ende der beiden Stränge trocken lassen. Sie werden mit dem Rock verbunden.

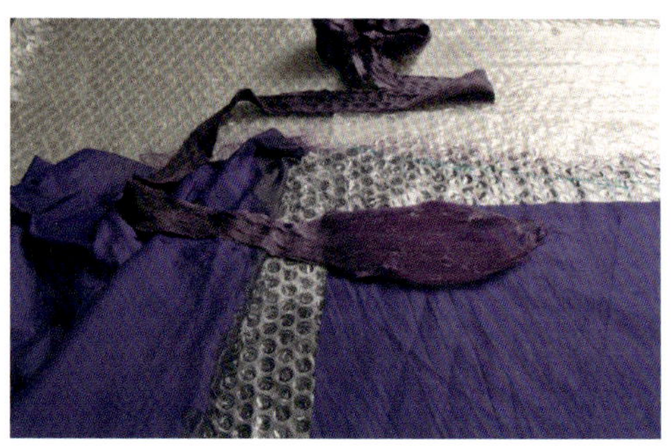

26 Nach dem Rollen das trockene Ende des ersten Bindebandes auffächern und auf die obere Ecke des unteren Vorderteils legen.

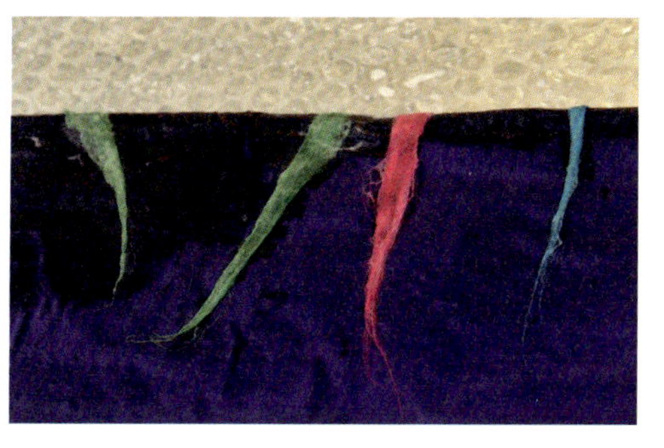

27 Die vom Rückenteil überstehenden Spiralen auf das Vorderteil klappen.

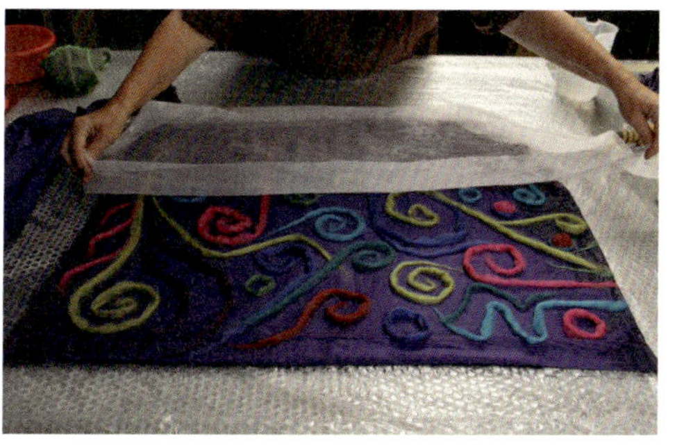

28 Wiederum die Taillen-/Hüftpartie dicht mit einer Zusatzlage Wolle entlang der Taillenkante und dann über Kreuz belegen und die Spiralen auf der Fläche verteilen. Gaze auflegen, die Fläche benetzen, seifen und anfilzen. Gaze entfernen und mit einem Stück Noppenfolie (Noppen nach unten) weiter sorgfältig anfilzen.

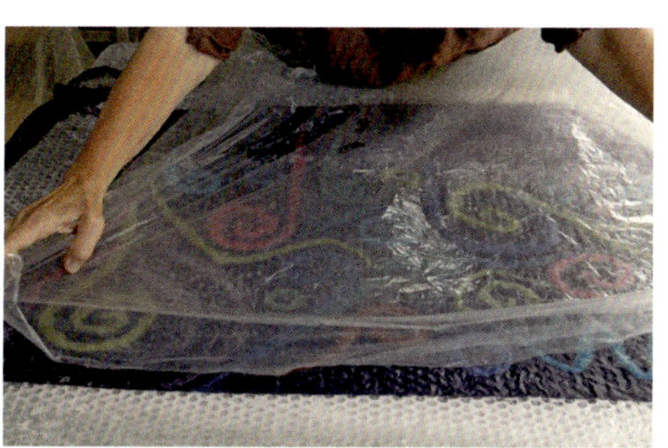

29 Das angefilzte Vorderteil mit einer dünnen Malerfolie als Trennschicht großzügig abdecken.

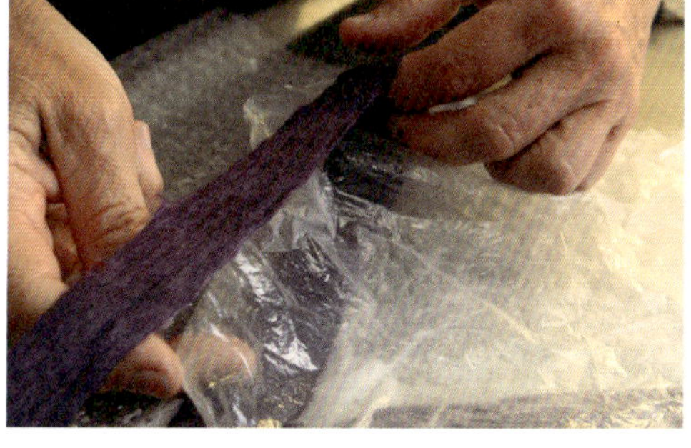

30 Das erste Bindeband gefaltet oberhalb der Taillenkante platzieren und mit Folie abdecken.

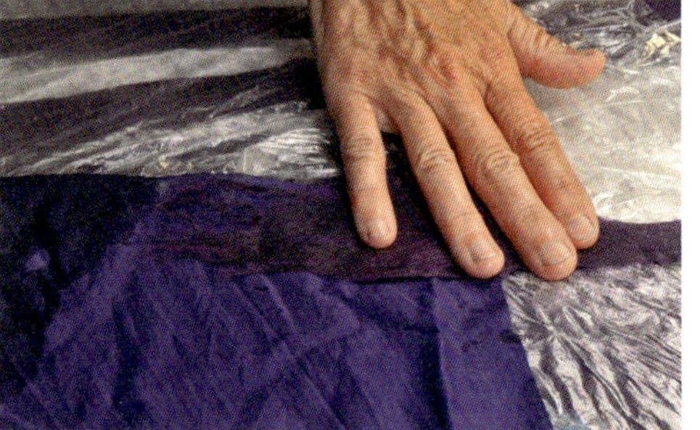

31 Nun das zweite Vorderteil zurückklappen, sodass es oben liegt. Das trockene, aufgefächerte Ende des zweiten Bindebandes in die obere Ecke des zweiten Vorderteils legen und auch das zweite Vorderteil belegen.

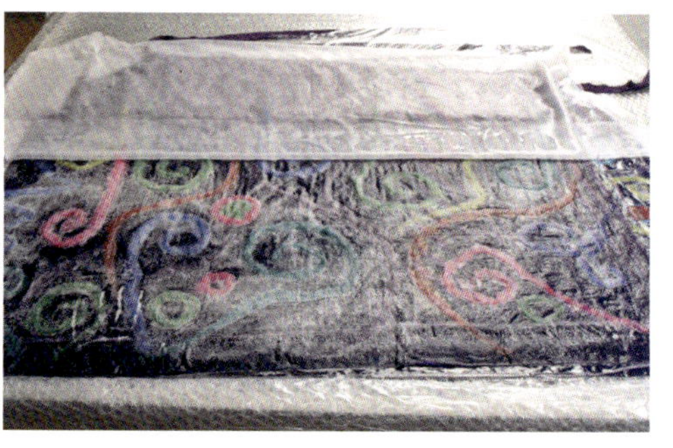

32 Nun ist der Rock fertig belegt. Das oben liegende zweite Vorderteil mit Gaze abdecken, anfeuchten und einseifen.

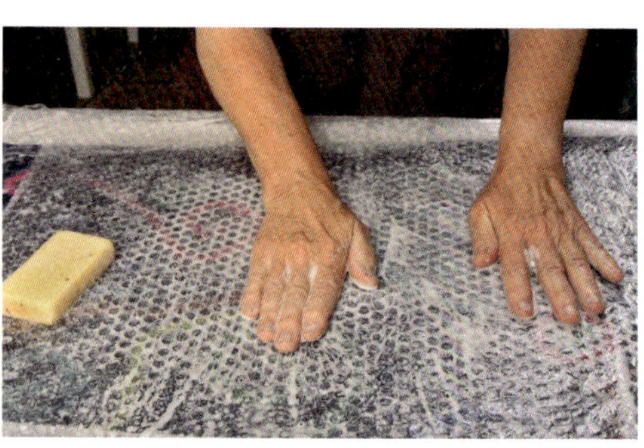

33 Das zweite Vorderteil sorgfältig anfilzen und auch hier darauf achten, dass die Spiralen sich gut mit dem Stoff verbinden.

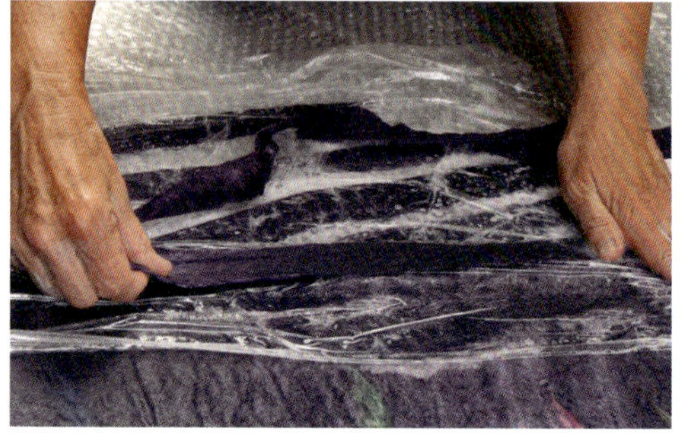

34 Die beiden Bindebänder auf der Malerfolie im Zick-Zack platzieren.

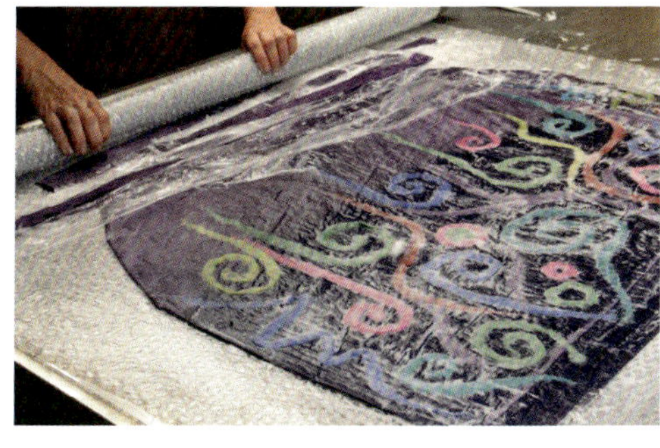

35 Den Rock von der oberen Kante her über einen Kern einrollen.

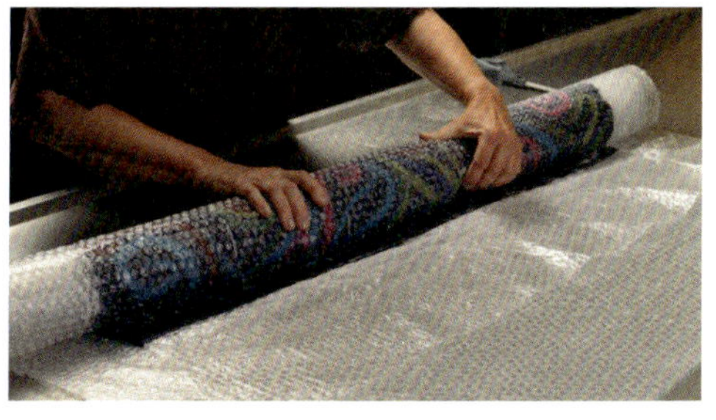

36 Beim Einrollen das Werkstück leicht anheben, um zu verhindern, dass sich die übereinander liegenden Schichten verschieben (→ Profitipp 27, Seite 87).

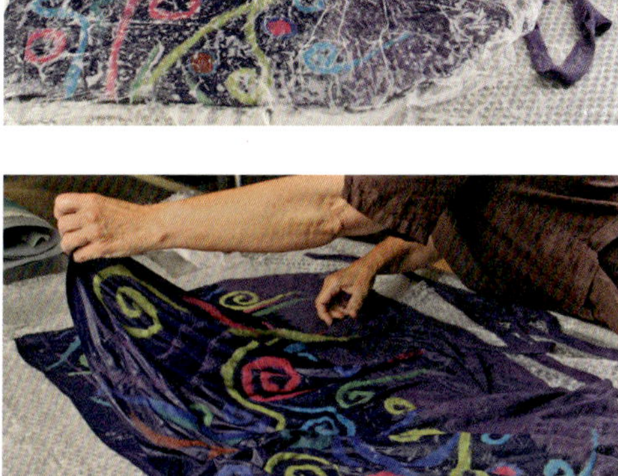

37 Das Paket 5–10 Minuten rollen (ohne Druck) und danach öffnen. Das innen liegende Vorderteil ist mit Malerfolie bedeckt und somit nur wenig gefilzt, deshalb werden die Positionen der beiden Vorderteile und die der Malerfolie getauscht. Auch die beiden Bindebänder werden bearbeitet und dafür sanft durch die Hände gezogen.

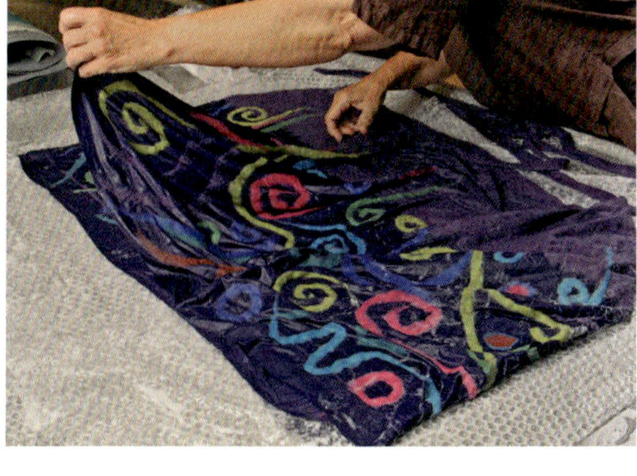

38 Das Werkstück erneut von der oberen Kante her über den Kern einrollen und 5–10 Min. rollen. Das Paket öffnen, die Vorderteile tauschen, alles in Form ziehen und die Bänder bearbeiten. Dann wenden, von der oberen Kante ohne Kern einrollen und mit Druck ca. 5 Min. rollen. Wieder öffnen, wenden, Position der Vorderteile tauschen,wenden und erneut von der oberen Kante her einrollen, 5 Min. rollen.

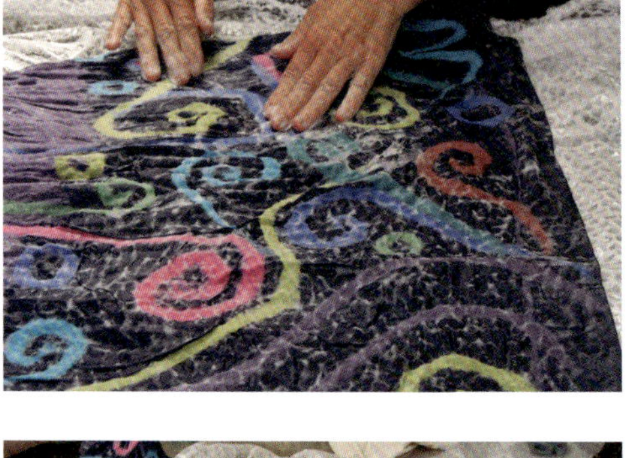

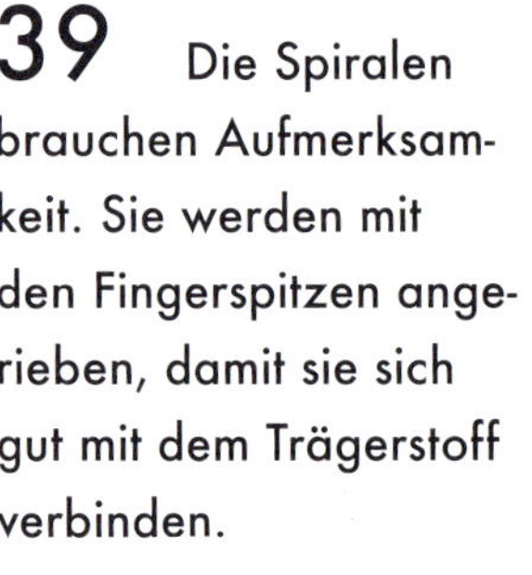

39 Die Spiralen brauchen Aufmerksamkeit. Sie werden mit den Fingerspitzen angerieben, damit sie sich gut mit dem Trägerstoff verbinden.

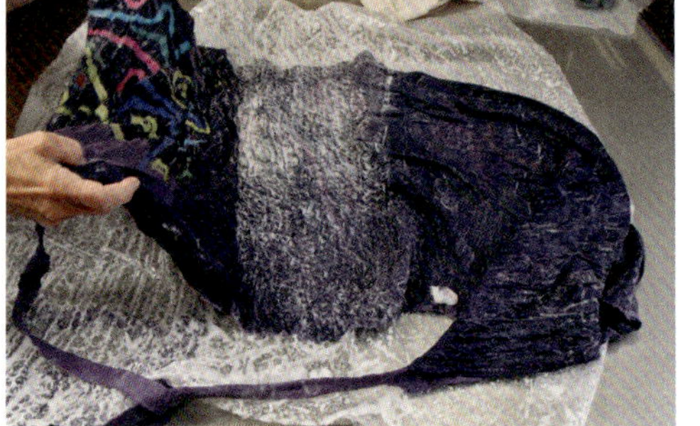

40 Das Werkstück auch von der Stoffseite her prüfen. Die Fasern sollten nun sichtbar durch den Stoff dringen.

PROFITIPP **36**

Falls sich Teile der Wollspiralen nicht mit dem Trägerstoff verbunden haben, können lose Fasern an diesen Stellen zwischen Stoff und Spiralen gelegt und diese dann mit Noppenfolie und reichlich Seife massiert werden. Alternativ können die Spiralen auch durch Anheften fixiert werden.

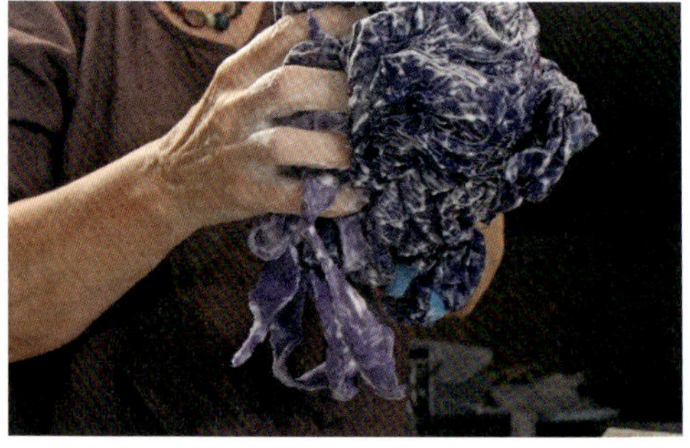

41 Alle Kanten und auch die Rüsche prüfen und evtl. zusammengefilzte Partien vorsichtig voneinander lösen. Den Rock schleudern und in Form ziehen.

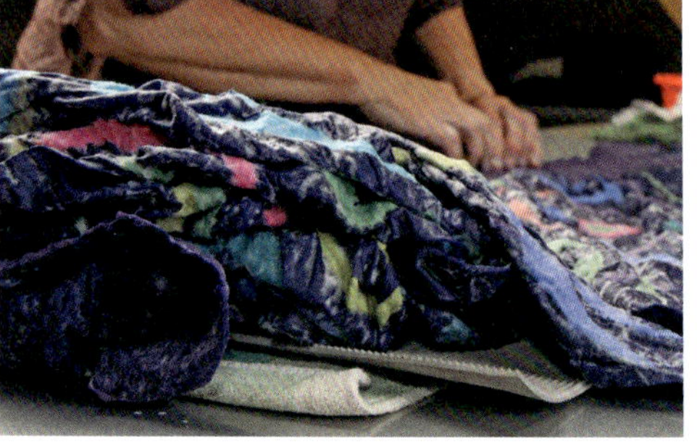

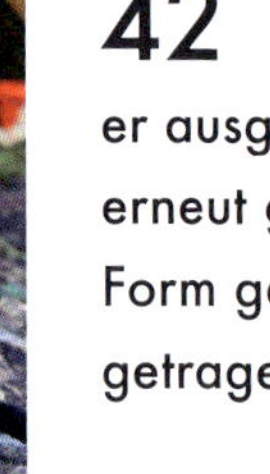

42 Danach wird er ausgewaschen, erneut geschleudert, in Form gezogen und … getragen!

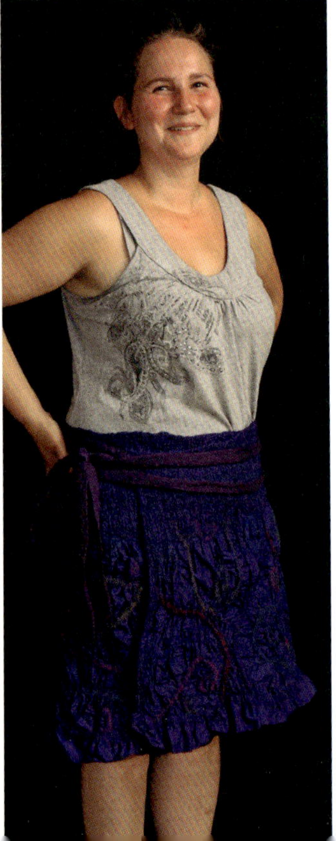

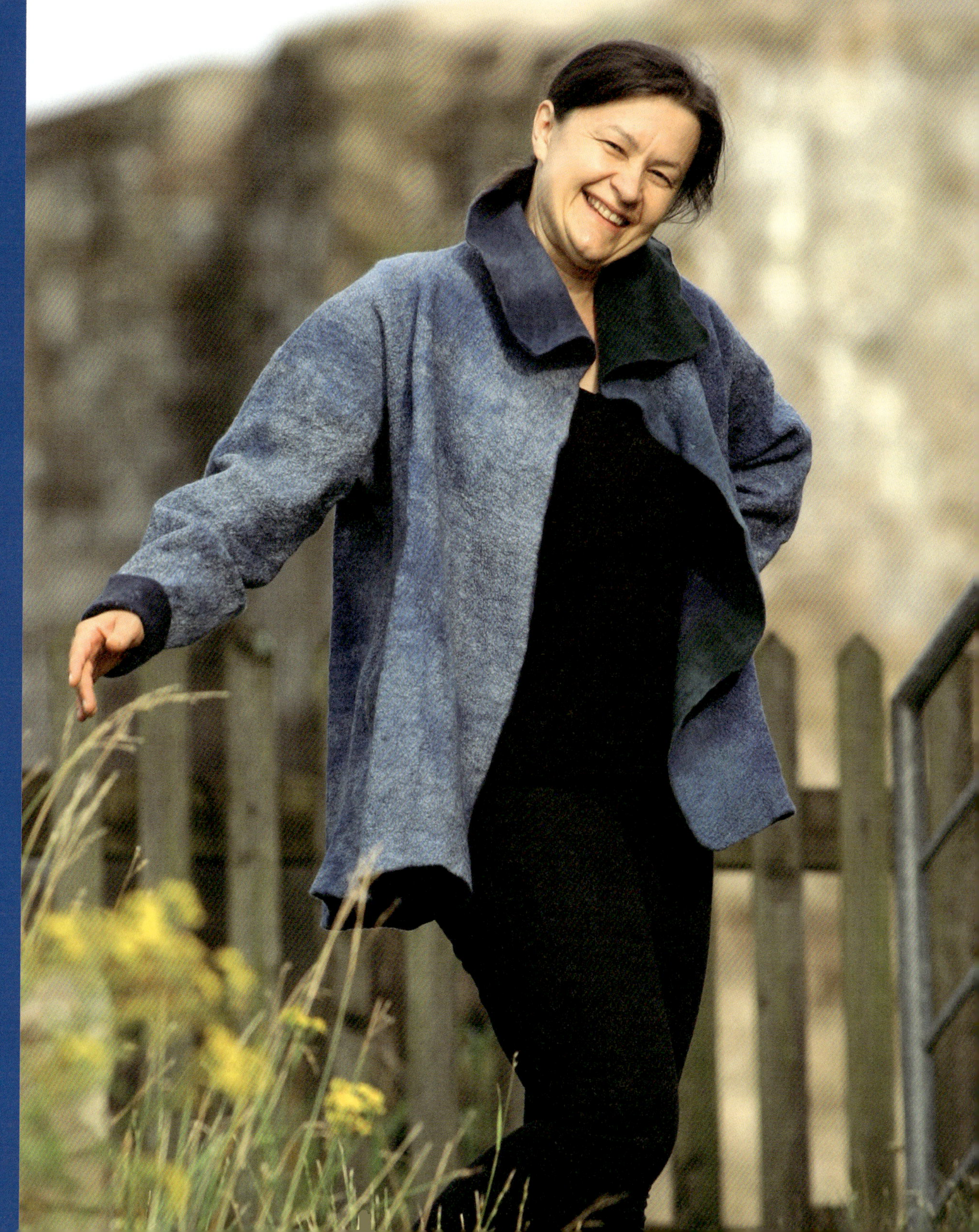

Projekt 4

Jacke mit Kragen und Seitentaschen

Diese langärmelige Jacke mit hohem Kragen, breitem Über-/Untertritt und innenliegenden Taschen ist das anspruchsvollste Projekt in diesem Arbeitsbuch. Sie ist aus einer Materialkomposition aus Wolletamine und Merinokammzug, beides handgefärbt, gearbeitet.

Das Grundsätzliche zum Bekleidungsfilzen, zum Maßnehmen und zur Erstellung der Schablone ist in den vorherigen Kapiteln ausführlich beschrieben, sodass sich ein Blick zurück empfiehlt.

Da dieses Projekt sehr komplex ist, kann es hilfreich sein, vor Beginn der Arbeit zunächst die gesamte Anleitung durchzulesen.

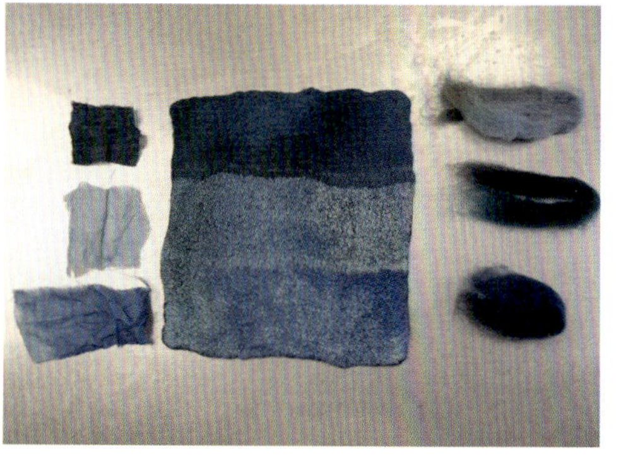

1 Wie immer wird mit einer Probe begonnen. Es sollten mehrere Farben dafür verwendet werden, um deren Wirkung in Verbindung mit dem Stoff zu sehen. Das Probestück hat in diesem Fall ein Ausgangsmaß von 40 × 43 cm und wird mit 7g Wolle belegt. Das Fertigmaß ist 22,2 × 23,8 cm, was einem Schrumpffaktor von 1,8 entspricht.

2 Eine Skizze und die Maß- und Materialtabelle (→ nächste Doppelseite) anfertigen. Besonders bei aufwendigen Kleidungsstücken helfen sie, den Überblick zu behalten.

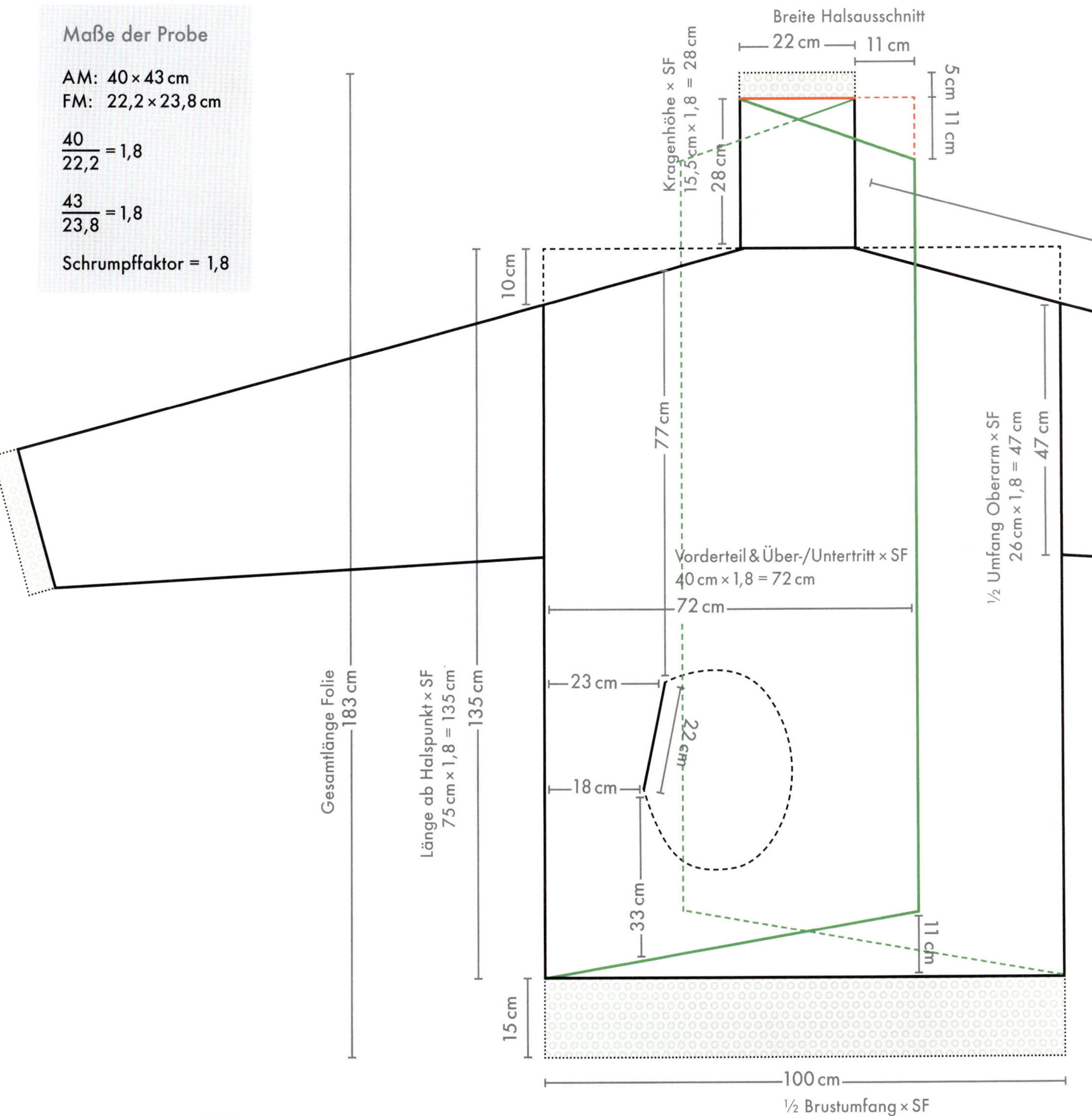

Maße der Probe
AM: 40 × 43 cm
FM: 22,2 × 23,8 cm
40/22,2 = 1,8
43/23,8 = 1,8
Schrumpffaktor = 1,8
Breite Halsausschnitt
22 cm
11 cm
5 cm
11 cm
Kragenhöhe × SF
15,5 cm × 1,8 = 28 cm
28 cm
10 cm
77 cm
½ Umfang Oberarm × SF
26 cm × 1,8 = 47 cm
47 cm
Vorderteil & Über-/Untertritt × SF
40 cm × 1,8 = 72 cm
72 cm
Gesamtlänge Folie
183 cm
Länge ab Halspunkt × SF
75 cm × 1,8 = 135 cm
135 cm
23 cm
22 cm
18 cm
33 cm
11 cm
15 cm
100 cm
½ Brustumfang × SF
55 cm × 1,8 ≈ 100 cm

Diese Skizze zeigt, dass die Schablone für **Projekt 4: Jacke mit Kragen und Seitentaschen** bis auf die Länge der Ärmel und den Kragen, gleich aufgebaut ist, wie die Schablone für **Projekt 2: Oberteil mit halblangen Ärmeln**.

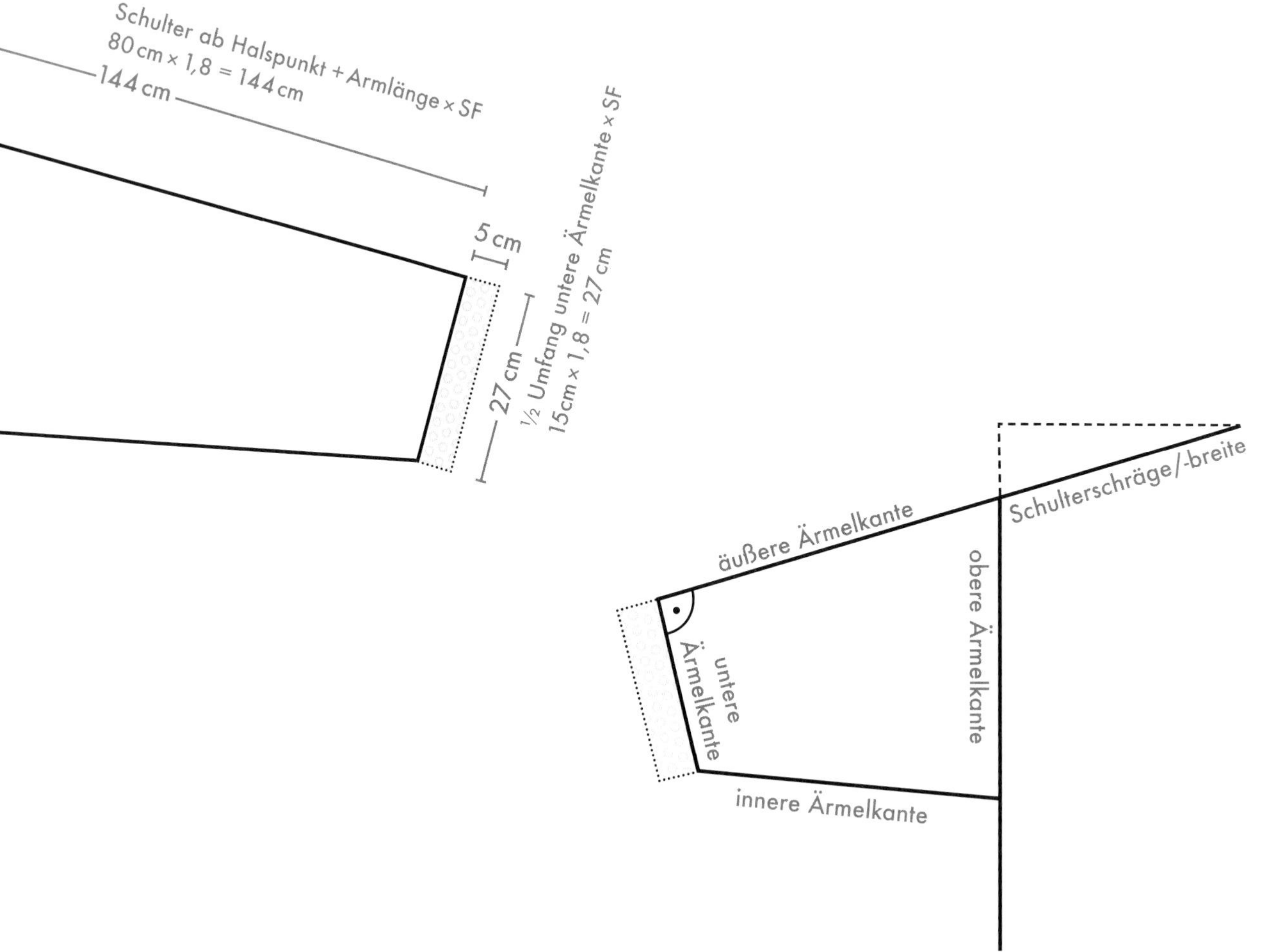

→ Falls die Ärmel einen Umschlag haben sollen, muss die gewünschte Breite des Umschlags × SF zur Ärmellänge der Schablone dazugerechnet werden.

Maß- und Materialtabelle
»Jacke mit Kragen und Seitentaschen«, Größe 42/44

	Länge FM × SF	Länge AM	×	Breite FM × SF	Breite AM	×	Wolle je cm^2		Gewicht	inkl. Zugabe
Rückenteil	75 cm × 1,8	135 cm	×	55 cm × 1,8	≈ 100 cm	×	0,004 g		54 g	60 g
Vorderteil 1	75 cm × 1,8	135 cm	×	40 cm × 1,8	72 cm	×	0,004 g		≈ 39 g	45 g
Vorderteil 2	75 cm × 1,8	135 cm	×	40 cm × 1,8	72 cm	×	0,004 g		≈ 39 g	45 g
½ Ärmel mittig gemessen		≈ 95 cm	×		≈ 35 cm	×	0,004 g	≈ 13 × 4	52 g	55 g
	Höhe FM × SF	Höhe AM	×	Breite FM × SF	Breite AM	×	Wolle je cm^2			
Kragen hinten	15,5 cm × 1,8	28 cm	×	12,5 cm × 1,8	22 cm	×	0,004 g		2,5 g	4 g
Kragen 1 vorne	15,5 cm × 1,8	28 cm	×	18,5 cm × 1,8	≈ 33 cm	×	0,004 g		≈ 4 g	5 g
Kragen 2 vorne	15,5 cm × 1,8	28 cm	×	18,5 cm × 1,8	≈ 33 cm	×	0,004 g		≈ 4 g	5 g
gesamt									194,5 g	219 g
plus Besätze und Taschen									45 g	260 g

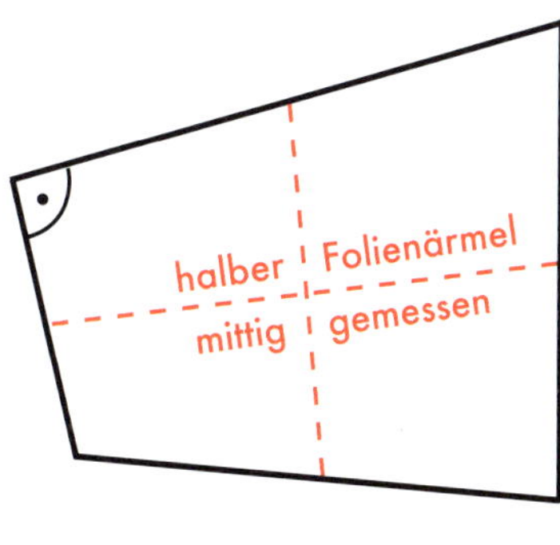

→ Um die benötigte Wollmenge für die Ärmel zu errechnen, wird in der Mitte der Ärmelschablone Länge und Breite abgemessen. Der Wert wird mit 4 multipliziert: so erhält man die Gesamtmenge für Vorder- und Rückseite des linken und rechten Ärmels.

3 Bei einer Jacke ist zu überlegen, welche Verschlüsse sie haben soll. Für Knöpfe oder Schnallen ist ein Über-/Untertritt nötig, das heißt die beiden Vorderteile überlappen sich an der vorderen Mitte. Die Breite der Überlappung (Fertigmaß mindestens 6 cm) ist abhängig von der Größe der Knöpfe bzw. von der Art der Schnallen. Auch Form und Größe des Kragens spielen eine Rolle. Der ermittelte Wert wird mit dem Schrumpffaktor multipliziert und auf der vorbereiteten Schablone eingezeichnet (→ grüne Linie, Skizze, Seite 108).

PROFITIPP **37**

Das Maß für die Überlappung der Vorderteile wird von der Art und Größe des Kragens und des gewählten Verschlusses für die Jacke (Knöpfe, Druckknöpfe oder Schnallen) bestimmt.

4 Auch die Höhe und Form des Kragens muss definiert und das Maß mit dem Schrumpffaktor multipliziert werden. Für die Breite der Kragenschablone hat sich – unabhängig von der Kragenform an den Vorderteilen – das Maß von 22 cm bewährt (→ rote Linie, Skizze, Seite 108). Das Kragenteil wird inkl. 5 cm Überstand ausgeschnitten und am oberen Rand mittig an die Folie geklebt.

PROFITIPP **38**

Die Kragenkanten verlaufen jeweils in einer Linie mit den vertikalen Kanten der Vorderteile.

Es gibt viele Möglichkeiten, einen Jackenkragen zu gestalten. Die drei Skizzen (→ Seite 112) sollen als Inspirationsquelle dienen – die Formen können mühelos nach den eigenen Vorstellungen abgewandelt werden.

→ Die Schablone ist nun – inkl. der notwendigen Überstände – zugeschnitten, sämtliche Hilfslinien sind eingezeichnet. Der benötigte Stoff ist vorbereitet und die Wolle abgewogen und portioniert.

PROFITIPP **39**

Bei komplexen Projekten ist es hilfreich, die Wolle in kleine Plastiktüten zu portionieren und diese mit der Grammzahl und der vorgesehenen Partie zu beschriften.

Beispiele für Kragenformen

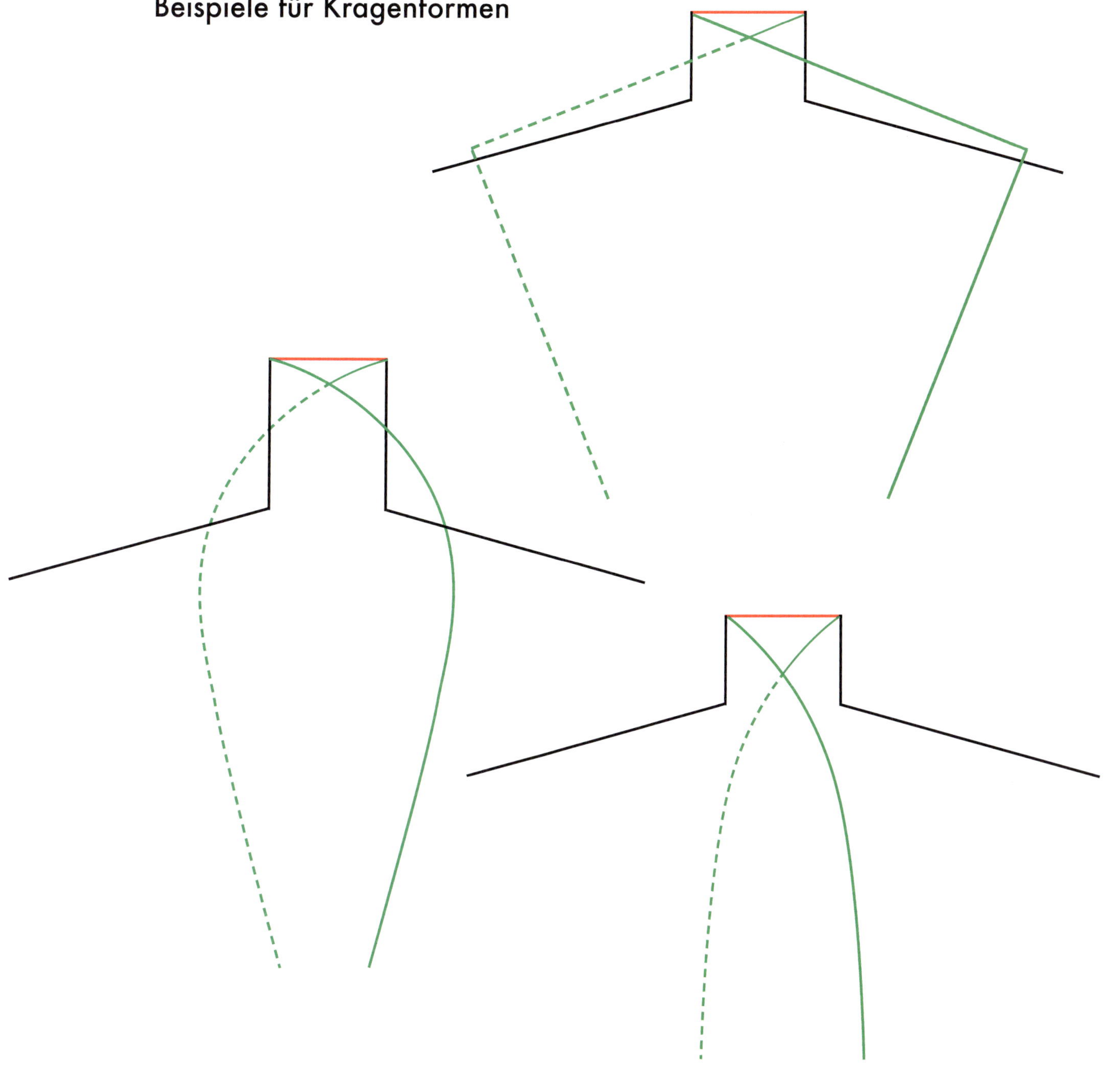

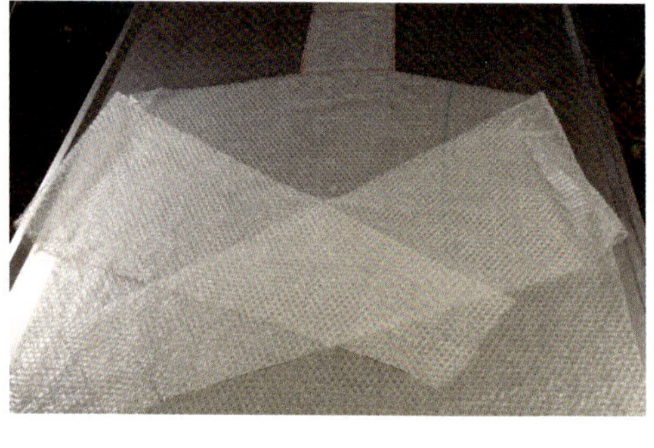

5 Zunächst wird der Torso »eingepackt«. Auf der Schablone (glatte Seite oben) ist die Vorderteilbreite eingezeichnet. An dieser Linie wird das vorbereitete Stoffstück angelegt und mit Stecknadeln fixiert. Auch an der Seiten- und Schulterkante wird der Stoff mit Nadeln fixiert. Danach wird die Schablone mit dem fixierten Stoff mit Hilfe von Arbeitsfolie 1 (→ Hinweis 2, Seite 41) gewendet.

6 Die Ärmel der Schablone umklappen und die Schlitze für die Armlöcher in den Stoff schneiden.

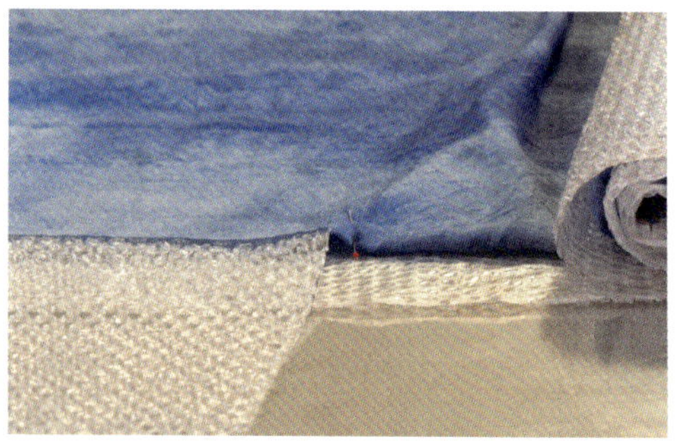

7 Den Stoff zurückklappen und den Folienärmel durch den Schlitz ziehen.

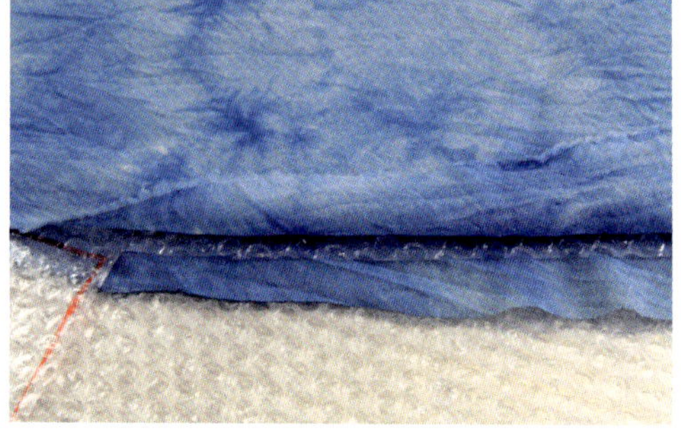

8 Den Stoff der Vorderseite mit 2 cm Nahtzugabe entlang der Schulterschräge zuschneiden.

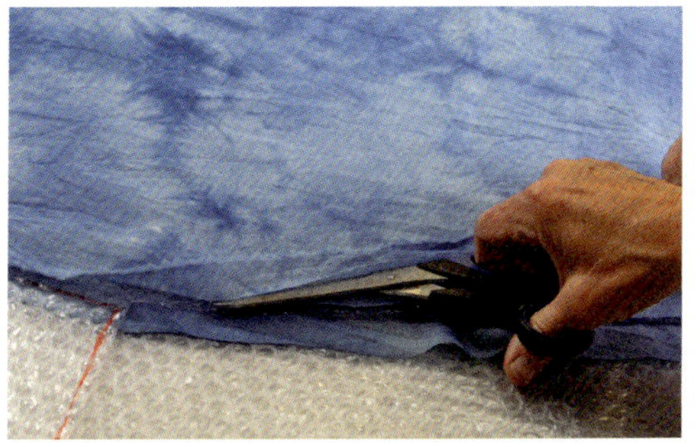

9 Am Rückenteil den Stoff direkt entlang der Schablone abschneiden. Den rückwärtigen Halsausschnitt entlang der Linie auf der Folie zuschneiden, er bleibt gerade.

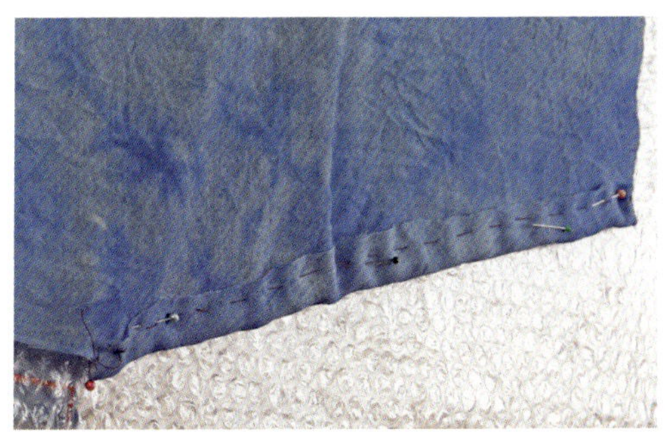

10 Nun die Nahtzugabe vom Vorderteil umklappen, mit Stecknadeln fixieren und mit Polyestergarn heften.

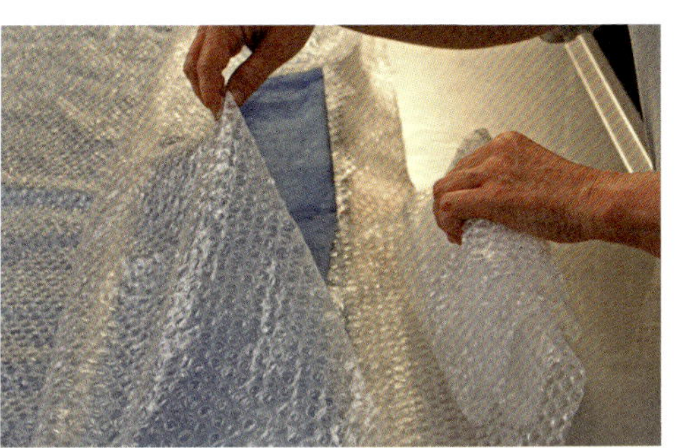

11 Die zweite Arbeitsfolie auflegen, die Ärmelfolie etwas zusammenrollen und das Ganze wenden.

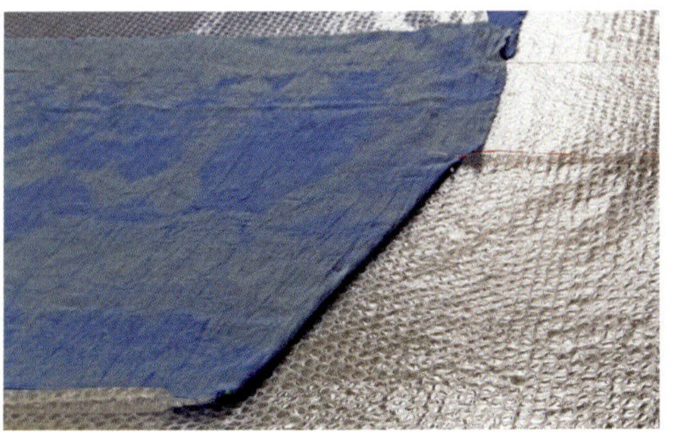

→ Nun liegt die Vorderseite des Werkstücks wieder oben.

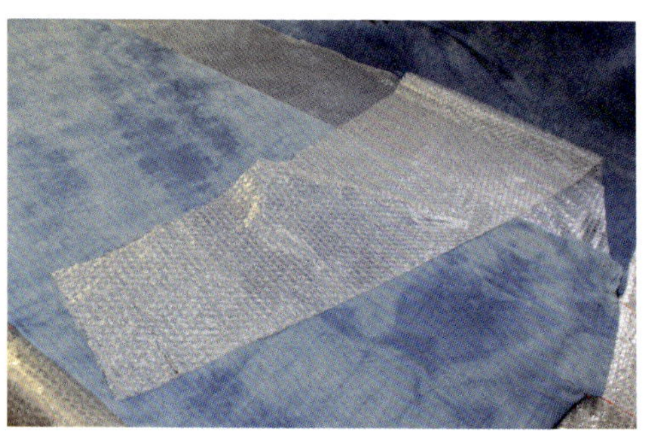

12 Den Schlitz für das zweite Armloch schneiden und den Folienärmel durchstecken.

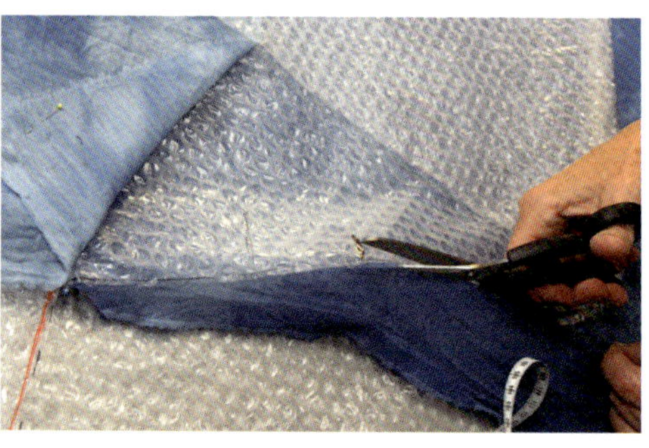

13 Auch am Rücken für die Schulterschräge den Stoff direkt entlang der Schablone zuschneiden.

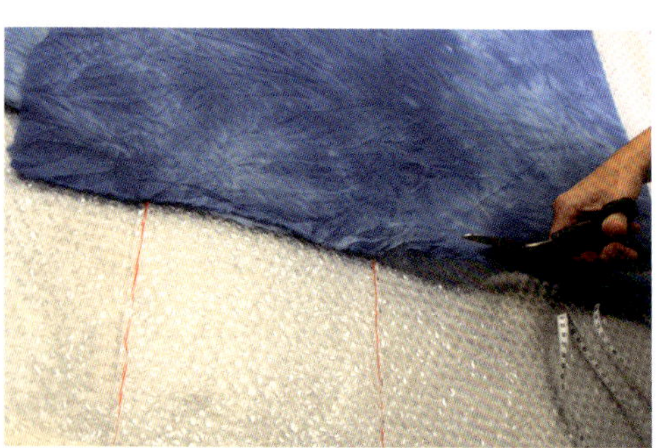

14 Das zweite Vorderteil umklappen und die Schulterschräge mit 2 cm Überstand zuschneiden. Die zweite Schulternaht heften.

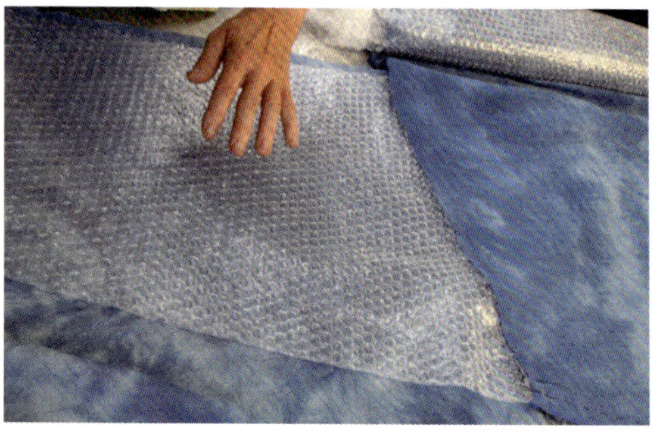

15 Nun den ersten Ärmel einpacken. Dafür den Stoff unter das Schablonenteil für den Ärmel schieben. Die Naht soll später an der Ärmelinnenseite liegen, dafür entlang der inneren Ärmelkante ca. 2 cm Überstand lassen.

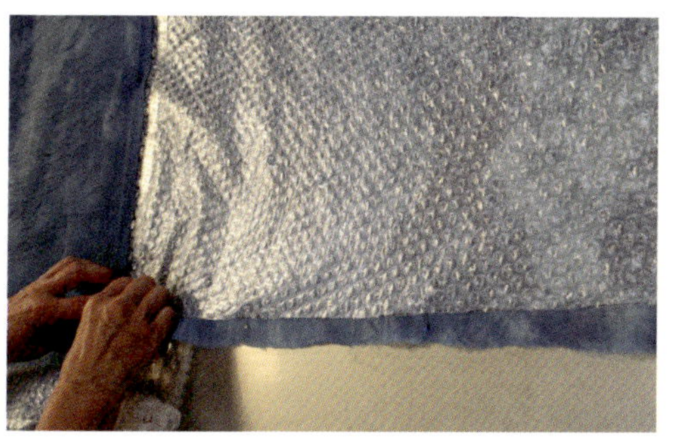

16 Den Stoff mit Stecknadeln an der Schablone feststecken.

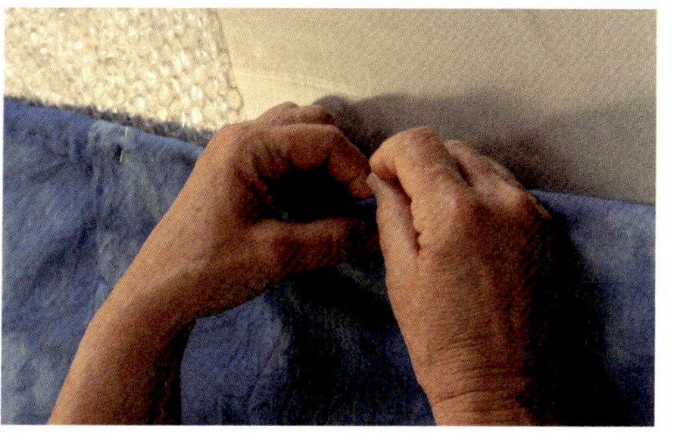

17 Den Stoff über die Ärmelschablone legen, entlang der Schablonenkante mit Stecknadeln fixieren und an der inneren Ärmelkante entlang der Folie abschneiden.

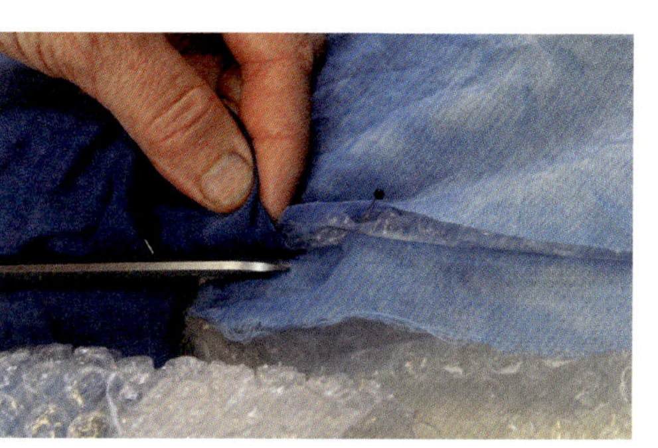

18 Am Armloch, wo Ärmel und Torso des Werkstücks zusammentreffen, den Stoffüberstand des Ärmels ca. 2 cm in Richtung Ärmelunterkante einschneiden.

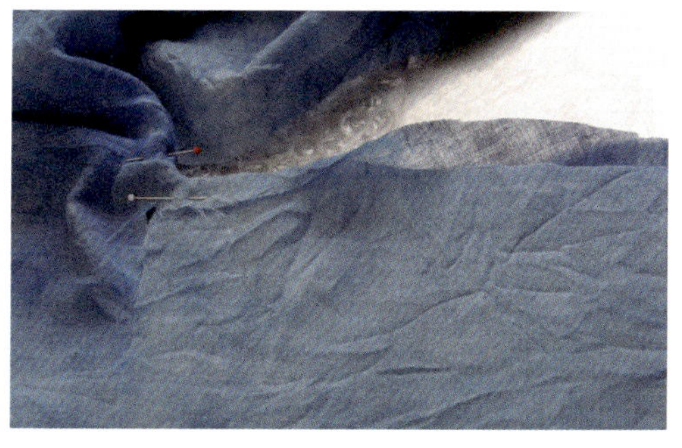

19 Den so entstandenen kleinen Stoffsteg an der Ärmelnaht auf das Rückenteil legen und feststecken.

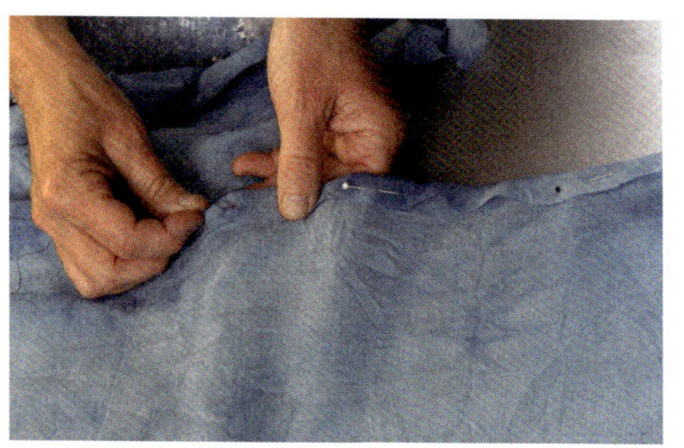

20 Ärmel und Rückenteil zusammenheften sowie die Ärmelnaht mit Heftstichen schließen.

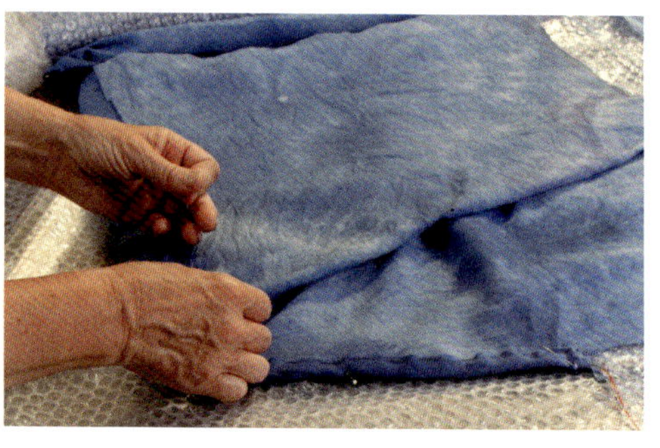

21 Dann den Ärmel umklappen und an das Vorderteil heften. Mit dem zweiten Ärmel gleich verfahren: Beide Ärmel sind nun geschlossen eingeheftet.

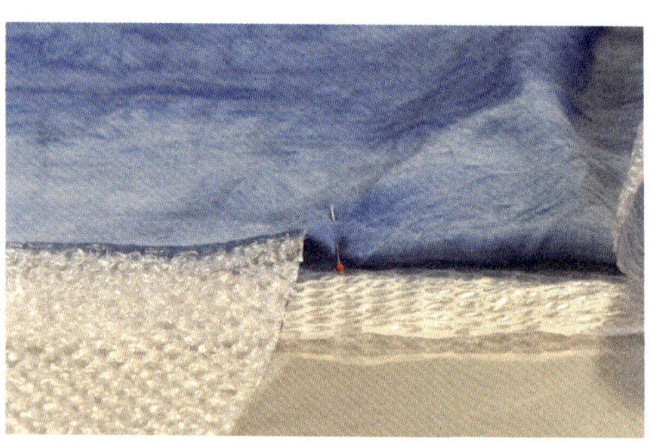

22 Nun muss das Werkstück gewendet werden. Um ein Verrutschen der Schnittfolie zu vermeiden, die Stecknadeln zur Fixierung an Ort und Stelle lassen, z. B. auch am Kreuzungspunkt zum Kragen.

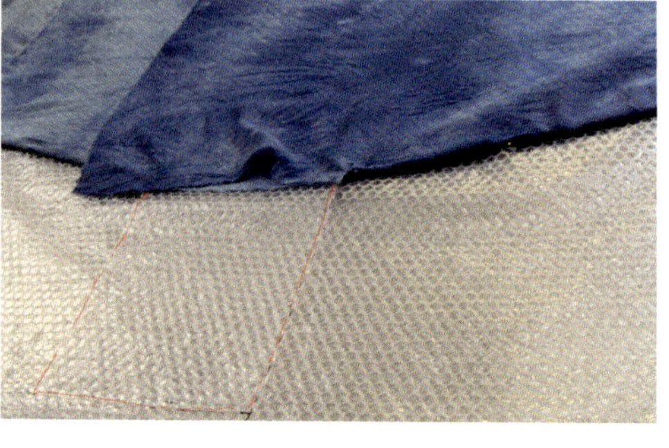

→ Nach dem Wenden liegen nun die beiden Vorderteile oben.

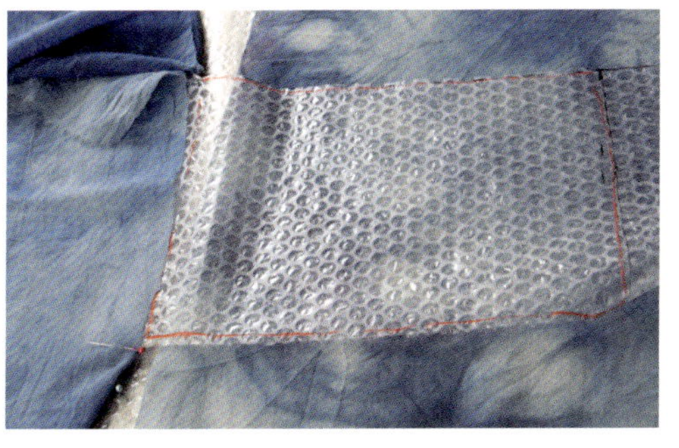

23 Den Stoffstreifen für den Kragen großzügig zuschneiden (32 × 92 cm) und mit dem Einpacken des Kragens beginnen. Dafür den Kragenstoff mittig unter die Kragenschablone legen, sodass er sich auf dem Rückenteil 2 cm mit dem Torso überlappt.

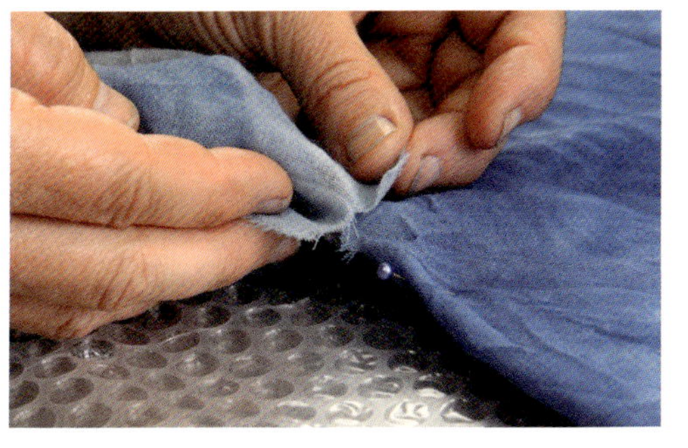

24 Den Stoff an der äußeren Kragenkante auf das Vorderteil umklappen. Damit die Verbindung zum Vorder- und Rückenteil trotz der Stofflagen flach bleibt, das Kragenteil am Umbruch ca. 2 cm einschneiden.

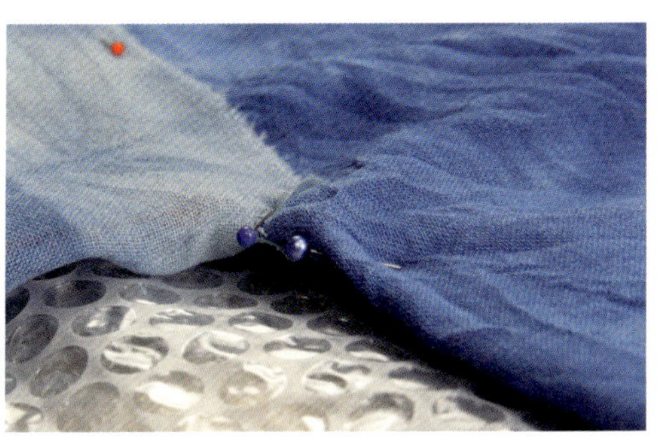

25 Das Kragenteil am oben liegenden Vorderteil in einer Linie verlaufend feststecken und heften. Falls der Kragenstoff an der vorderen Kante etwas übersteht, wird er abgeschnitten.

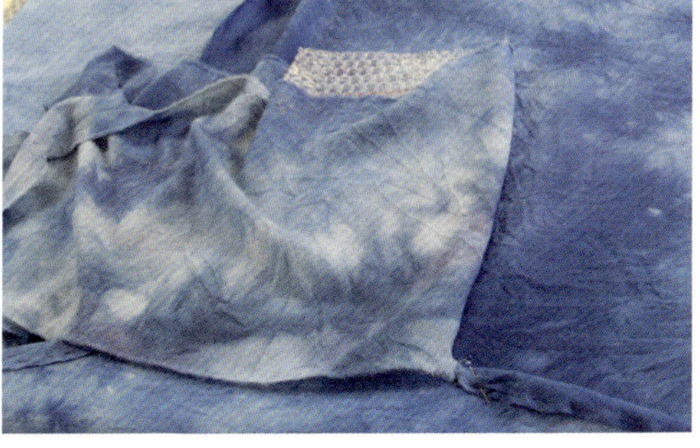

26 Nun den oberen Teil der eingepackten Schablone nach vorne umlegen, sodass das hintere Kragenstück an das Rückenteil geheftet werden kann.

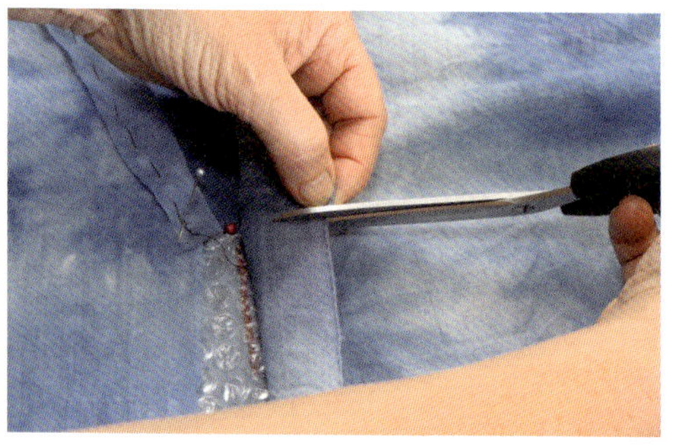

27 An der zweiten Kragenkante am Übergang von Schulter zu Kragen den Kragenstoff ebenfalls 2 cm einschneiden.

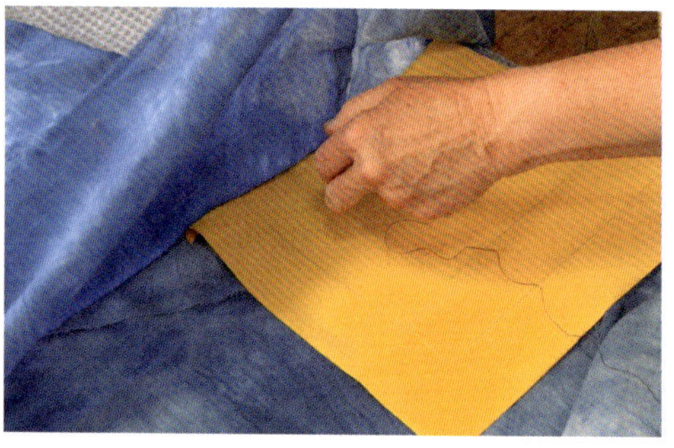

28 Eine kontrastfarbige Lackfolie (→ Profitipp 14, Seite 45) unterlegen, …

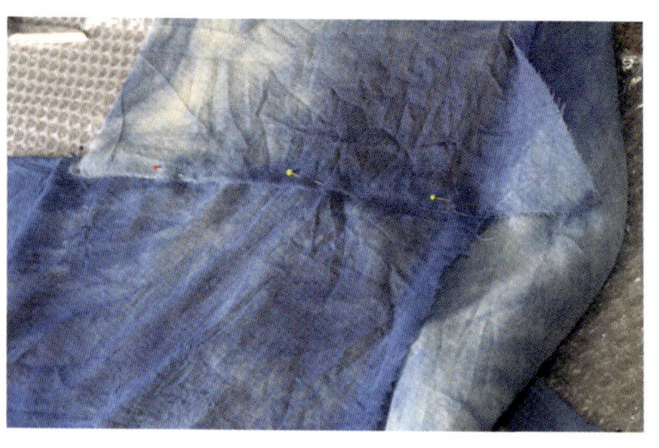

29 … das zweite Kragenteil am zweiten Vorderteil feststecken und die Überlappung heften. Auch hier, wenn nötig, den Kragenstoff im Kantenverlauf des Vorderteils abschneiden.

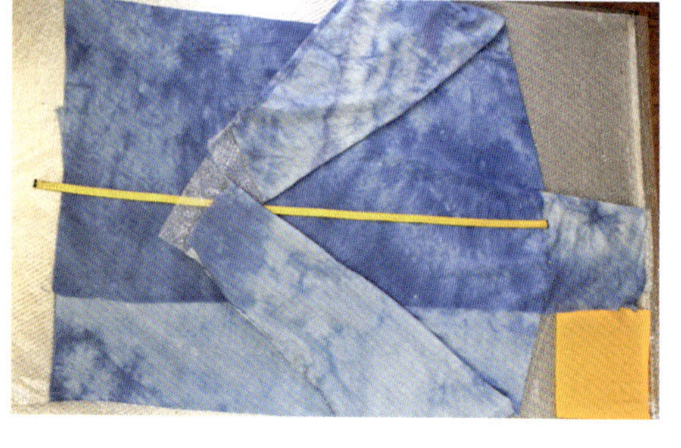

→ Die Schnittschablone ist nun vollständig eingepackt, die beiden Vorderteile liegen übereinander. Die Überlappung des Vorderteils ist durch den Farbkontrast deutlich zu sehen.

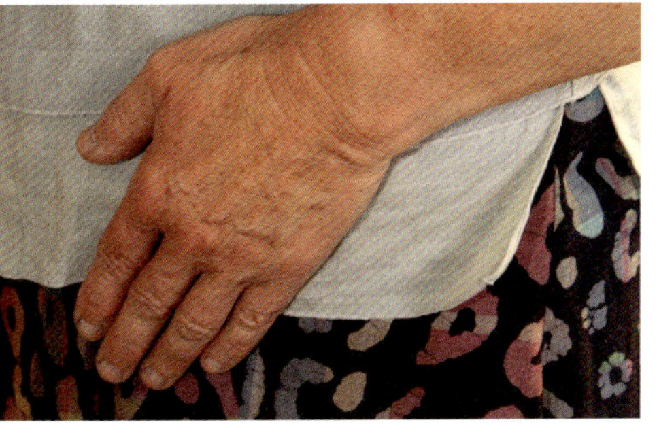

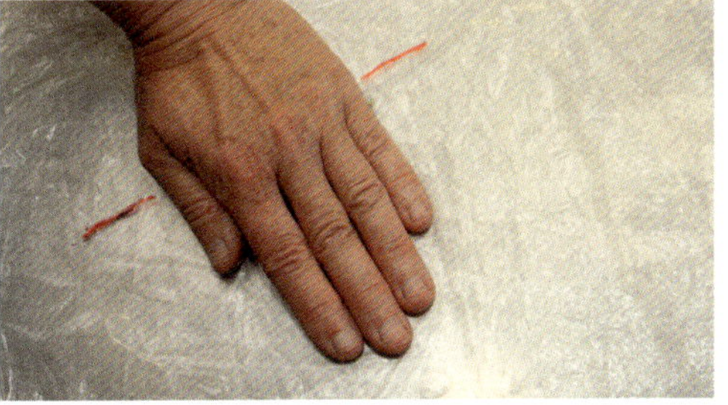

30 Als nächstes werden die Taschen vorbereitet. Sie liegen am fertigen Modell **innen** und werden direkt eingearbeitet. Dafür werden zwei Taschenschablonen als Reservierung und zwei Taschenbeutel aus Stoff benötigt. Folgendes ist zu überlegen:

- Wo genau sollen die Tascheneingriffe positioniert werden?
- Soll der Tascheneingriff schräg sein? Wenn ja, in welchem Winkel?
- Wie groß kann die Tasche maximal sein? Sie darf keinesfalls über das Vorderteil hinausragen, weder zur Mitte hin, noch an der unteren Kante.

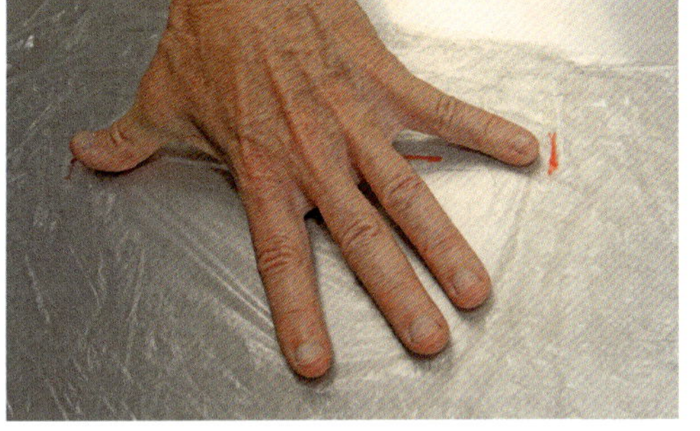

31 Für die Taschenschablonen eignet sich ein Stück dünne Malerfolie. Darauf eine Linie (22 cm) als Maß für den Eingriff ziehen.

PROFITIPP **40**

Die Länge einer Handspanne (ca. 22 cm) hat sich als Standardmaß für den Tascheneingriff bewährt.

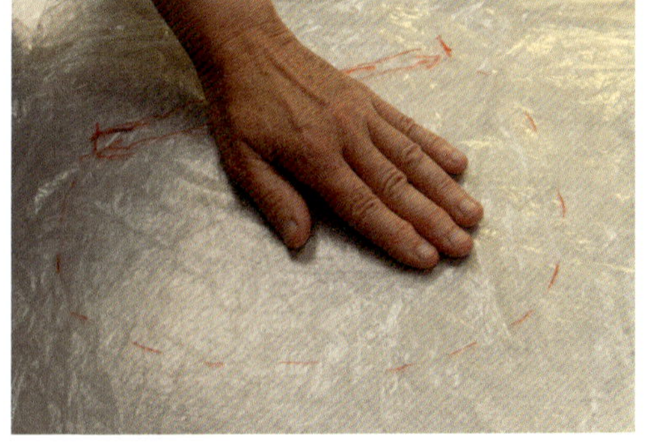

32 Die Hand als Ausgangsgröße für die ovale Taschenschablone nehmen …

PROFITIPP **41**

Die Taschenschablonen sollten die Form eines Eies haben, mit einem steil gesetzten Eingriffsschlitz. So kann verhindert werden, dass die Eingriffstaschen beim Gebrauch an dieser heiklen Stelle einreißen.

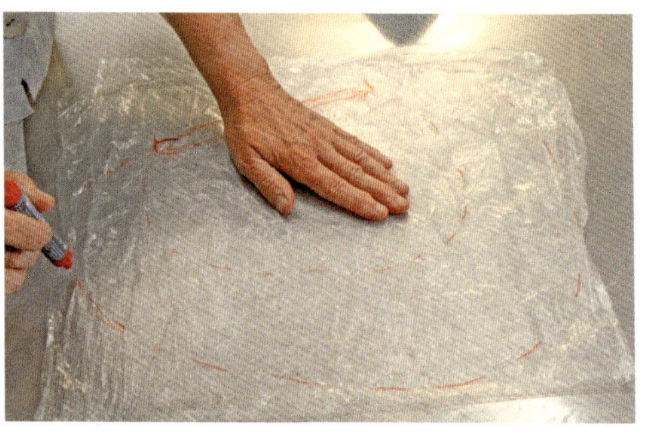

33 … und um den Schrumpffaktor vergrößern. Die Schablone hat die Form eines Eies, mit einer geraden Linie (22 cm lang) für den Tascheneingriff (→ Profitipp 41). An der Linie für den Eingriff unbedingt einen Überstand (ca. 5 cm) zugeben.

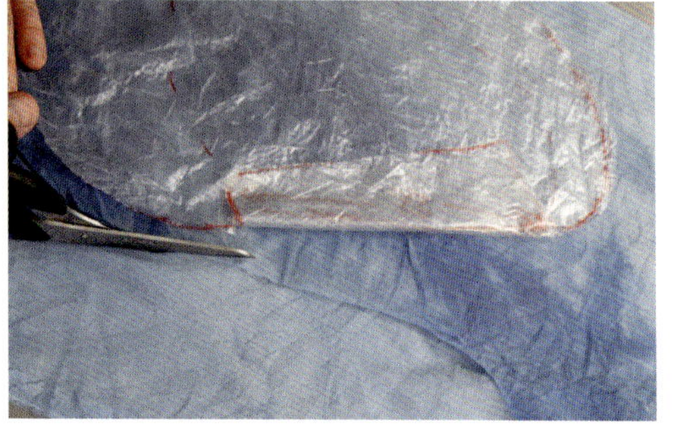

34 Die Schablone für die Tasche zur Kontrolle von Größe und Position auf die Vorderteile auflegen (→ Skizze, Seite 108) und eine weitere Taschenschablone aus Malerfolie und zwei Beutel aus Stoff mit 1 cm Zugabe zuschneiden. Dann die zugeschnitten Stoffe für die Taschen und die Schablonen zur Seite legen – sie werden »angebaut«, wenn die Vorderseite belegt wird.

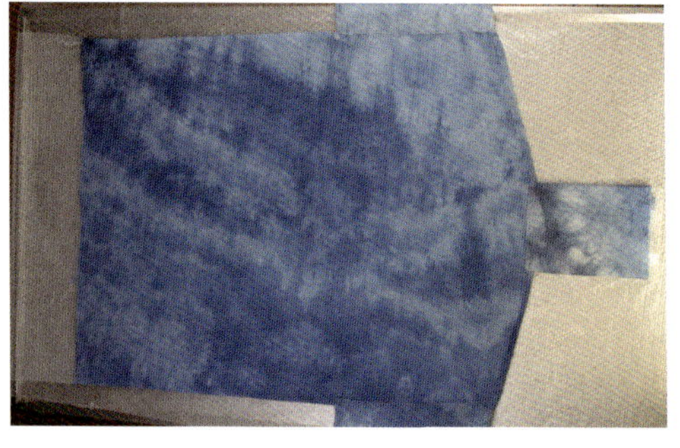

35 Das Werkstück wenden, sodass das Rückenteil wieder oben liegt.

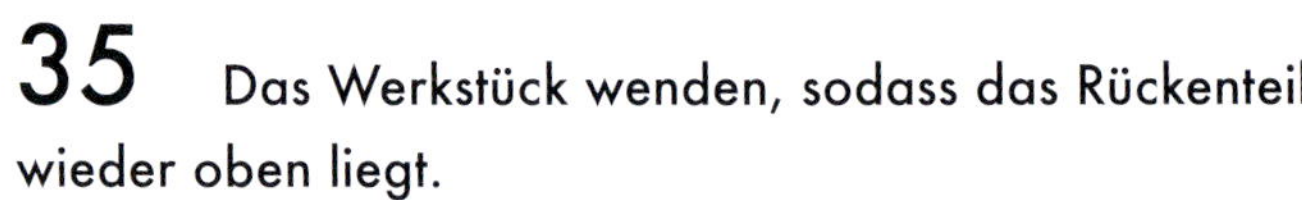

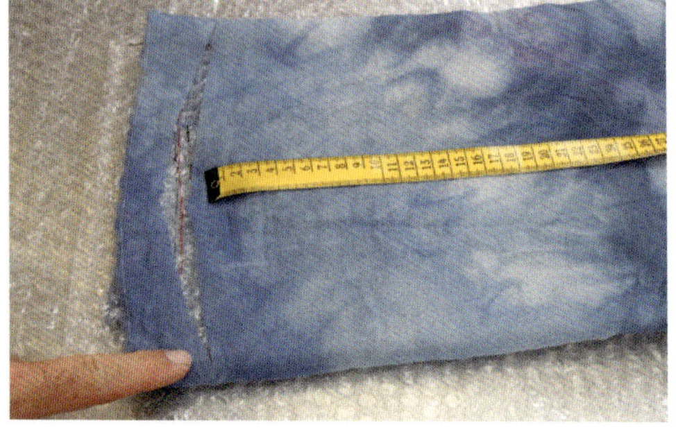

36 Den derzeit noch geraden Kragen des Rückenteils am oberen Rand in einem leichten Bogen auf 28 cm Höhe (geplante Kragenhöhe mal Schrumpffaktor) zuschneiden.

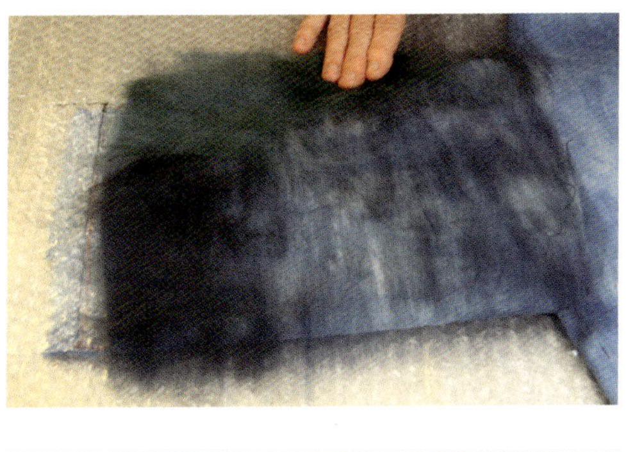

37 Nun mit der Wollauslage beginnen und dabei zunächst den Kragen belegen. Die erste Lage auf dem Kragen wird dünn quer ausgelegt mit einer zusätzlichen Lage an den Seitenkanten. Dann folgt die bewährte Kreuzlage. Damit der Kragen etwas Stand erhält, wird er eher großzügig belegt.

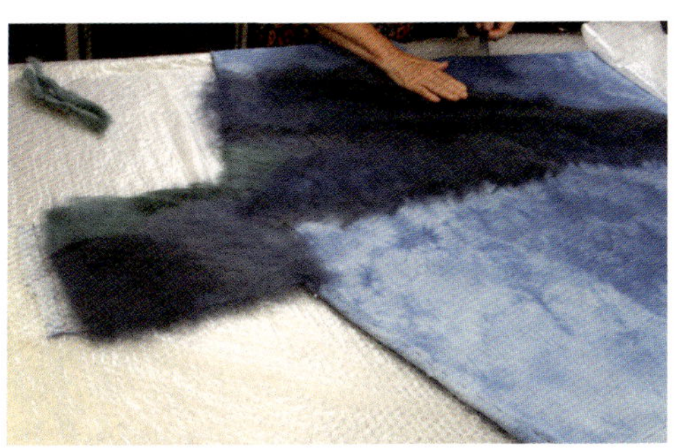

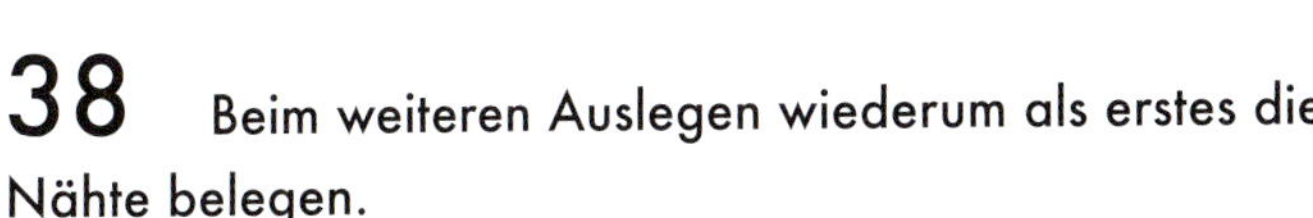

38 Beim weiteren Auslegen wiederum als erstes die Nähte belegen.

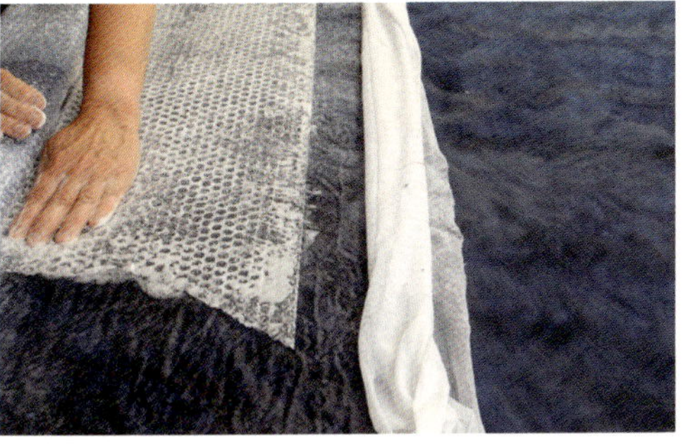

39 Das Rückenteil vollständig belegen und danach die Wolle schrittweise anfilzen, wie in **Projekt 1** (→ ab Seite 52) ausführlich beschrieben.

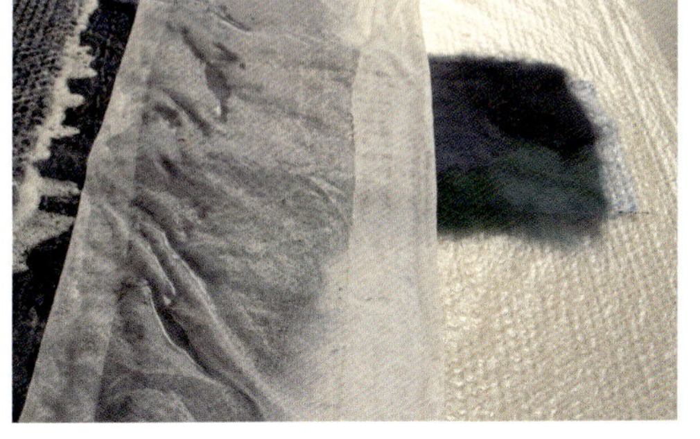

40 Zuletzt den Kragen anfilzen.

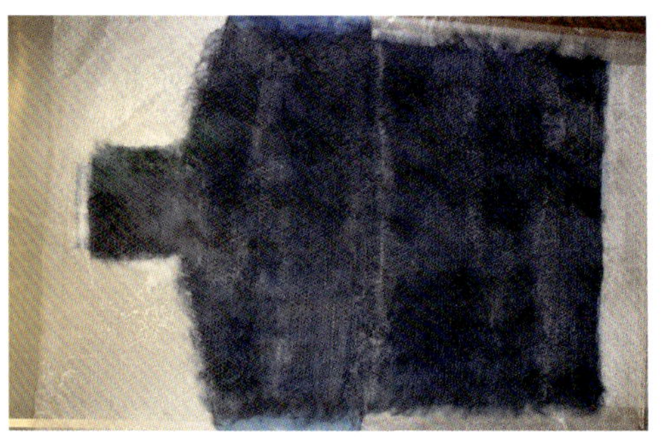

41 Das fertig angefilzte Rückenteil wenden.

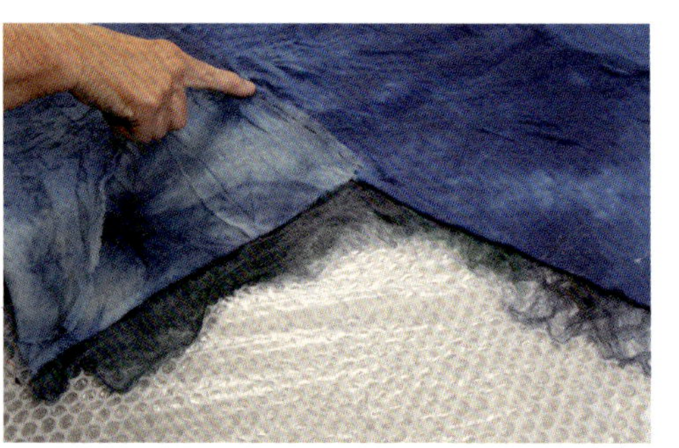

42 Nach dem Wenden Verlauf und Position der Nähte prüfen, Falten und Beulen glattziehen und die überstehenden Fasern umschlagen.

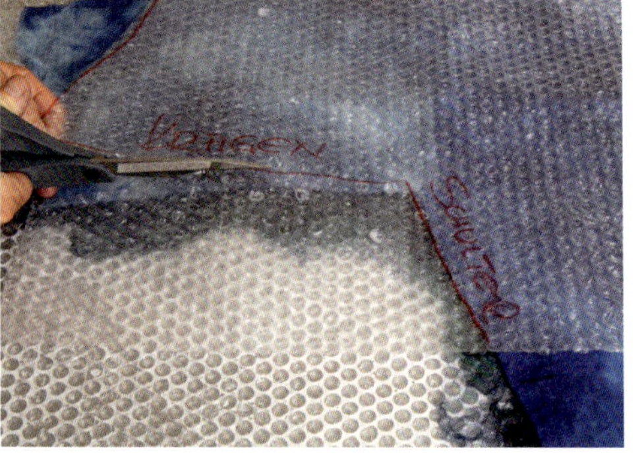

43 Der Kragen an den Vorderteilen muss noch zugeschnitten werden. Dafür ein kleines Stück Noppenfolie (Noppen nach unten) auf den Kragen eines der Vorderteile legen und eine Linie entlang des Seitenrandes und der Schulterschräge anzeichnen. Die obere Kante des Kragens leicht abfallend eckig oder rund anzeichnen und den Stoff des Kragens entlang der oberen Kante dieser Hilfsfolie abschneiden.

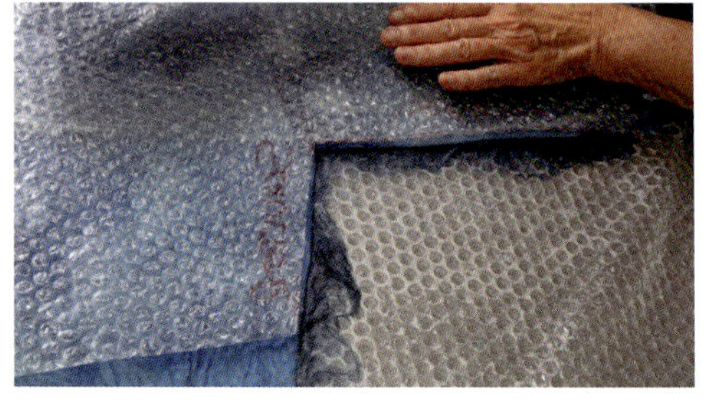

44 Die Hilfsfolie spiegelverkehrt auf das zweite Vorderteil legen …

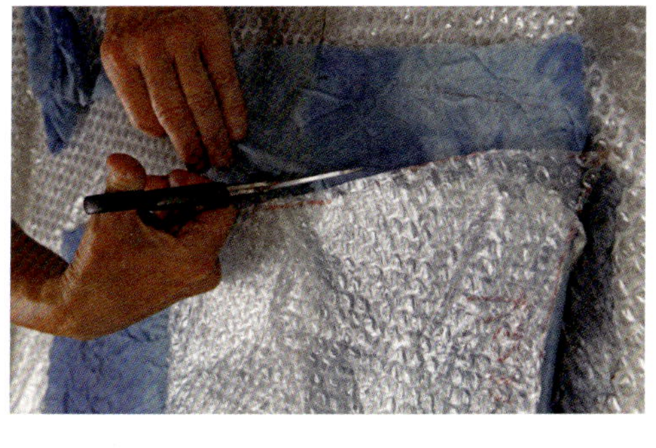

45 … und den Stoff ebenfalls entlang der oberen Linie abschneiden.

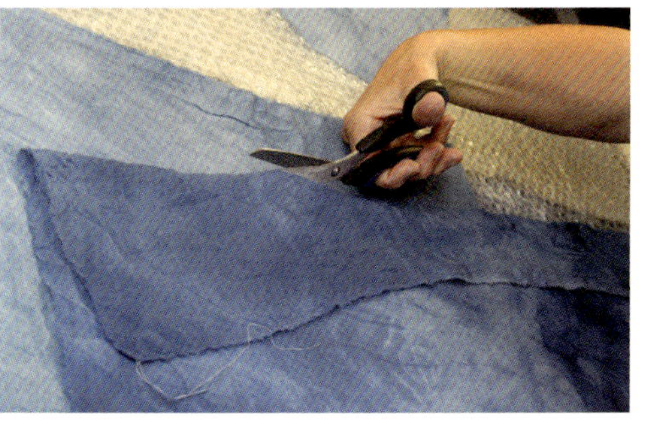

46 Die unteren Kanten der beiden Vorderteile schräg zuschneiden. Dafür von der unteren Kante ausgehend an der Längskante des Vorderteils 11 cm nach oben messen und den Stoff von diesem Punkt aus gerade bis zur Seitenkante abschneiden. (→ Skizze, Seite 108; → Profitipp 42).

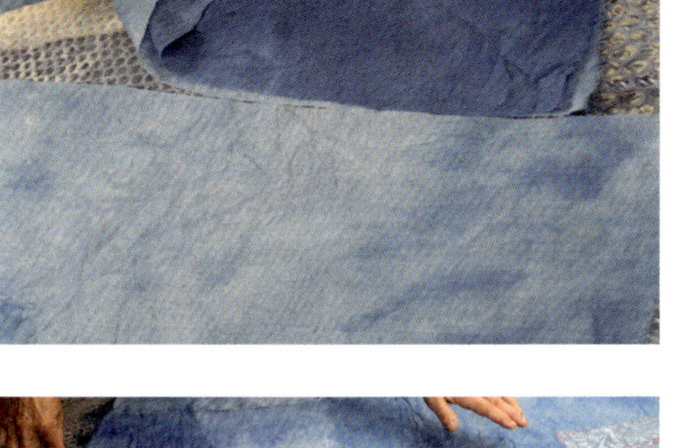

47 Das ausgeschnittene Dreieck spiegelverkehrt auf das zweite Vorderteil auflegen und auch bei diesem die untere Kante schräg abschneiden.

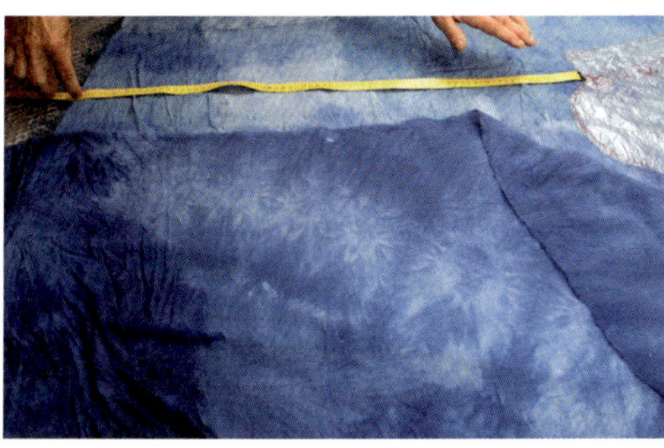

48 Die Position der aufzusetzenden Taschen ausmessen und bestimmen …

PROFITIPP **42**

Damit die unteren Kanten an einem offenen Modell nach der Fertigstellung gerade verlaufen, muss der Stoff für die Vorderteile in einem stumpfen Winkel zur vorderen Kante zugeschnitten werden.

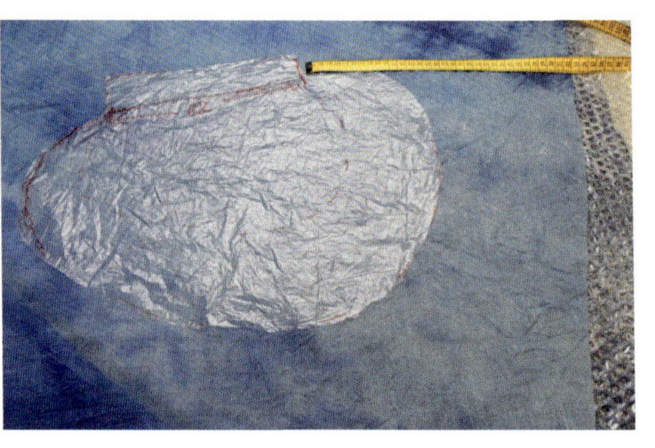

49 … dann die erste Schablone auflegen und auch von der unteren Kante her den Abstand prüfen.

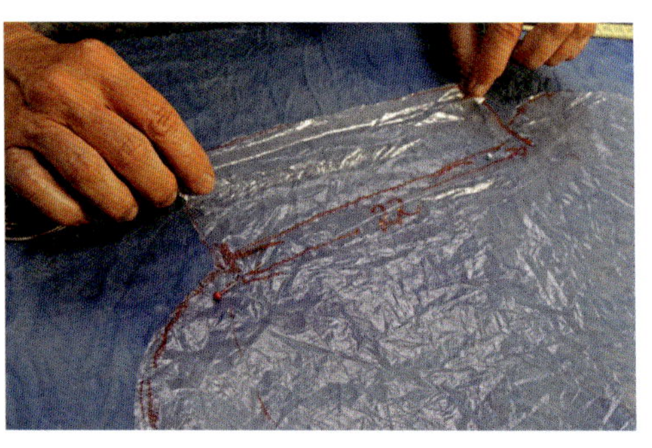

50 Die Taschenschablone feststecken. Den auf der Folie angezeichneten Überstand umklappen und entlang der Linie einen Schlitz (22 cm) in den Stoff schneiden. Dann den Folienüberstand durch den Schlitz schieben.

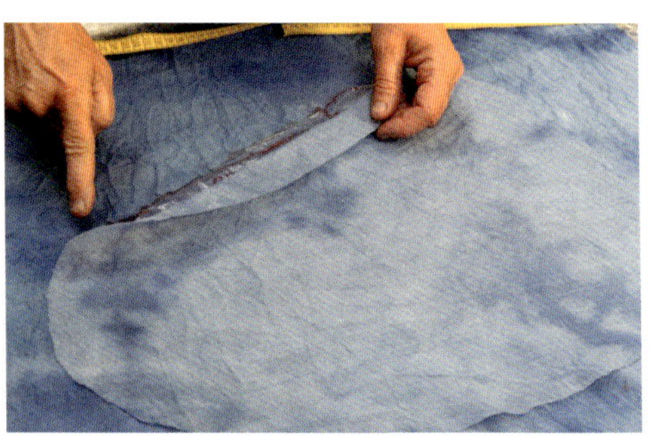

51 Den zugeschnittenen Taschenbeutel aus Stoff auflegen, er ist etwas größer als die Schablone und steht an den Kanten 1 cm über.

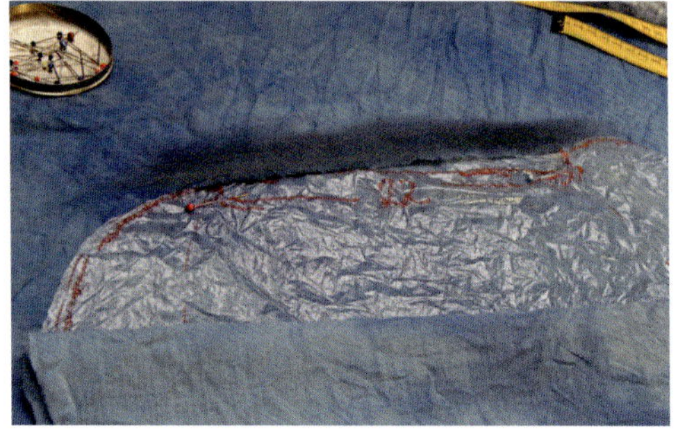

52 Den Stoff beim Schlitz für den Tascheneingriff umklappen und eine dünne Lage Wolle entlang des Schlitzes auslegen.

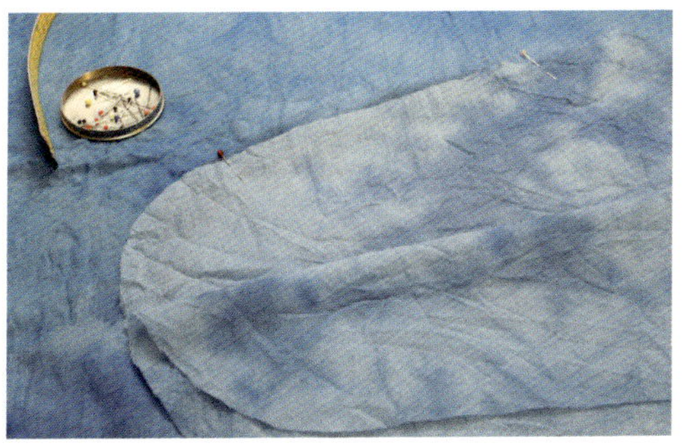

53 Den umgeklappten Stoff wieder zurückklappen und am Schlitz mit Polyesternähgarn anheften.

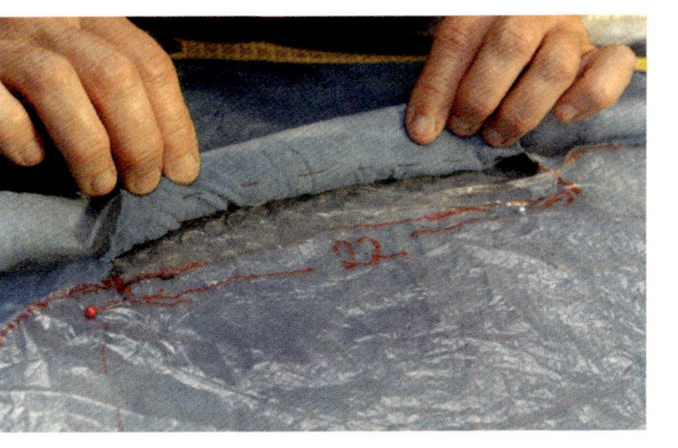

54 Den angehefteten Taschenbeutel in Richtung Seitenkante umklappen.

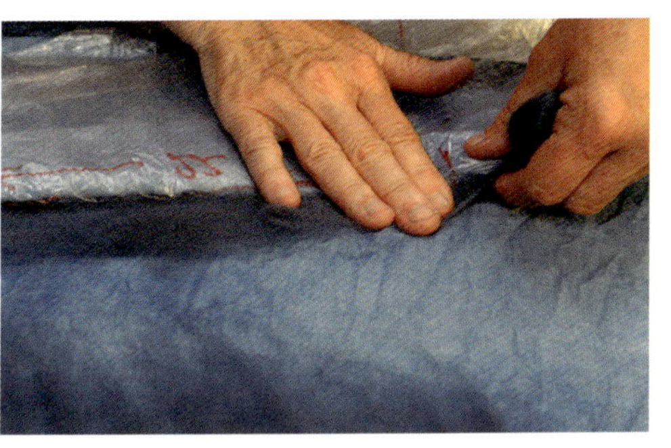

55 Die Plastikfolie für den Taschenbeutel ebenfalls umklappen und direkt darunter einen weiteren Wollstreifen auslegen. Dann den Taschenbeutel aus Plastikfolie wieder zurückklappen.

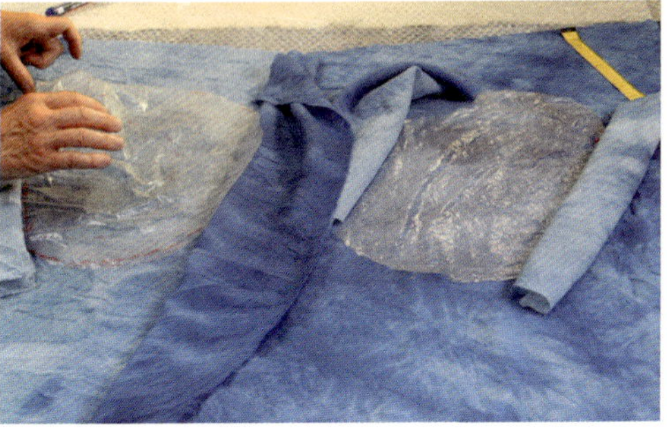

56 Mit der zweiten Tasche genauso verfahren und dabei unbedingt darauf achten, dass sie richtig positioniert ist.

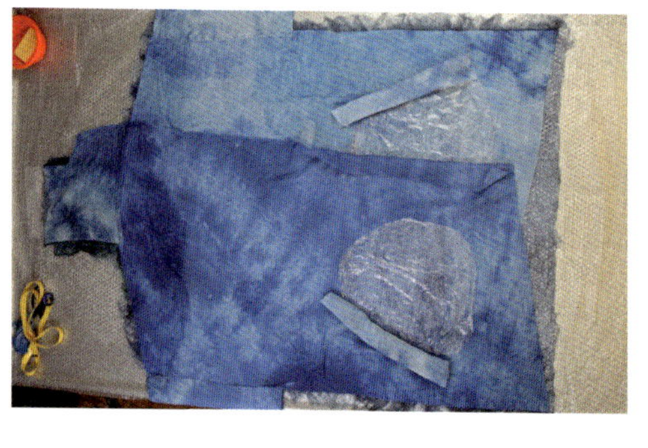

→ Hier sind die Vorderteile mit den vorbereiteten Taschen zu sehen. Die Folien sind platziert, die Stoffteile für die Taschenbeutel sind zusammengerollt.

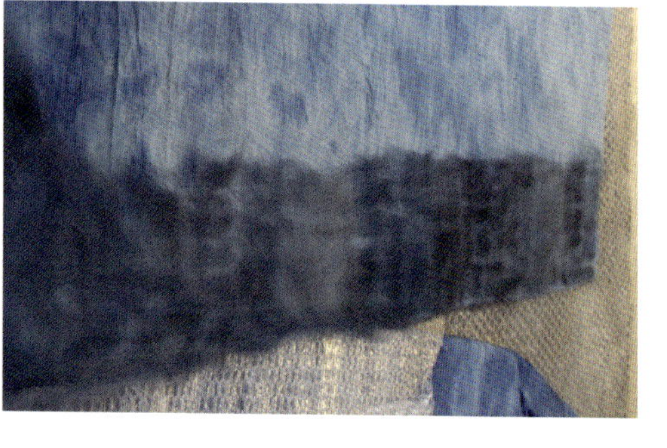

57 Jetzt können die Vorderteile belegt werden. Dafür zunächst das oben liegende zur Seite klappen und mit dem Belegen des auf der Schablone liegenden beginnen. Als erstes an der vorderen Kante einen ca. 15 cm breiten Streifen in Längsrichtung belegen.

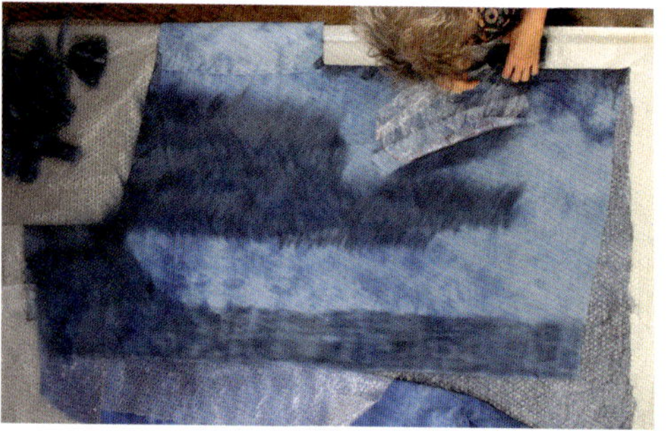

58 Das erste Vorderteil in Kreuzlage bis zum Tascheneingriff belegen. Den Stoff für den Taschenbeutel und die dazu gehörende Folie umklappen, sodass der Bereich, der darunter liegt, ebenfalls belegt werden kann.

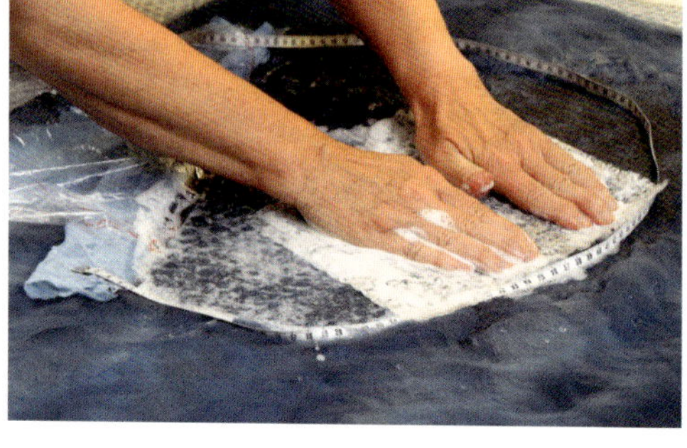

59 Den Bereich, der später durch die Taschenfolie und den Stoff für die aufgesetzte Tasche abgedeckt wird, kräftig anfilzen. Dann die Taschenfolie und das Stoffstück zurückklappen und ebenfalls mit Wolle belegen.

PROFITIPP **43**

Den Taschenbeutel am Rand sehr sorgfältig mit Wolle belegen, um sicherzustellen, dass eine gute Verbindung entsteht.

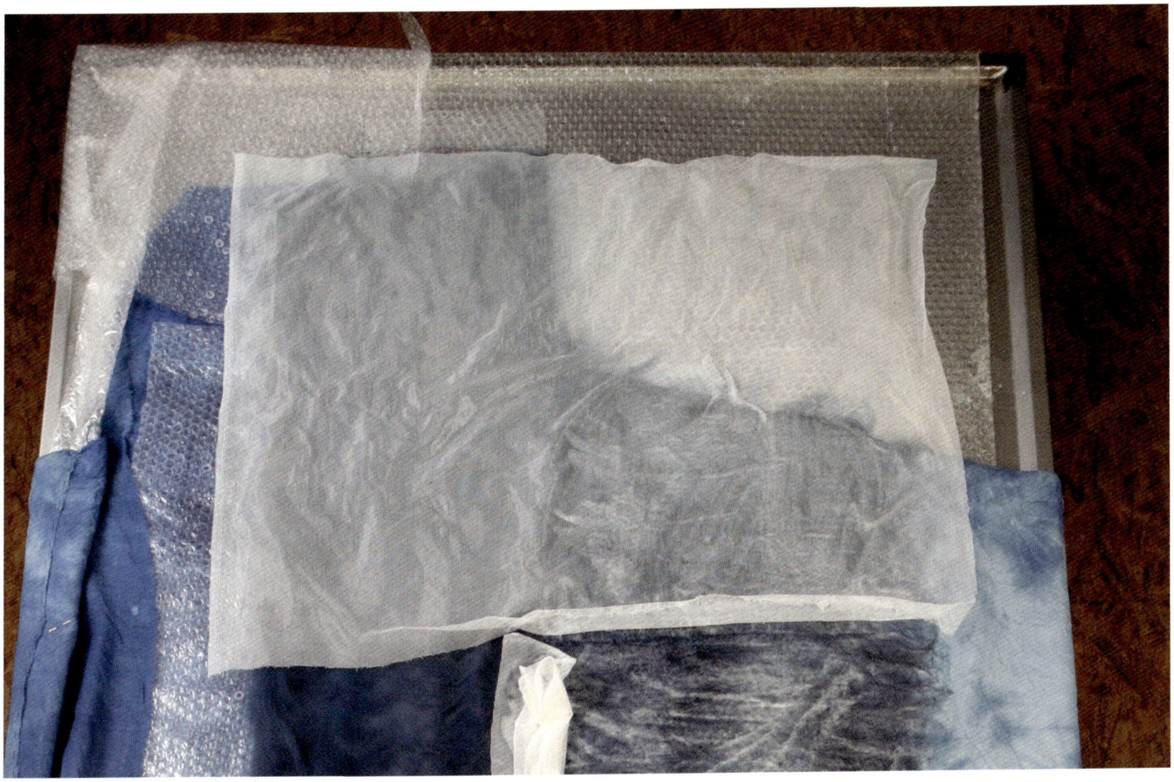

60 Anschließend das ganze Vorderteil anfilzen und es danach mit dünner Malerfolie als Reservierung abdecken, damit das zweite Vorderteil darauf gelegt werden kann. Die Malerfolie so platzieren, dass die beiden Vorderteile an keiner Stelle zusammenfilzen können.

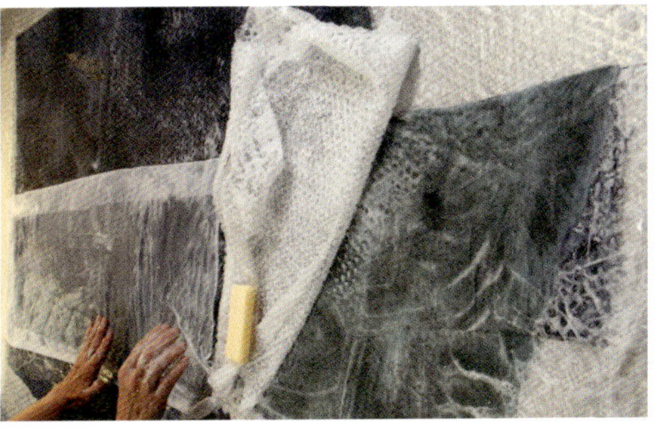

61 Beim Belegen und Anfilzen des zweiten Vorderteils ebenso vorgehen.

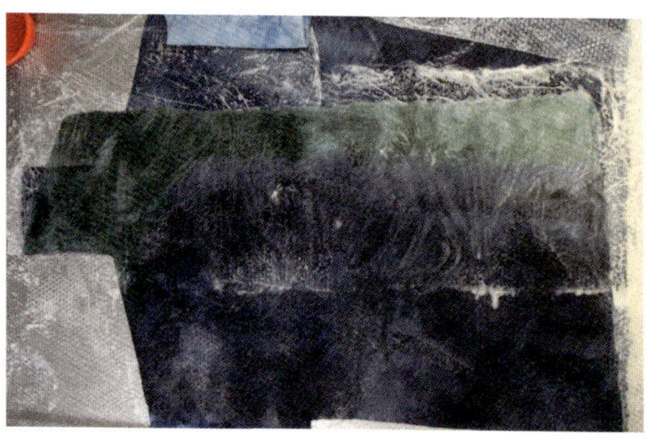

62 Auch bei diesem Projekt gilt: frühzeitig die Ränder im Blick behalten und auf gerade Abschlüsse an den Kanten achten.

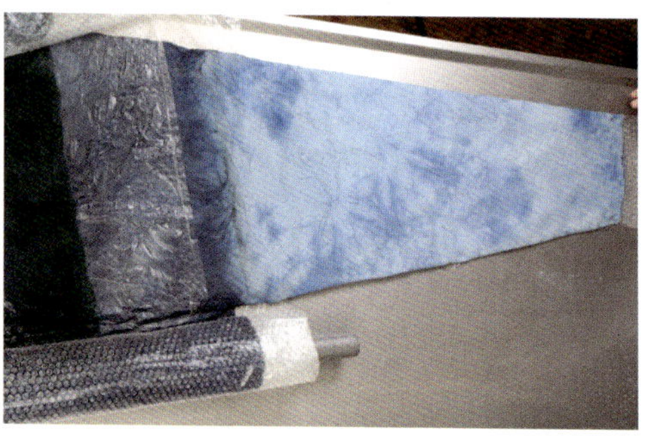

63 Den ersten Ärmel nun so positionieren, dass er auf der Vorderseite belegt werden kann. Zuvor ein Stück Noppenfolie, das größer als der Ärmel ist, unter den Ärmel schieben. Dies wird benötigt, um den Ärmel nach dem Belegen umklappen zu können.

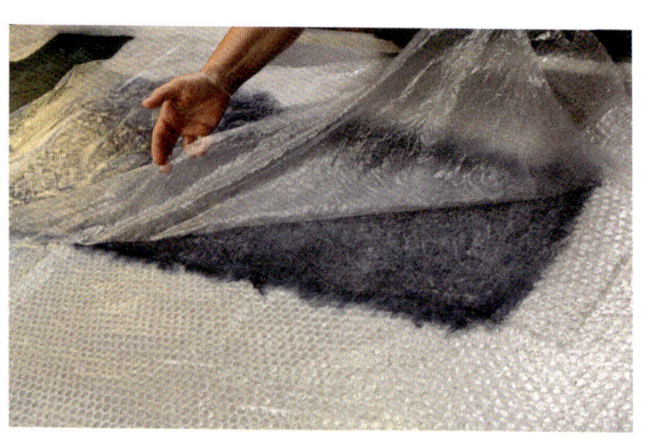

64 Nach dem Belegen die Ärmelhälfte anfilzen und mit Malerfolie bis zum Halsausschnitt bedecken. Da die Ärmel diagonal über das Vorderteil gelegt werden, verhindert die Malerfolie, dass Ärmel und Vorderteile zusammenfilzen.

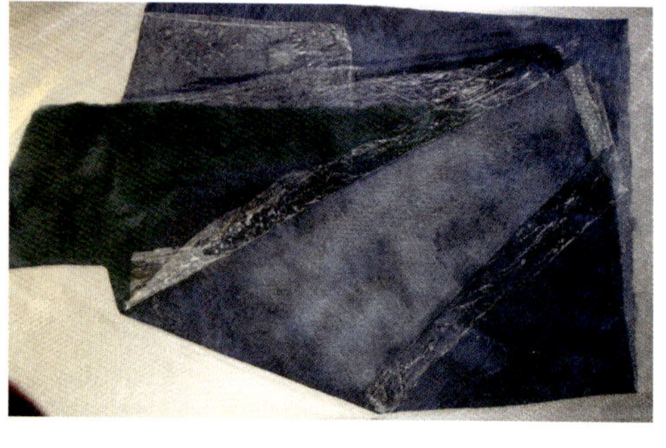

65 Den Ärmel diagonal über die Vorderteile legen, nun liegt die zweite Ärmelhälfte, also die Rückseite des Ärmels, oben.

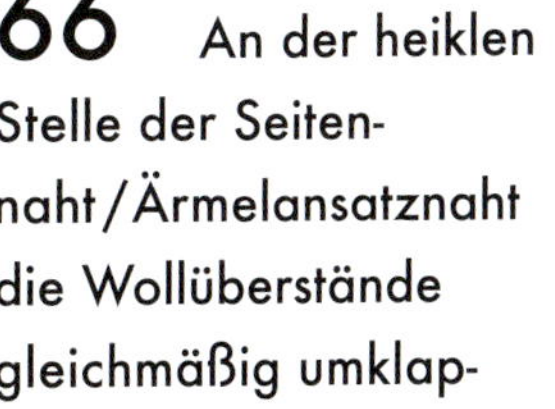

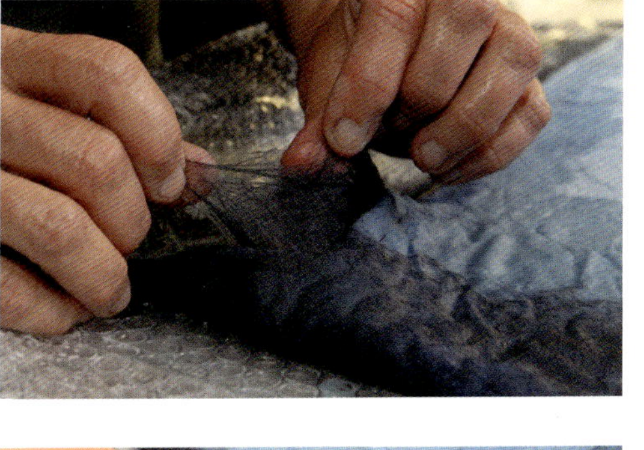

66 An der heiklen Stelle der Seitennaht/Ärmelansatznaht die Wollüberstände gleichmäßig umklappen …

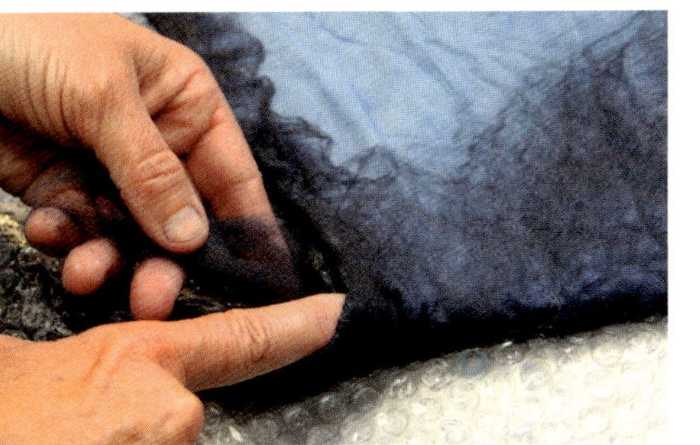

67 … und die Stelle großzügig belegen.

PROFITIPP **44**

Bei dieser Jacke gibt es zwei rechtwinklige Stellen, an denen Nähte aufeinandertreffen: Seitennaht/Ärmelansatznaht und Schulternaht/Kragenansatznaht. Beide Stellen sind heikel, und es ist wichtig, diese mit reichlich Wolle zu belegen, um eine gute Verbindung herzustellen.

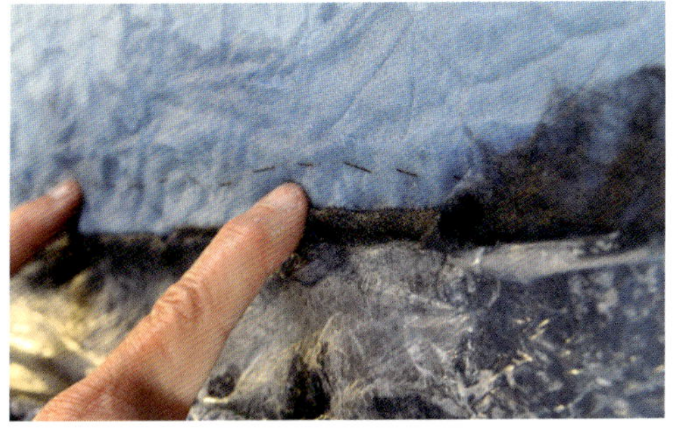

PROFITIPP **45**

Die Ärmelinnennaht und der Ellenbogenbereich werden beim Tragen der Jacke stark beansprucht. Sie sollten sehr sorgfältig und mit einer Extralage Wolle belegt werden.

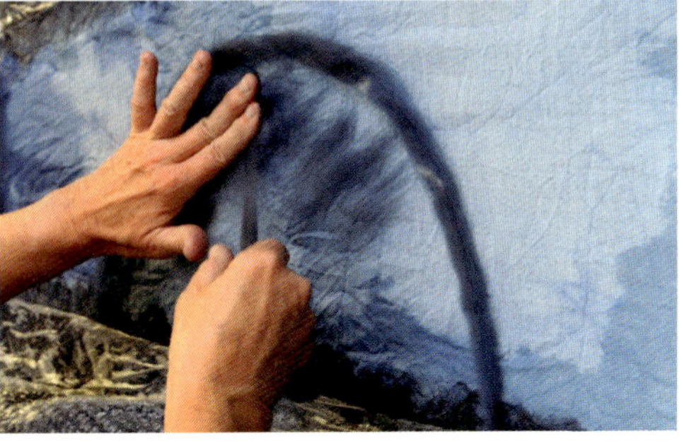

68 Um die Stelle der für die Ellenbogen vorgesehenen Extralage zu markieren, einen dünnen Wollstreifen auflegen. Dieser wird, bevor der Ärmel vollständig belegt wird, wieder entfernt. Anschließend den Ärmel belegen und anfilzen. Mit dem zweiten Ärmel genauso verfahren.

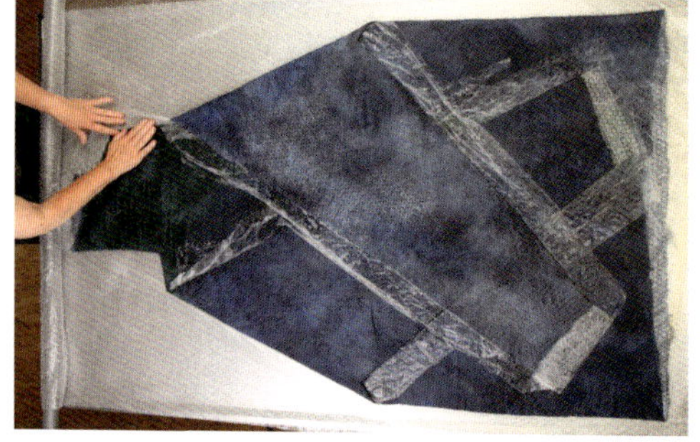

69 Hier ist die fertig belegte Jacke zu sehen. Alle heiklen Stellen nochmals prüfen.

PROFITIPP **46**

Die Ärmel so über die Vorderteile legen, dass sie an den Seitenrändern nicht überstehen.

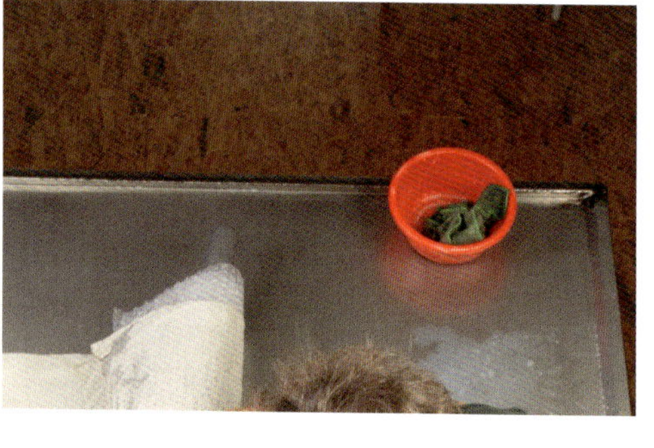

70 Nun das Werkstück über einen Kern vom Kragen her einrollen und die Rolle in ein Laken bzw. ein großes Stoffstück wickeln.

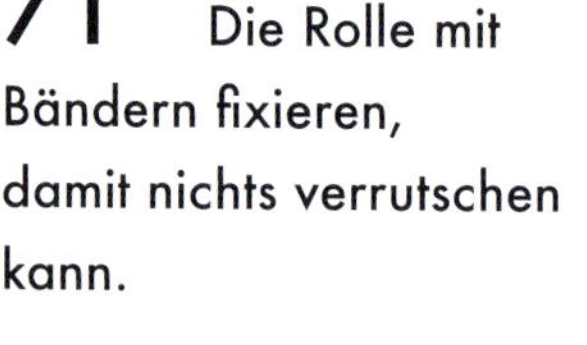

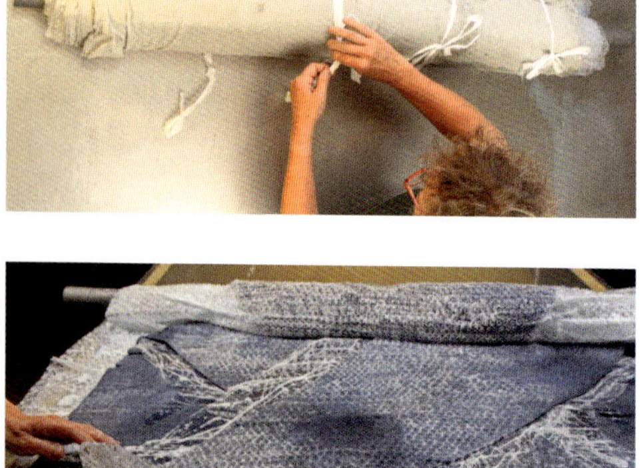

71 Die Rolle mit Bändern fixieren, damit nichts verrutschen kann.

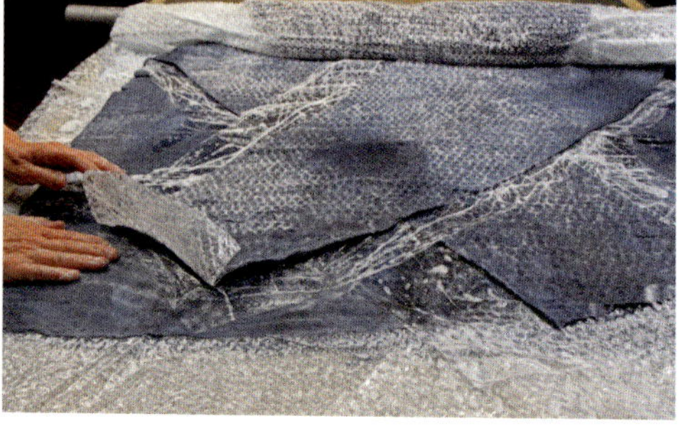

72 Ca. 10 Minuten sanft rollen, anschließend auspacken und dunkle Stellen nachseifen (→ Profitipp 6, Seite 25).

PROFITIPP **47**

An den Ärmelkanten entstehen leicht Biesen, also schmale zusammengefilzte Fältchen, die sich später nur schwer korrigieren lassen. Deshalb nach jedem Öffnen der Rolle prüfen, ob sich Biesen oder Falten gebildet haben und ggf. das Werkstück glatt und in Form ziehen.

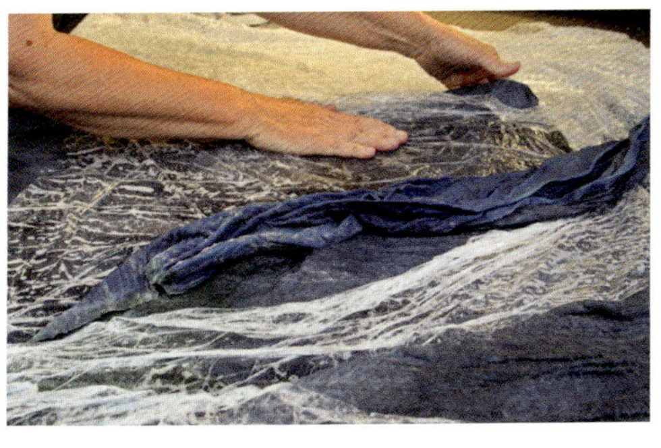

73 Die Jacke nun von der unteren Kante her mit Kern aufrollen, in das Tuch wickeln und erneut ca. 10 Minuten rollen. Die Rolle öffnen, das Werkstück und ggf. auch die Schablone in Form ziehen, falls sie verrutscht sein sollte. Die Lage der Ärmel tauschen.

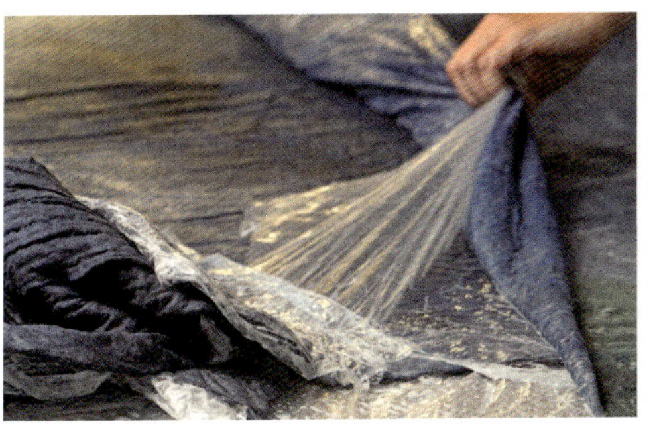

74 Das Werkstück wenden, nun liegt das Rückenteil oben. Zunächst vom Kragen her, danach von der unteren Kante ohne Kern einrollen und mit etwas Druck jeweils 10 Minuten rollen.

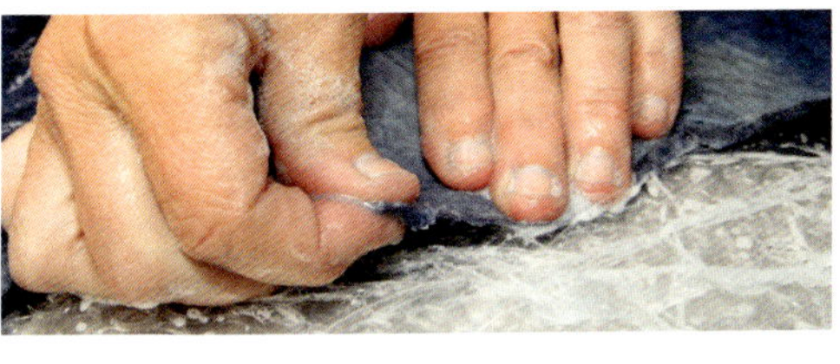

75 Die Kanten und Ränder prüfen und wenn nötig, durch Ziehen und Reiben korrigieren. Anschließend wenden.

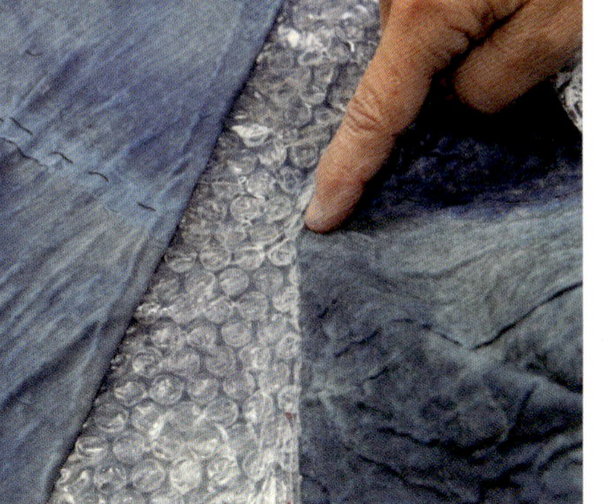

76 Die Nähte und doppelten Stofflagen prüfen und ggf. nachbearbeiten.

PROFITIPP **48**

An den gehefteten Nähten liegt der Stoff doppelt. Das hat zur Folge, dass die Wollfasern an diesen Stellen nur schwer durch den Stoff dringen können. Deshalb brauchen diese Stellen besondere Beachtung und sollten ggf. durch Reiben mit der Hand gezielt bearbeitet werden.

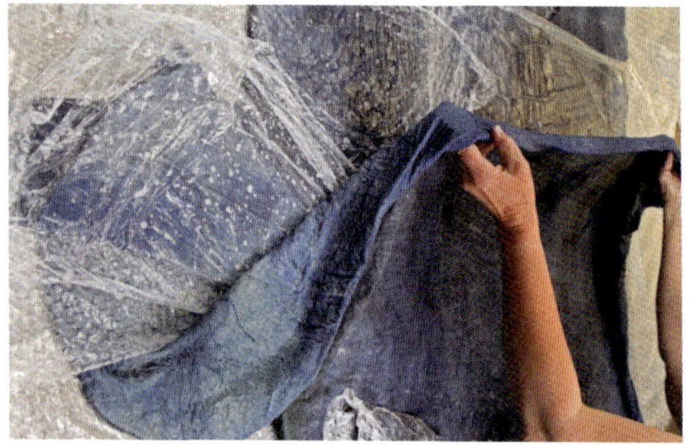

77 Die Lage der Vorderteile tauschen, sodass sie gleichmäßig gefilzt werden können. Die Ärmel auf das Rückenteil legen, ggf. die dünnen Malerfolien entfernen und noch einmal vom Kragen und danach von der unteren Kante her mit Druck rollen.

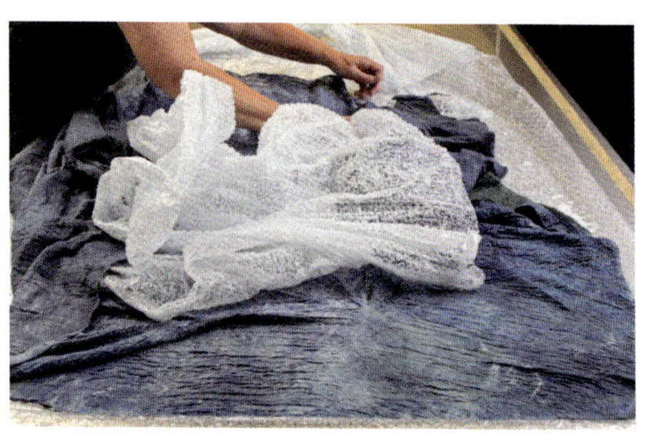

78 Nach dem letzten Rollen die Folie entfernen, erneut die Ränder kontrollieren und mit dem Kneten beginnen. Die Tascheneingriffe und die Innenseiten der Taschen gezielt durch Reiben mit der Hand bearbeiten.

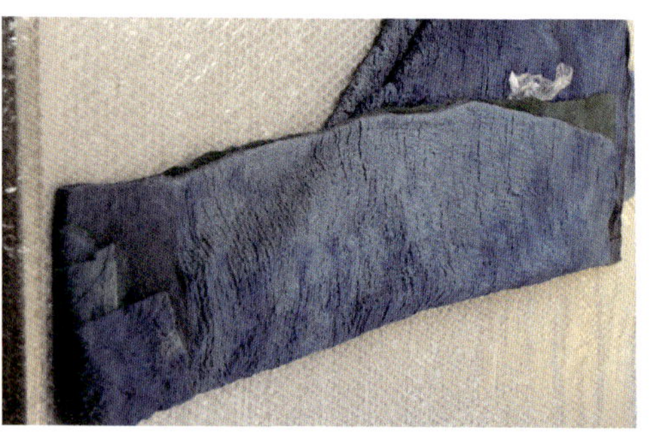

79 Nach dem Kneten die Jacke von der Seite her zusammenfalten …

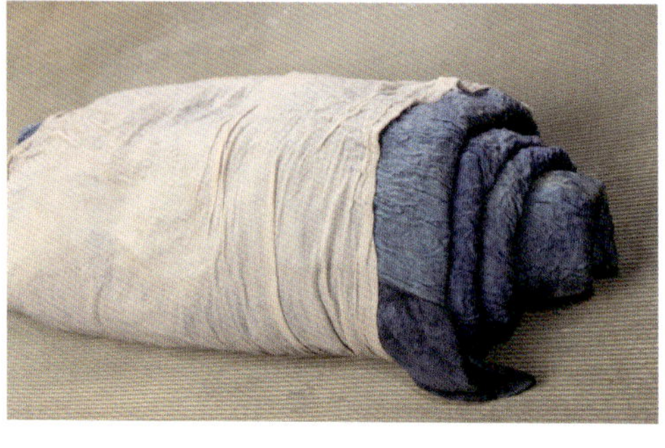

80 … und eng in sich einrollen. Dann das Bündel in ein Tuch einwickeln und auf der Filzmatte von allen Seiten rollen.

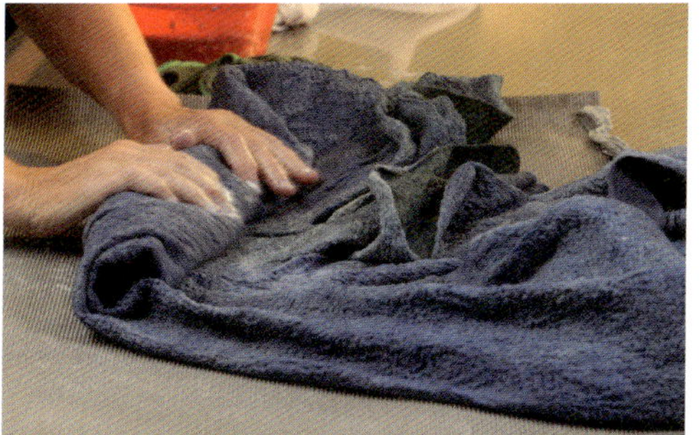

81 Das Tuch entfernen und einzelne Partien ohne Tuch in sich einrollen und auf der Matte bearbeiten, bis das gewünschte Endmaß erreicht ist.

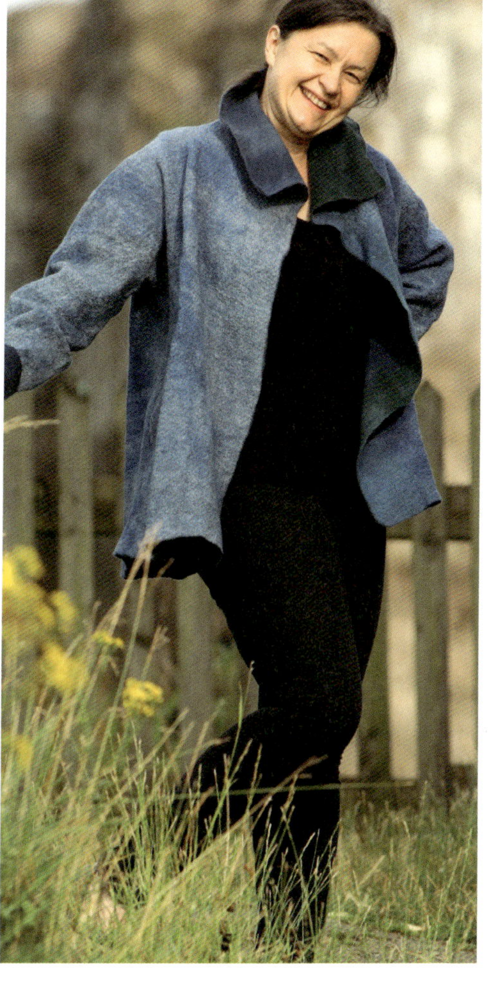

PROFITIPP **49**

In diesem Stadium kann Filz sehr gut (aus)geformt werden. Dies geschieht am besten am Körper der Person, die das Kleidungsstück später tragen wird. Sollte dies nicht möglich sein, muss ganz gezielt auf die Endmaße hingearbeitet werden.

82 Danach wird die Jacke ausgewaschen, geschleudert, erneut in Form gebracht, getrocknet und … mit Freude getragen!

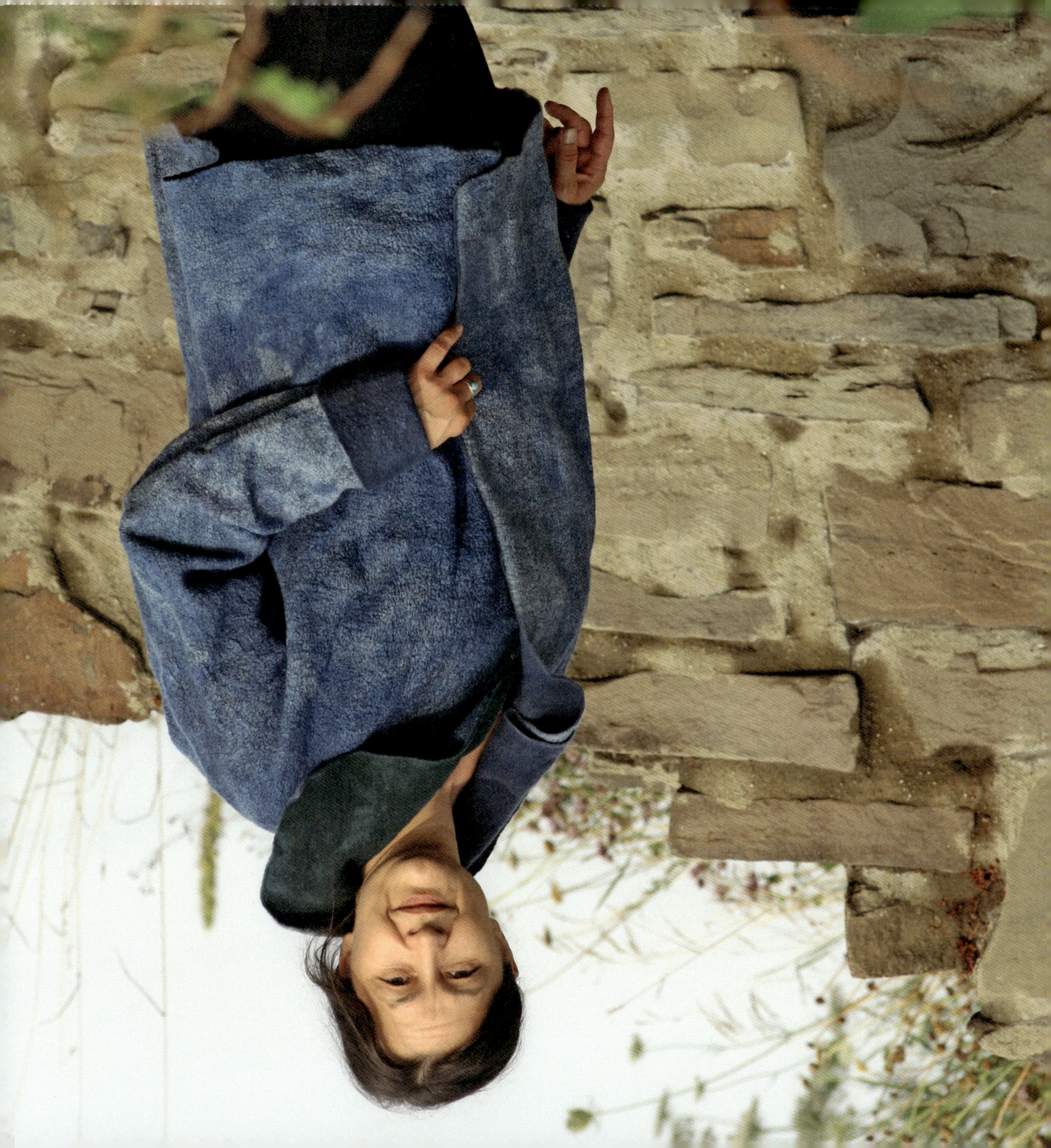

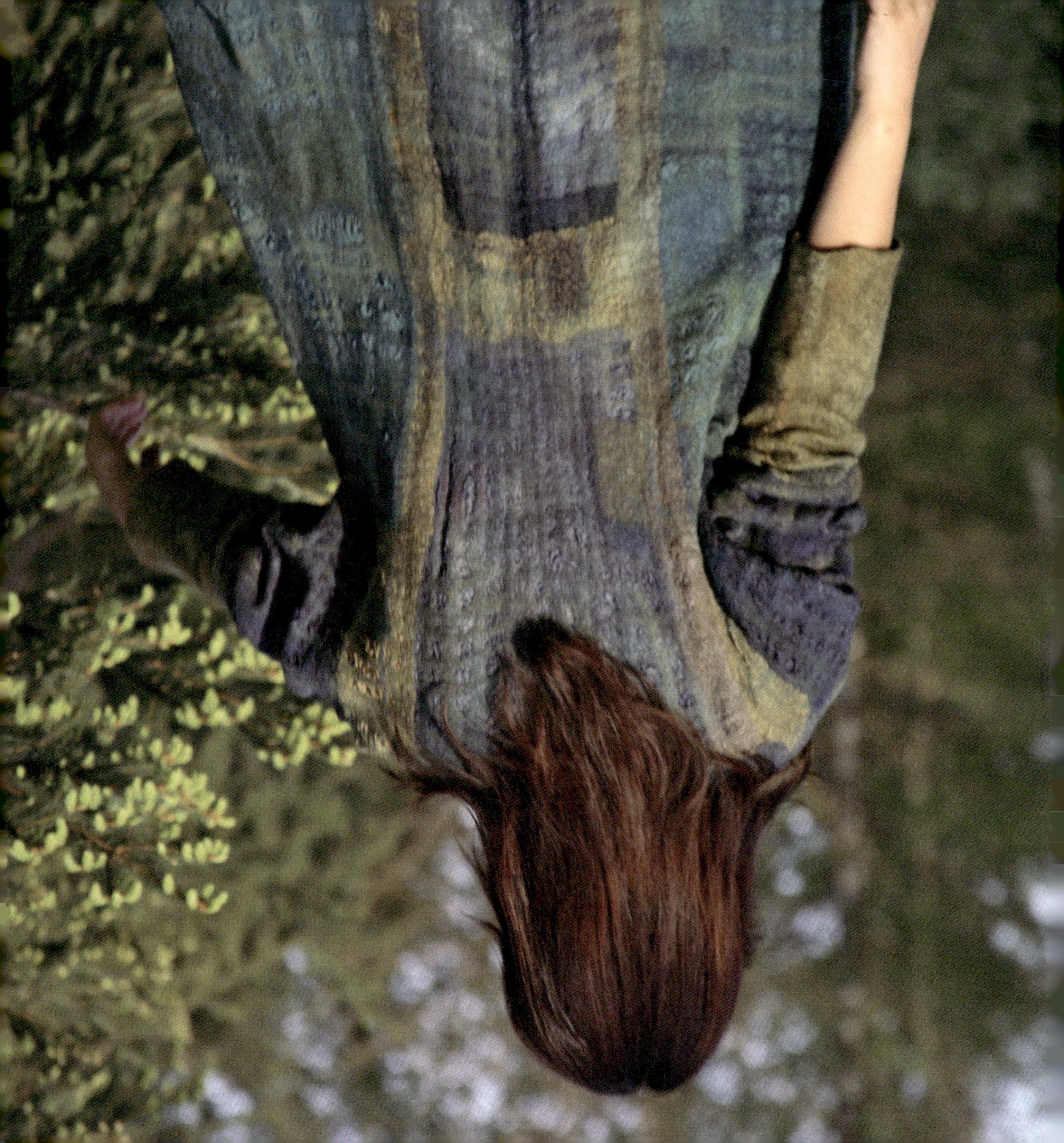

Ein paar Worte zum Schluss

Ihre Garderobe hat sich nun vielleicht um ein oder mehrere gefilzte Stücke erweitert. Und es ist wahrscheinlich, dass Lieblingsstücke entstanden sind und Sie weitermachen möchten. Werfen Sie einen Blick auf die nachfolgenden Modelle aus Inge Bauers Kollektion, sie werden Sie sicher inspirieren!

Sollte jetzt ein Kleid, eine Tunika oder ein Mantel auf der Wunschliste stehen, ist das kein Problem (mehr). Die Umsetzung ist dank der erworbenen Kenntnisse und Fertigkeiten einfach zu bewerkstelligen:
Für eine **Tunika ohne Ärmel** dient Projekt 1 als Grundlage, für ein **Kleid mit Ärmeln** Projekt 2. Wenn ein **Mantel** hergestellt werden soll, kann auf die Anleitung von Projekt 4 zurückgegriffen werden.
Die Arbeitsschritte sind jeweils gleich wie bei den Modellen beschrieben – es verändert sich lediglich die Länge der Schablone und, je nach gewünschter Silhouette, die Schablonenbreite ab der Taille.

Werden die gleichen Materialien gewählt, können sogar die bereits vorhandenen Schablonen eingesetzt werden. Sie werden dann um das entsprechende Maß (FM × SF) verlängert und ggf. verbreitert, indem Folienstücke ohne Überlappung an die bereits vorhandene Schablone geklebt werden.

Mit den erworbenen Kenntnissen wird es Ihnen gelingen, eigene Ideen umzusetzen. Und genau so soll es sein! Inge Bauer, auf deren Erfahrungen dieses Buch basiert, ist stets sehr großzügig mit ihrem Wissen umgegangen und sie wollte mit diesem Buch genau das vermitteln: Das Wissen, das befähigt, zu eigenen Kleidungsentwürfen zu gelangen und diese umzusetzen.

Nun wünsche ich Ihnen gutes Gelingen bei Ihren Projekten und vor allem viel Freude beim Tragen der gefilzten Kleidung!

Regina Mattmüller-Maier

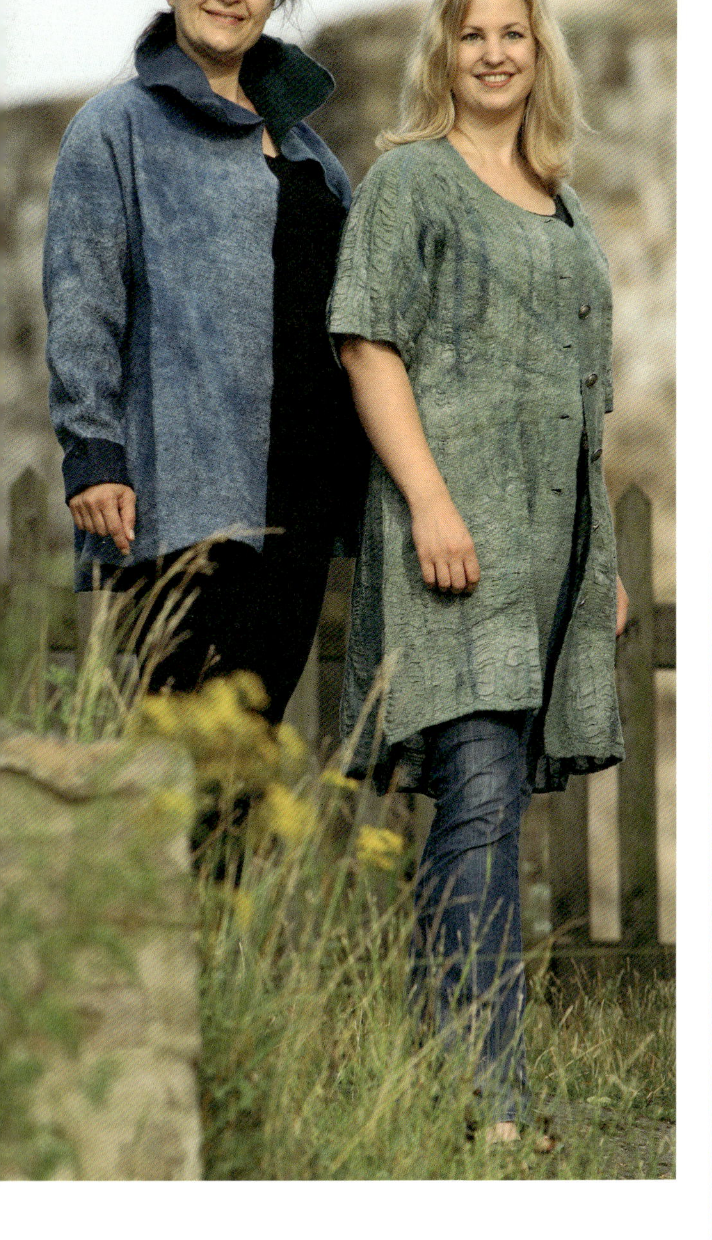

Modelle
aus Inge Bauers
Textilwerkstatt

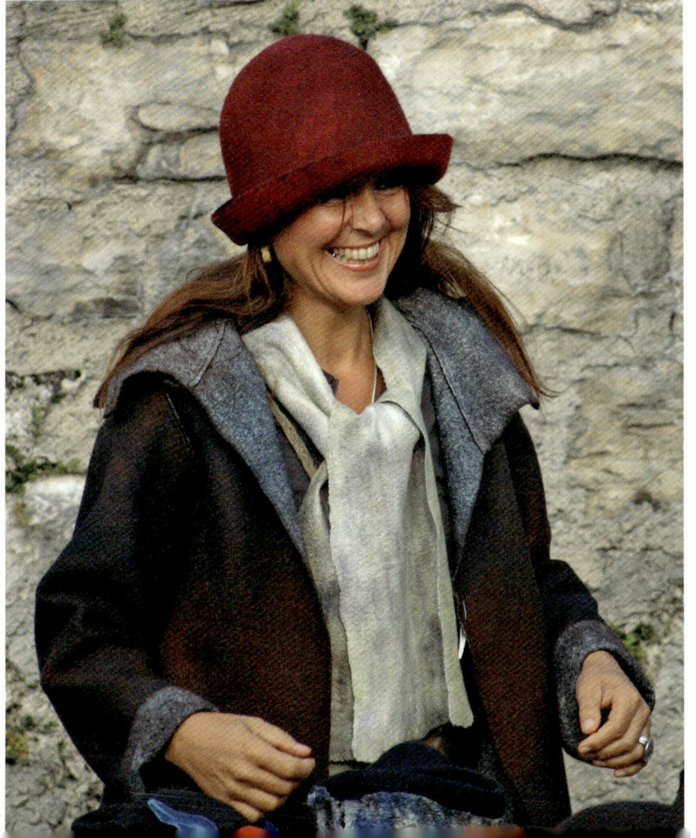

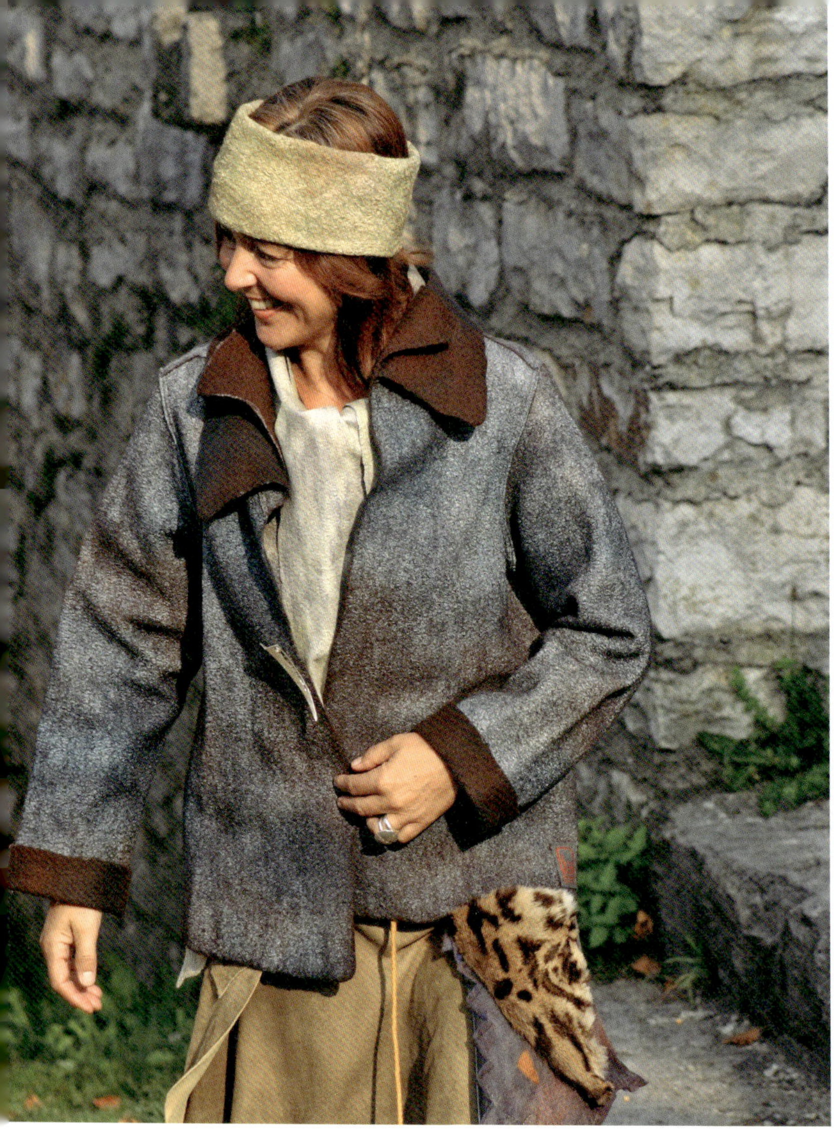

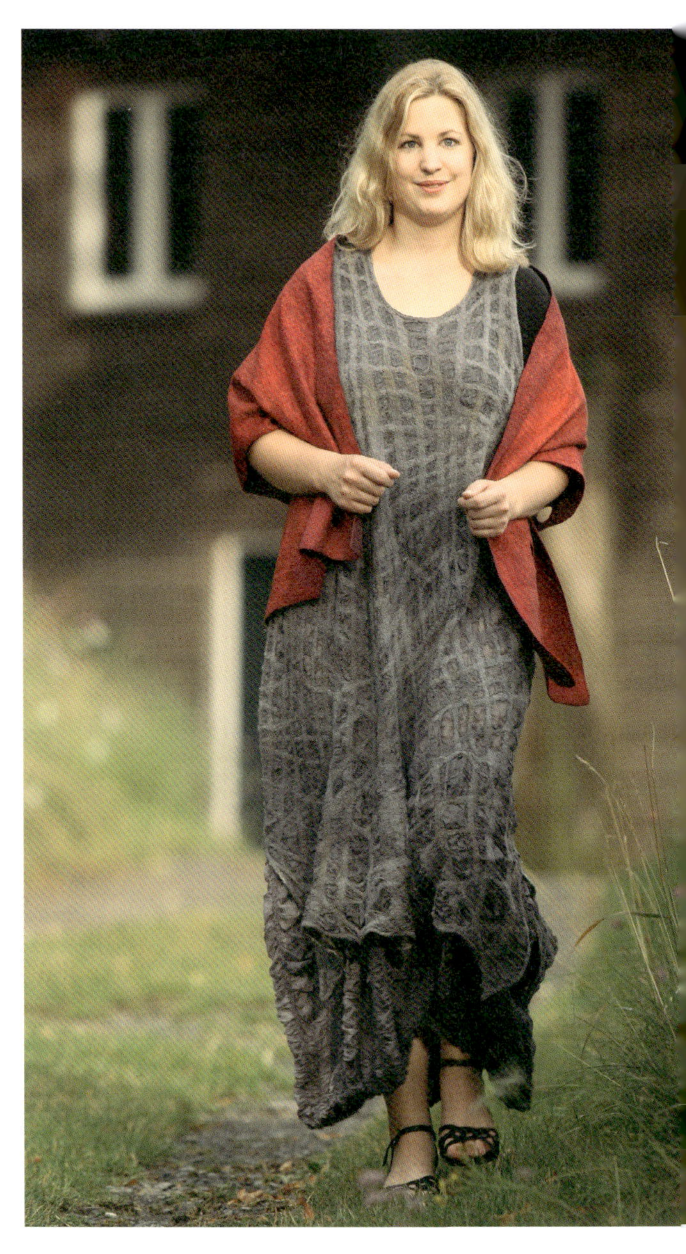

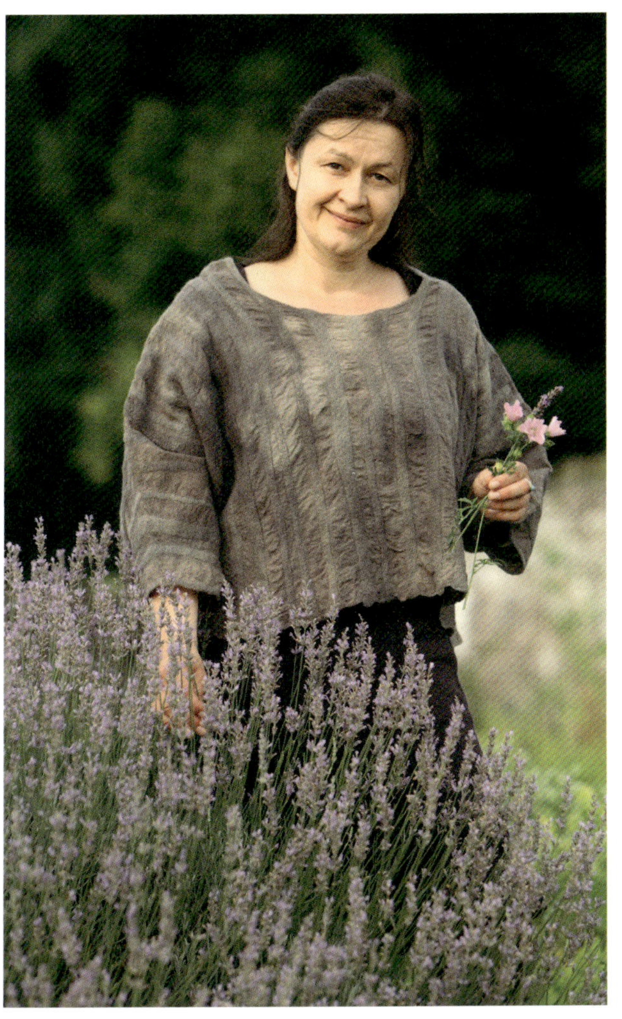

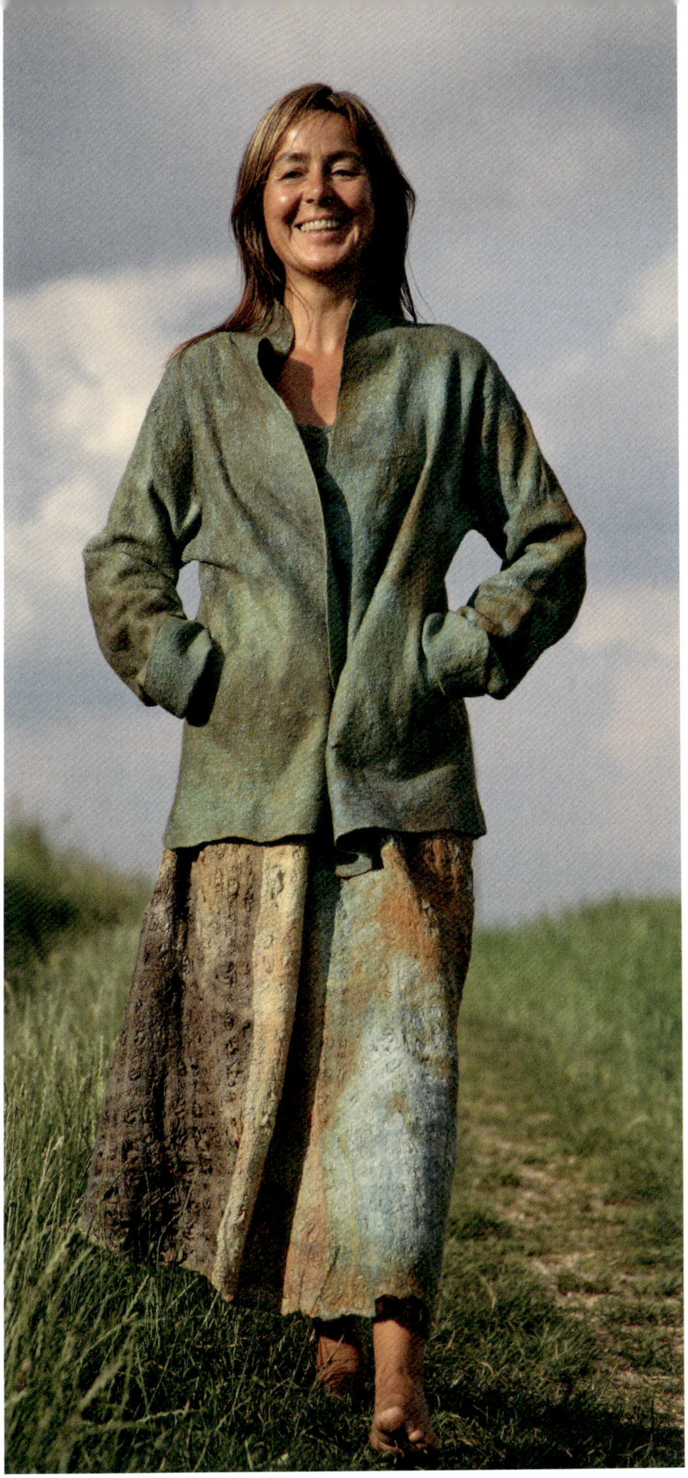

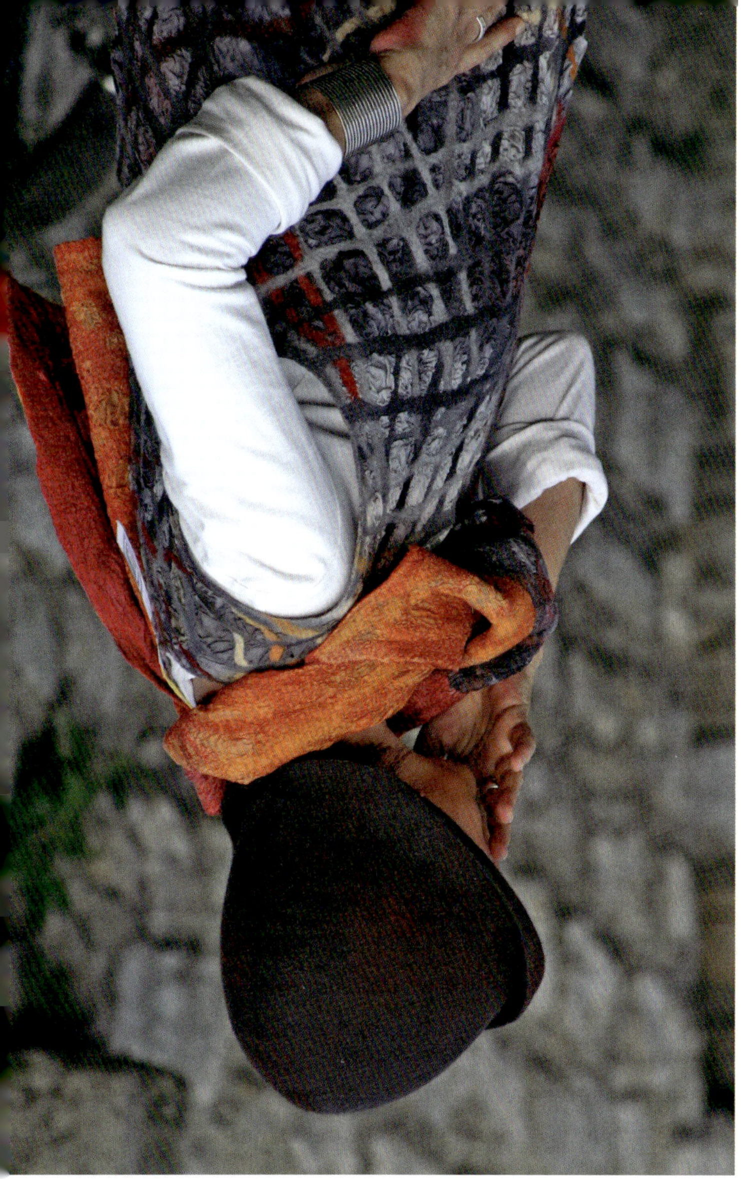

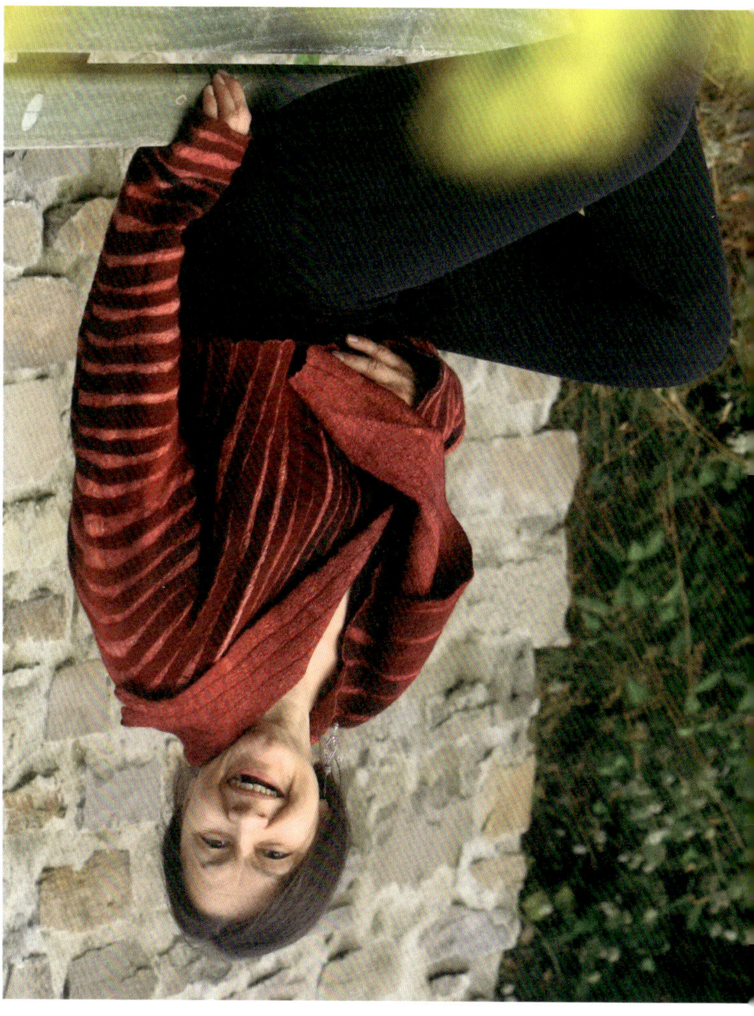

Danke!

Allen voran geht ein riesiges Dankeschön an Sarah Käsmayr vom MaroVerlag für ihre ausgezeichnete Arbeit. Die Zusammenarbeit war großartig, ihre Fragen, Anmerkungen und Vorschläge waren eine große Hilfe und ihr Humor macht die Arbeit zum Vergnügen.

Bedanken möchte ich mich auch bei:

Inge Bauer, die ihr umfangreiches Wissen mit mir geteilt und mich so befähigt hat, dieses Buch zu schreiben

Ricarda Aßmann und Hans König für ihre Arbeit am Grundkonzept und für die Fotos, die dafür sorgen, dass sich die Arbeitsschritte leicht nachvollziehen lassen

Marilena Mattarelli für ihren scharfen Blick beim Korrekturlesen des initialen Manuskripts

Heidrun Parzefall, die Anleitung und Berechnung getestet hat und sich nun an ihrem ersten gefilzten Kleidungsstück freut

Gerd Maier, der mich an den langen »PC-Abenden« wunderbar mit Speisen und Getränken versorgt hat

Andrea Uhlmann für den Adlerblick beim Korrekturlesen

Sonja Fritz von der Firma Wollknoll für ihre Unterstützung

allen Models, vor allem Stefanie Fritz, Hanka Faerber und Andrea Rosauer

und bei allen, die in irgendeiner Weise zum Gelingen dieses Buchs beigetragen haben.

Inge Bauer (1953–2018),

freischaffende Textilkünstlerin und Sozialpädagogin, widmete sich seit 1978 dem Textilen. Neben ihrer Arbeit im eigenen Atelier, in dem Textilkunst und individuelle Bekleidung zum Verkauf und für Ausstellungen entstanden, war sie als Dozentin im In- und Ausland sehr gefragt, unter anderem als Gründungsmitglied der Filzschule Oberrot. Ihre persönliche Filzkunst entwickelte sie auch im Zuge der Auseinandersetzung mit Filztraditionen, die sie auf Studienreisen und internationalen Filzkonferenzen kennenlernte. Inge Bauer vereinte in ihrer Arbeit die Extreme, die Filz bietet: Ihre Teppiche und Wandgestaltungen konnten robust und stark sein, ihre Filzkleidung hauchfein und federleicht: »Meine Kleidungsstücke sind Unikate. Sie sollen sich anfühlen und schützen wie eine zweite Haut.«

Publikationen von und über Inge Bauer:

Im der Galeriebuchreihe des MaroVerlags erschien von Inge Bauer außerdem: »An-Gewand-t/felted«, ein zweisprachiges Buch, das ihre einzigartige Filzkunst vorstellt. Im Galeriebuch »FilzFrauen« wird Inge Bauer von Ricarda Aßmann und Hans König als eine von neun Filzkünstlerinnen porträtiert. www.galeriebuch.de

Regina Mattmüller-Maier (*1958)

ist Textilerin mit Leib und Seele. Zunächst war das Nähen – Bekleidung, Patchwork und Quilts – ihr Schwerpunkt, dabei entdeckte sie die künstlerischen Möglichkeiten, die das Arbeiten mit Textilien bietet. An einer Sommerakademie der Fa. Wollknoll machte sie ihre ersten Filzerfahrungen. Im Anschluss daran absolvierte sie die Fortbildung »Fit-in Filz« an der Filzschule Oberrot. Darauf folgten Kurse bei namhaften Filzkünstlerinnen. Seit 2013 hat sie ihr eigenes Textilatelier in Lörrach. www.mm-textiles.de

Impressum

1. Auflage November 2020 · ISBN 978-3-87512-765-2
www.galeriebuch.de · www.maroverlag.de

Konzept: Inge Bauer und Ricarda Aßmann, www.filzfrau.de,
ergänzt von Regina Mattmüller-Maier, www.mm-textiles.de
Fotos: Hans König, www.photo-text.de,
außer Seite 8: Annett Fröhlich, Seite 16: Regina Mattmüller-Maier,
Seiten 136, 138 (re), 139 (li), 140 (re) und 141 (re): Rainer Kurt Vogel
Models: Hanka Faerber (Seiten 10, 64, 106, 134, 135, 138 (li), 140 (li), 141 (li)),
Andrea Rosauer (Seiten 6, 64, 139 (li)),
Stefanie Fritz (Seiten 62, 63, 92, 105), Inge Bauer (Seite 91) und
Susanne (Seiten 136, 138 (re), 139 (li), 140 (re) und 141 (re))

Texte und Anleitungen: Regina Mattmüller-Maier
Modellzeichnungen: Lin Nowicki
Lektorat und Satz: Sarah Käsmayr
Korrektorat: Andrea Uhlmann, Robindro von Gierke

Druck: deVega Medien GmbH, Augsburg
Gedruckt auf LuxoArt Samt. FSC Mix
Bindung: Thomas Buchbinderei, Augsburg